本书系北京郑杭生社会发展基金会学子项目（博士）"自觉与批判：中国特色社会学理论的建构"（12ZHFD12）的研究成果

中国气派社会学理论的建构

社会运行学派"五论"研究

王力平 著

Construction on Sociological Theory with Chinese Manner

A Study on the "Five-Theory" of School of Social Operation

中国社会科学出版社

图书在版编目(CIP)数据

中国气派社会学理论的建构：社会运行学派"五论"研究 ／王力平著.
—北京：中国社会科学出版社，2015.12
ISBN 978 - 7 - 5161 - 7253 - 7

Ⅰ.①中…　Ⅱ.①王…　Ⅲ.①社会学—研究—中国　Ⅳ.①C91

中国版本图书馆 CIP 数据核字(2015)第 291006 号

出 版 人	赵剑英
责任编辑	田　文
特约编辑	陈　琳
责任校对	张爱华
责任印制	王　超

出　　版	中国社会科学出版社
社　　址	北京鼓楼西大街甲 158 号
邮　　编	100720
网　　址	http://www.csspw.cn
发 行 部	010 - 84083685
门 市 部	010 - 84029450
经　　销	新华书店及其他书店

印刷装订	三河市君旺印务有限公司
版　　次	2015 年 12 月第 1 版
印　　次	2015 年 12 月第 1 次印刷

开　　本	710×1000　1/16
印　　张	16.5
插　　页	2
字　　数	278 千字
定　　价	59.00 元

凡购买中国社会科学出版社图书，如有质量问题请与本社营销中心联系调换
电话：010 - 84083683

谨以此书献给恩师郑杭生先生

序

　　《中国气派社会学理论的建构：社会运行学派"五论"研究》是王力平在其博士学位论文的基础上修改完成的，该书是北京郑杭生社会发展基金会学子项目（博士）"自觉与批判：中国特色社会学理论的建构"（项目批号：12ZHFD12）的最终成果，作为基金会的理事，看到力平博士的新著即将面世也倍感欣慰。在出版之际他嘱我作序，我也是欣然答应。

　　中国社会学本土化的主题总是围绕着建构有中国特色、中国气派的社会学而展开，中国社会学本土化的成功与否取决于有中国气派社会学理论建构的层次和程度。建构中国特色的社会学理论，是社会学被引进中国以来，尤其是改革开放后社会学恢复重建以来许多中国社会学家努力追求的目标，郑杭生教授及其学术团队作为中国社会学大家庭中的一分子，在特定的时空语境下经过沉潜往复、争鸣讨论、对话评判，形成了一套成型的理论体系及其学术思想，其学术积累成为当代中国化社会学理论建构的典范，也成就了社会运行学派的学术事业。力平博士以郑杭生教授领衔的社会运行学派的"五论"为研究对象，探讨中国社会学恢复重建以来"第一个目标明确的本土化社会学理论体系"如何建构，又怎样进一步深化发展成为中国气派的社会学理论，其学术勇气和努力是值得肯定的。

　　该书体现了理论与历史相统一的原则，以及理论研究与文献研究相结合的特征，章节安排逻辑有序，按照"宏大背景—思想渊源—逻辑延展—关键议题—解释范式—自觉意义"的框架展开其内容，文献资料丰富而翔实，细细读来，表现出以下突出的特点：

一是选题的示范意义。该选题是一种理论式研究，探讨中国特色、中国气派的社会学理论建构问题，对这一问题的探讨涉及理论背景与基础、中国的本土社会实践及理论建构等问题，对社会学恢复重建以来我国社会学家郑杭生领衔的社会运行学派自己建构的社会学理论进行了较为系统的分析和研究，选题具有一定的理论高度和探索性意义，在社会学理论研究方面具有一定的示范意义。

二是互构视角的切入。社会学的发展是社会学学者、社会学学术、社会学学派、社会学学界等多元社会行动主体在中国社会实践结构性巨变的历史舞台上相互形塑、同构共生的结果。理论与时代的互动建构了中国气派社会学理论的生成基础，中国气派社会学理论是在与中国社会实践发展的互动过程中逐渐建构起来的，中国气派社会学理论的自我更新与发展成就了理论自觉的逻辑程式，中国气派社会学理论在与西方社会学的学术对话中逐渐成形、成长并走向成熟。

三是理论观点的创新。提出中国气派社会学理论建构是一个不断"在自觉中批判"和"在批判中自觉"的理论创新过程，中国气派社会学理论建构起了运行范式、转型范式、学科范式、互构范式、实践范式等一套解释范式。中国气派社会学理论的批判是一种"建设性反思批判"，中国气派社会学理论关于社会运行、社会转型、新型社会主义、理论自觉、学术话语权的独到论著就是对"革命的概念"这种社会性生产力的最好注解。这些尝试也体现了社会学理论思考的"想象力"。

社会学理论研究是一件非常艰辛而有风险的劳心工作，需要很大的勇气和付出，该书的出版可以看作是对作者这几年努力的最好回报。郑杭生先生及其学术团队所致力的中国气派社会学理论体系庞大而驳杂，其学术思想博大而精深，"五论"更多的是宏观理论的一种集中呈现，而郑杭生先生率领的学术团队在多年的社会实地调查过程中，发展出了一系列中国社会学的中层理论，涉及社会建设、社区建设、社会治理、城市社会发展、新型城镇化等诸多研究领域，同样是社会学本土化和中国化的重要成果，对这些中层理论的研究有着很大的理论提升空间，希望作者今后能够进一步去深入挖掘、思考和研究。

作为一名从事理论研究的青年学者，由于各种原因，书中还存有诸多不足，留待以后作者继续深入思考探讨。希望以本书的出版为新的起点，看到作者更多精彩的作品和表现。

是为序。

杨 敏

2015 年 7 月于中央财经大学

社会建设与社会管理研究中心

目　　录

Contents

导　论

主题、视角与目标

第一节　问题的提出

　　无论古今中外，社会思想亘古绵延源远流长，润泽着人类社会的演替繁衍。而作为一门学科的社会学，是人类社会急剧变迁的时代产物。社会学，如果从孔德 1838 年出版的《实证哲学教程》提出"社会学"一词算起，至今已是 176 年的历史。而中国社会学，如果从严复 1895 年 3 月在天津《直报》连载《原强》一文开始算起，也有 119 年的历史。这一因时代剧变而产生的学科，其命运也同样随着当今世界的巨变而起伏跌宕。社会学从初传中国至今一百多年的发展，始终是与社会学的本土化历程相伴随的，在人类别无选择地迈进全球化时代的进程中，世界各国社会学都将自觉不自觉地面对全球化浪潮的奔流不息以及浪潮席卷后的覆地翻天，中国的社会学也在这一进程中起伏跌宕。置身世界历史的高度，人类已然进入全球化这一人类发展的新阶段，立足世界学术的场域，全球化也顺理成章地在各个学科攻城略地，成为共同关注的热点，社会学同样概莫能外。

　　正如沃勒斯坦所指的那样，"社会科学是现代世界体系的产物，而欧洲中心主义是现代世界地缘文化的构成要素……在欧洲支配整个世界体系的历史时刻，社会科学为回答欧洲的问题而兴起，社会科学既然是在这个熔炉里形成的，它在选题、推理、方法论和认识论上都反映这个熔炉的局限，这几乎是不可避免的"①。社会学于 19 世纪中叶率先在欧洲大陆产

---

① ［美］伊曼努尔·沃勒斯坦：《所知世界的终结——二十一世纪的社会科学》，冯炳昆译，社会科学文献出版社 2002 年版，第 183 页。

生，其后辗转传到欧洲之外包括中国在内的亚洲等国。伴随着世界经济中心的转移，世界社会学的中心也从欧洲转移到了美洲，社会学迎来了它的"帕森斯帝国"，直到今天现代性的全球推进，社会学又向欧洲中心复归。作为一门学科的社会学在什么样的时代背景下发生，又在怎样回应时代发生发展的问题，这是社会学理论发展历程中始终在苦苦思索并不断积淀传承的历史所必须把握的。当我们回首中国社会千年巨变的历史洪流，回顾中国社会学的百年变迁，作为社会学人该如何重新思考这一与当下及未来社会生活实践联结最为紧密的学科理论建设以及学术思想发展，就成为每位学人的学术使命。

中国社会学的发展必然地要立足于本土化，面向国际化，迈进全球化，这是社会学学科建设也是学术发展的必然趋势。中国社会学本土化的主题围绕着建构有中国特色、中国气派的社会学而展开，中国社会学本土化的成功与否取决于有中国气派社会学理论建构的层次和程度。社会运行学派是对中国人民大学郑杭生教授及以他为带头人的学术群体 30 余年来所构思及倡导的社会学理论及研究方法的一种称呼，该学派积极地致力于中国气派社会学理论的探索、发展与深化，成绩卓著，成为中国社会学重建以来"第一个目标明确的本土化社会学理论体系"。郑杭生先生指出："本土化所包含的，不但是问题的选择，而且是理论建构、概念乃至研究方法及工具的确立，它不是使社会学的研究区域化，或者发展后拿来与西方社会学抗衡，而是使得我们社会学家的努力能够被纳入世界社会学的体系之中，为人类的文明提供另一条可能的理解与诠释途径。社会学本土化是一种使外来社会学的合理成分与本土社会的实际相结合，增进社会学对本土社会的认识和在本土社会的应用，形成具有本土特色的社会学理论、方法的学术活动和学术取向。"① 中国气派社会学理论的建构融入在逐渐深入铺开的本土化进程中，我们最为需要的是社会学学人的主体意识，通过一种自觉的主体思维去勇敢地担当起主体责任。

在中国社会学的百年发展轨迹中，我们已经习惯于或者漠然地在接受某种西方的学术话语和范式，而忘却了自己的学术文化传统及其自由言说，"边陲思维"逐渐定势。正如翟学伟所说："如果说中国学者在东西

---

① 郑杭生、王万俊：《论社会学本土化的内涵及其目的》，《吉林大学社会科学学报》2000年第 1 期。

文化的碰撞中接受了西方学术,那他们接受的不仅是西方的这些学科类型,同时还有西方人文、社会及行为学科中的视角,以及由这一视角确立了的概念、理论和方法。或者说,整个西方学科的研究范式已经成为中国学者的研究指南。"① 在这种单向进程中,为了获取某种研究资格,我们的思维和思考已习惯性地被这种程式所绑架。当笔者将博士论文的选题锁定在社会运行学派创立的中国气派社会学理论体系上的时候,甚至怀疑是否拥有这样的资格来对这一统合性的理论知识群进行研究,惶恐于一个后学从事理论研究的勇气和资格,但是,没有后学对于本土理论及其方法的埋头和阐发,可能我们永远只能在西方的程式里自弹自唱。

中国社会学界在理论上对中国本土社会学资源的利用严重不足,甚至存有偏见。"社会学系的学生,谈起社会学理论,言必称西方,压根儿都没有想到中国社会学家有什么理论。这不能够怪我们的学生,而只能怪我们的社会学家没有建立自己的理论体系,或者怪我们没有去挖掘和发现我们社会学家的理论体系。"② 那么当我们的社会学家明确提出社会运行论、社会转型论、社会互构论、实践结构论等有中国特色、中国气派的社会学理论的时候,作为后学是否更有责任和义务主动去学习、阅读、理解、阐发、评论,进而展开逻辑上的思考分析批判呢?我认为这是非常有必要和不言而喻的,只有我们跳出西方理论范式的窠臼,才能将本土自然生发的带有明显中国特质、中国风格的社会学理论发扬并光大到世界各地,拥有属于中国人自己的社会学学术话语权。

在如何对待和重新审视社会学的历史发展时,"今古关系"是所有学术必须正视和慎重回答的问题。马克·布洛赫强调既要"由古知今",也要"由今知古",古今之间的关系是双向的,过去对后来发挥着塑造力量,对过去的认识也逐渐变化且趋于日臻完善。③ 郑杭生先生强调要对今古关系进行再认识,包括当代中国社会学与历代学术传统,特别是社会思想的关系,也包括我们这一代社会学者与我们社会学先辈的关系。如果我们对西方社会学评判过高的话,那么,我们对自己的学术传统及先辈的贡

---

① 参见翟学伟《另一种视角:关于本土化、研究理路及其方法的若干思考》,载《中国人行动的逻辑》,社会科学文献出版社 2001 年版,第 1—2 页。

② 吴怀连:《中国农村社会学的理论与实践》,武汉大学出版社 1998 年版,第 1—2 页。

③ 〔法〕马克·布洛赫:《历史学家的技艺》,张和声、程郁译,上海社会科学院出版社 1992 年版,第 32—36 页。

献往往会认识不足。因此，我们既要对西方社会学进行再评判，也要对我们的学术传统进行再认识。①如何去思考和应对今天社会学理论发展的挑战，必须要清醒认识到时下社会环境的变化以及趋势。真正严肃的社会学理论建构的努力，就在于是否能够真正面对社会学理论日益深刻的危机，而能否面对这种危机，根本上取决于是否有充足的勇气和智慧面对当下言说的困境，即"面对苦痛性的实践经验的无力和面对超越性的沉思理论的无力"②。全球化是现代性的扩充延展，是对传统智慧的挑战和超越，她将现代文明提升为全球性的抽象，在深刻地改变着人类思维方式和文化生活的同时，也在改变着民族国家的文化和学术，在无情地摧毁过去各种理想模式的同时，又在敦促人们进行各种尝试性的前瞻性思考，将人类美好的生活理想建基于未来。全球化进程拓展了社会学的时空视域，在现代性的长途跋涉中嵌入又脱出，当我们再次面对现代性这种永不降息的全球推进，社会学理论以及中国社会学理论又该做出怎样的反应和应对？

试看当下中国，2006 年党的十六届六中全会把"社会建设"作为与经济、政治、文化同等的社会主义建设发展目标，社会学迎来难得的历史机遇。2013 年党的十八届三中全会吹响全面深化改革的号角，健全城乡发展一体化体制机制，创新社会事业改革，创新社会治理体制机制，推进社会领域的制度创新，社会学在全面深化改革中将大有可为，中国社会的全面转型和发展需要社会学理论的指导，社会学可以也应当成为"显学"。正是基于以上学术和实践两个方面的考察和思考，笔者将郑杭生领衔的社会运行学派致力的中国气派社会学理论建构作为研究的对象和主题，有着理论和现实的双重意义和价值。

首先，中国气派社会学理论建构的研究是中国社会学理论自觉的必然。中国社会学在"移植"西方社会学知识的基础上探索并建立了自己的知识体系，与此同时，也不可避免地建立起了西方社会学对于中国社会学话语的"文化霸权"。在承受西方强势话语冲击和捍卫中国社会学主体性的两难困境中，中国社会学经历了百十余年的曲折和艰辛，郑杭生先生

___

① 郑杭生：《再评判、再认识、再提炼——中国社会学在"理论自觉"阶段的基本功》，2013 年 7 月 20 日在中国社会学会 2013 年贵阳学术年会开幕式上的致辞。《北京日报》在 9 月 2 日以《破除"边陲思维"》为题，加以发表。

② 李猛：《社会的"缺席"或者社会学的"危机"》（http：//www. sociology2010. cass. cn/news/422397. htm），2011 - 10 - 27。

及其学术团队对中国特色社会学理论的探索就是中国社会学发展中一支闪耀的力量，在学界有"社会运行学派"之誉。学派的"五论"作为"中国社会学重建以来第一个目标明确的本土化社会学理论体系"，不断拓展并趋于成熟，对这一具有本土特色的基础理论进行研究，既是中国社会学理论自觉的具体表现，也进一步彰显了理论自觉精神的延续。

其次，对中国气派社会学理论建构的研究是与当今世界社会学理论对话的必要。中国社会学自恢复重建以来，经过三十多年的不断探索和创新，完成了社会学专业体系、理论框架和概念体系等知识体系和学科建制、学术规范、评价体系等制度体系的构建。但是，中国社会学在借鉴国外优秀成果的同时，必须尽快确立自身的主体性、提升自身的话语权，这已成为中国社会学界诸多有识之士的基本共识和迫切愿望。确立"理论自觉"意识，摆脱主体性危机，走出"缺席"状态，对中国气派社会学理论探索历程的研究本身也是"增强主体意识、弱化边陲思维"的具体表现。对中国气派社会学理论建构的研究既是对我国本土化社会学理论建构和发展的总结，同时也将进一步丰富我国社会学的基础理论研究，进而更好地开展与西方社会学理论的有效对话。

再次，中国气派社会学理论建构的研究是推动中国社会学发展，尤其是丰富和拓展中国理论社会学的必需。理论社会学是表征社会学研究角度的一个范畴，侧重于研究社会的总体与局部及两者的关系、社会和个人的关系，进而对社会学的研究对象、学科性质、理论体系、作用地位、方法手段、历史发展等做出理论概括。理论社会学既可以从"逻辑"的角度作横向研究，又可以从"历史"的角度作纵向研究，横向研究主要是社会学概论或社会学原理的研究；纵向研究则主要是社会学史的研究。理论社会学是全部社会学的核心部分，不同的理论社会学决定着不同的社会学面貌。近些年，中国理论社会学研究取得了明显的成果，理论导向更趋成熟，理论社会学的应用研究也蔚然成风，但是，现阶段理论研究和经验研究失衡的局面依然存在，对中国气派社会学理论建构的研究，既可以丰富和拓展中国理论社会学的研究视域，也可以培育本土理论话语的自主能力和应用能力，运用社会学的理论视角和概念框架去更好地解释和解决现实问题。

最后，中国气派社会学理论建构的研究将进一步丰富中国社会学学术话语体系的构建，为中国特色哲学社会科学学术话语体系添砖加瓦。构建中国特色、中国气派社会学学术话语体系，是中国新型社会主义发展的现实需要，是建设反思型马克思主义社会学发展的迫切需要，是推动哲学社会科学体系创新发展的迫切需要，也是中国经验、中国道路"走出去"的迫切需要。历史、时代以及理论自身的发展都要求我们必须有效地掌握和不断地提升社会学学术话语权，在理论自觉的基础上获致学术话语言说的权利，这既是中国社会学从世界学术格局边陲走向中心的必由之路，也是中国社会科学获得新生的必然选择。社会运行学派"五论"的研究将进一步培育理论创新意识，增强理论自信和理论自强，打造真正具有中国特色、中国风格、中国气派的社会学学术话语体系。

第二节　研究的现状与述评

可以说，"社会学"这一舶来品自从进入中国开始，其本土化过程就已徐徐展开，对于社会学本土化的研究和反思也一直相伴而行，其间具有鲜明本土特质的社会学理论建构、实证调查等在世界社会学发展史上留下了浓墨重彩的一笔。对于中国特色的社会学理论研究是社会学本土化实践和研究中至关重要的部分。任何理论的提出和发展都离不开那个时代、当时社会、学术界的阅听、分析、批判、争鸣，正因为这些声音才使得理论得以传承光大。在中国社会学百十来年的发展中，有中国特色的社会学理论建树方面，有三个层面的理论是需要重点关注和深入研究的，一是新中国成立前早期的社会学理论；二是社会运行学派的"五论"；三是重建以来其他有中国特色的社会学理论。

一　新中国成立前早期社会学的社会学理论

社会学作为一门独立的学科，在中国属于一种知识的"舶来品"，从进入中国的那一刻便开始了本土化的探索历程。许世廉于1925年首先倡导建设"本国社会学"，孙本文明确地论述社会学在中国的本土化即"中国化"，大力倡导社会学的中国化，呼吁构建"中国化的社会学"。在中国社会学发展之初，前辈们紧随世界社会学的发展主流，对于人和社会环境的关系等普遍性问题进行了积极关注，出现了各具特点的社会学研究学派，构建了一些具有本土特色的社会学理论。"新中国成立前早期社会学"的社会学研究学派主要有乡村建设学派、综合学派、社区学派和马克思主义学派①，不同的学派表现出不同的研究倾向，在不同学派之间也相应形成了不同的社会学理论。

第一，乡村建设学派的社会学理论。

乡村建设学派关心乡村实验、社会改良等实际问题，梁漱溟提出的"中国文化失调与重建"理论、晏阳初等人提出的"愚穷弱私论"②等为乡村建设的实验提供了理论根据，在乡村建设学派主持下的邹平乡村建设实验、定县乡村建设实验等直接推动了全国性的乡村建设实验事业。尽管乡村建设学派的社会改良实验最终失败，但乡村建设学派的理论和实践的双重探索却引起了社会学界的争论，从而推动了中国社会学的研究事业。

第二，综合学派的社会学理论。

综合学派是学院派社会学的主流③，其理论构建始于 20 世纪 20 年代后期，发展到 30 年代日臻完善。综合学派主张将社会看作一个整体，任何社会现象都具有非常复杂的性质，应从多方面进行综合研究，其社会学理论体系的构建把社会行为作为研究对象，在方法上以社会文化的分析为基础，对于文化社会学理论和社会行为分析的融汇，获得民国时期社会学界普遍的认可，代表了中国早期社会学理论研究的最高成就。综合学派的代表人物主要有孙本文、许仕廉、柯象峰、龙冠海、朱亦松等人，而孙本文无疑是综合学派社会学理论之执牛耳者。他围绕社会行为这个中心来阐述社会学的研究领域，强调心理和文化要素是影响社会行为的"根本活动"要素和核心要素，社会行为"无非是人类心理作用和文化影响的交互作用的结果"④。他认为社会学的任务在于研究人类共同生活的原理原则，而"求生"为人类共同生活原理原则的中心要义。他不仅引介美国最新理论，而且力图融会美国社会行为分析和文化社会学理论为一个理论整体并有所创新，从而构建中国自身的社会学

---

① 这种划分方法来自郑杭生、李迎生主编的《中国社会学史新编》，高等教育出版社 2000 年版，第 100 页。而杨雅彬认为社会学自传入以来一般都是根据研究具体问题的需要来运用有关的理论和方法，表现出不同的研究倾向，并未形成学派林立的状况。笔者认同郑杭生等人的观点，故在此借用其划分方法展开综述。

② 郑杭生、李迎生：《中国社会学史新编》，高等教育出版社 2000 年版，第 104—107 页。

③ 同上书，第 117 页。

④ 孙本文：《社会学 ABC》，世界书局 1929 年版，第 3—4、23—24 页。

理论体系，而这在时间上几乎与美国同步。① 但是，由于社会综合学派忽视实地调查研究，使得学派的理论创新活动受到很大的限制，其在中国社会史上的地位也大为削弱。

第三，社区学派的社会学理论。

社区学派被誉为社会学的"中国学派"，其奠基人为吴文藻。吴文藻将人类学和社会学结合在一起，在吸纳马林诺夫斯基的结构—功能主义理论和帕克的人文区位学理论的基础上，主张改进中国社会结构要从社区研究入手，提出"社区研究"是社会学中国化的核心议题。明确指出："以试用假设始，以实地证言终。理论符合事实，事实启发理论，必须理论与事实融合一起，获得一种新综合，而后现实的社会学才能植根于中国土壤之上，又必须有了本此眼光训练出来的独立的科学人才，来进行独立的科学研究，社会学才算彻底的中国化。"② 社区学派始终把认识中国现实社会作为其宗旨，通过大量的社区实地研究，运用社会学、人类学的理论与方法对中国社会结构及其变迁进行了较为充分的理论探索。

社区学派有两个分支，一支是以费孝通为代表的社会人类学，注重对与经济相联系的社会组织的分析，《江村经济》是其代表；另一支是以林耀华为代表的文化人类学，注重对与文化相联系的社会非正式制度的分析，《金翼》是其代表。费孝通延续了吴文藻开拓的社区研究的学术传统路向，以村落为单位进行大量的社区研究，成为社区学派无可争议的领军人物和"中国社会学派"的典型代表。在中国社会学中断30年之后的恢复重建中，费孝通开展的乡村社区调查成为中国社会学接续这个学术传统的唯一通道③。

第四，马克思主义学派的社会学理论。

中国早期社会学的马克思主义学派的主要代表人物有李大钊、瞿秋白、李达等人，他们从马克思主义的唯物史观出发，对社会及其本质、社会学研究的根本法则及方法论、社会学的研究对象、社会学的历史使命等社会学基础理论问题进行了探讨。同时还对社会结构的一般原理及就中国

---

① 阎书钦：《移植与融会：民国时期社会学理论体系构建的美国学术渊源》，《清华大学学报》（哲学社会科学版）2013年第2期。

② 转引自李强《谈谈社会学的"中国化"》，《光明日报》2000年7月25日。

③ 李培林：《20世纪上半叶社会学的"中国学派"》，《社会科学战线》2008年第12期。

社会结构的现实展开了理论和实证的分析，其实证分析以毛泽东为典范①。对旧中国大量社会问题的现状与特点、产生根源及解决路径的分析，也取得了一些成果。尽管马克思主义学派的理论观点尚不成熟，或者存在部分缺陷，但在中国社会学发展史上的重要地位是不容否认的。

第五，其他社会学理论。

在这一时期的本土化社会学理论探索中，杨庆堃、许烺光等人结合西方的人类学理论与中国的田野调查，开辟了一块具有中国文化特色的研究领域，展开了大量的文化人类学调查。潘光旦将生物学演化论思想和传统中国文化相结合，提出了"中和位育论"，成为社会学中国化一种难能可贵的探索方向。杨懋春通过《一个中国的村庄：山东台头》开启了社区研究的本土人类学时代。另外，新中国成立前早期社会学的探索还包括吴景超的都市发展理论、陈达的生存竞争理论②，等等，这些都成为当今中国社会学发展取之不尽的理论资源。新中国成立前早期社会学的探索无论是吴文藻、费孝通倡导的社区研究，还是以孙本文为代表的系统社会学研究，都为社会学中国化做出了努力，但是并未建立起中国的社会学体系③。

二　社会运行学派的"五论"

自 20 世纪 80 年代以来，郑杭生先生领衔的学术团队对中国特色社会学理论经历了探索、应用、拓展、深化的发展历程，硕果累累，成就卓著，在学界被誉为"社会运行学派"，系统详细介绍社会运行学派的文字集中在《社会运行学派成长历程：郑杭生社会学思想述评文选》④ 中。社会运行论、社会转型论、学科本土论、社会互构论、实践结构论，"五论"既各自独立成篇，自成一体，又相互关联、浑然一体，形成了完整

---

① 这些作品包括《中国社会各阶级的分析》（1925 年 12 月）、《怎样分析农村阶级》（1933 年 10 月）、《中国革命和中国共产党》（1939 年 12 月）等。

② 郑杭生：《社会学本土化及其在中国的表现》，《广西民族学院学报》2004 年第 1 期。

③ 杨雅彬：《四十年代中国社会学的建设》，《社会学研究》1988 年第 1 期。

④ 郑杭生主编的《社会运行学派成长历程：郑杭生社会学思想述评文选》于 2013 年 7 月在中国人民大学出版社出版。该书收录各类述评文章 50 篇，成为系统详细介绍社会运行学派的集大成之作，它对形成体现时代精神的相互争鸣的真正意义上的中国社会学学派有着重要的启迪意义。该书为笔者梳理社会运行学派的中国特色社会学理论文献提供了最大帮助，在此表示感谢。

的系统化理论体系，成为中国社会学理论探索过程中最为重要的一支力量。近三十多年来，我国学者也对"五论"进行了多角度、多层面的评介、分析和研究，所开展的研究都取得了一定的成果，为中国特色社会学理论的发展和壮大夯实了基础。通过文献的梳理，研究主要集中在以下四个方面。

第一，对"五论"及其创始人郑杭生先生的社会学思想进行不同角度的评介、述评和研究。

首先是对"五论"进行评介和解读。这些研究对 20 世纪中国的社会学本土化研究取得的成就给予了充分肯定，尤其是近些年对"理论自觉"的关注，充分展示了中国特色社会学理论的探索之路。有的研究重在对五论中的某一理论进行重点阐释，有的则重在对中国特色社会学理论的整体理解和把握，这些研究肯定了中国特色社会学理论在中国社会学发展进程中的地位和作用，明确了中国特色社会学理论的理论旨趣。最早系统评述和研究郑杭生社会学学术思想和社会运行学派的董驹翔教授，充分肯定地把社会运行与发展作为社会学研究对象在中国社会学发展中的意义，他认为《社会学对象问题新探》一书对于社会学对象的研究具有承前启后的作用，甚至把整个社会学的研究推向了一个新高度①，这也在某种程度上稳固了"社会运行学派"的理论基点。王万俊明确指出社会运行论、社会转型论是中国特色社会学的开创性研究，社会运行之所以成为当代中国社会学领域中的一个重要术语，首先应归功于郑杭生开创性的研究工作。② 杨发祥认为《郑杭生社会学学术历程》的出版标志着中国特色社会学理论走向成熟，催生着人大社会学学派的形成与发展，提升着中国社会学教学与研究的品位和中国社会学在世界社会学格局中的地位。③ 刘少杰认为其完整地反映了郑杭生 20 多年的学术历程演进和学术思想发展，建构了中国社会学理论的新形态。④

①　董驹翔：《社会运行与社会学——评论郑杭生教授的理论》，《齐齐哈尔师范学院学报》1989 年第 6 期。

②　文梓：《中国特色社会学的开创性研究——郑杭生先生的社会学理论简析》，《阴山学刊》1998 年第 4 期。

③　杨发祥：《承前启后的重要理论成果——〈郑杭生社会学学术历程〉评介》，《社会》2005 年第 5 期。

④　刘少杰：《建构中国社会学理论的新形态》，《甘肃社会科学》2006 年第 3 期。

其次是对"五论"的创始人郑杭生先生的社会学思想进行不同角度的评介、述评和研究。这方面的研究充分肯定了郑杭生先生对中国特色社会学理论探索所做出的贡献，认为郑杭生先生是中国化进程中里程碑式的人物，是中国特色社会学理论的开创者①，是当代中国特色社会学理论的开拓者，从学科史的角度看，郑杭生的学术历程对中国社会学恢复重建和繁荣发展起到了里程碑式的作用。② 20 世纪 80 年代末，李强（1987）、王洪伟（1988）、董驹翔（1989）等人专门撰文对郑杭生及其社会学理论进行了充分的肯定并展开初步评介。新世纪以来，又对于郑先生的社会学思想展开了多层面的述评和研究。崔同用"美人如玉剑如虹"来形容郑杭生和他的社会学思想。③ 胡荣认为郑杭生社会学学术研究具有本土化、体系化和基础化的理论品格。④ 郭星华强调郑先生在创立中国特色社会学理论体系、致力社会学学科建设、培养社会学人才等对中国社会学发展三个方面的贡献。⑤ 杨敏认为中国特色社会学理论的建构是郑先生多年来思想脉络的根本，通过对"社会运行论"、"社会转型论"、"学科本土论"、"社会互构论"的"四论"探讨，展现了中国特色社会学理论兴起的时代感、实践感和全球视野。⑥ 王道勇认为郑杭生在社会学学科合法性和发展前景、社会学元问题、社会学家的流派、思想结构等方面的研究，已经形成了一个较为完整的元理论体系，而且实现了社会学元研究、理论研究和经验研究三个层面一体化贯通的研究理念和研究方法。⑦ 童潇归纳的郑杭生社会学思想逻辑理路为：

---

① 龚长宇：《社会学中国化进程中的里程碑式人物》，《湖南师范大学社会科学学报》2001 年第 2 期。

② 陆益龙：《从文化自觉迈向理论自觉——郑杭生对中国社会学及理论的贡献》，《甘肃社会科学》2012 年第 3 期。

③ 崔同：《"美人如玉剑如虹"——郑杭生及其社会学思想》，《河南日报》2000 年 6 月 14 日。

④ 胡荣：《本土化、体系化和基础化：郑杭生社会学研究的理论品格》，《中共福建省委党校学报》2006 年第 4 期。

⑤ 郭星华：《耕耘结硕果 桃李舞东风——试论郑杭生教授对中国社会学发展的三个贡献》，《甘肃社会科学》2006 年第 3 期。

⑥ 杨敏：《社会学的时代感、实践感与全球视野——郑杭生与"中国特色社会学理论"的兴起》，《甘肃社会科学》2006 年第 3 期。

⑦ 王道勇：《元理论意义上的当代中国社会学理论创新——郑杭生学术思想研究》，载郑杭生等：《社会转型与中国社会学的理论自觉》，中国人民大学出版社 2011 年版，第 36—51 页。

"建设性反思批判思想"的世界观、"本土特质与世界眼光"的方法论、"立足现实、开发传统、借鉴国外、创造特色"的具体方法、"促进社会进步，减缩发展代价"的深层理念、"社会运行论、社会转型论、学科本土论、社会互构论"的思想展开，五个方面既相互影响，又浑然一体。① 李娜、胡翼鹏认为郑杭生的社会学研究所蕴含的文化禀赋是其实现理论自觉的根本因素。② 姜利标将郑杭生社会学理论诠释为统合性、实践性的社会学理论群知识，并指出郑杭生并未故步自封在已有的理论群知识体系内，而是不断保持自我知识的内外在实践性反思过程，而且这种统合性、实践性的社会学理论群知识在接受时间的检验和价值待评估时，会成为中国社会学史的一种永恒经典。③

　　第二，对中国特色社会学理论体系中"五论"内在关联的探讨与研究。

　　社会运行论、社会转型论、学科本土论、社会互构论和实践结构论是中国特色社会学理论体系的主体骨骼，也是郑杭生社会学理论和思想的主体骨骼，"五论"内在的逻辑关联一直是研究者关注的热点。谢立中认为"学科本土论"为社会运行学派提供了目标和方法论方面的前提，"社会运行论"和"社会转型论"构成了社会学运行学派的理论主体，"社会互构论"则是对这一理论主体的进一步深化。④ 李迎生认为"学科本土论"为中国特色社会学理论的提出和展开提供了理论基础，"社会运行论"则是中国特色社会学理论的核心，"社会转型论"是中国特色社会学理论的拓展，"社会互构论"是中国特色社会学理论的深化。⑤ 杨发祥认为社会运行论是中国特色社会学理论建构的基石，社会转型论和学科本土论是中国特色社会学理论的展开，而社会互构论则是

---

① 童潇：《郑杭生社会学思想理路探微》，《学习与实践》2008 年第 11 期。

② 李娜、胡翼鹏：《论郑杭生关于社会学研究的理论自觉与文化禀赋》，《学术论坛》2013 年第 8 期。

③ 姜利标：《统合性、实践性的社会学理论群知识：对郑杭生社会学理论的诠释》，《学习与实践》2012 年第 10 期。

④ 谢立中：《社会运行学派：理解与评论》，载《"中国特色社会学——历史、现状、未来"学术研讨会论文集》，中国人民大学社会学理论与方法研究中心暨中国人民大学社会学系，2005 年，第 67 页。

⑤ 李迎生：《当代中国特色社会学理论的开拓者——郑杭生社会学探索历程》，《社会科学战线》2007 年第 1 期。

中国特色社会学理论建构的新境界。① 胡翼鹏认为社会运行论是主体、是核心，从宏观层面上确定了社会转型、社会互构等理论命题的内容与取向，而社会转型论及其他理论命题则是从不同问题、不同视角对中国社会运行的阐释，是社会学本土化的具体展开，而学科本土论是这个模型的说明手册或操作指南，超越社会学的具体理论成为对具体社会学理论的社会学阐释。② 而郑杭生先生自己认为运行论是基础，转型论是深化，本土论是追求和方法论，社会互构论是进一步的升华总结③，实践结构论是在"四论"基础上进行的又一新探索。④

第三，与西方社会学理论及关键命题进行的比较研究。

这方面的研究首先集中在从旧式现代性到新型现代性的现代性发展，张永华认为"旧式现代性"的问题迫使中国社会转型的实践走上一条新式道路——"新型现代性"之路，强调"社会互构论"的"实践性"，是对以往多少带有"静态"特征的传统理论的一种突破，"社会互构论"就是对"实践社会学"的一种初步的理论尝试。⑤ 王道勇从概念体系出发考察社会转型论与社会互构论的统合性，认为两者考量的都是现代性在中国和全球的扩展，以及其对生活与政策领域的冲击和回应，都秉承着从现实社会中来、运用于现实社会的学术理念终极价值追求。⑥ 李棉管着眼新型现代性与社会政策的新视野，认为新型现代性的方法论基础是社会互构论，以人为本的公平正义是其理念创新，实践逻辑是可持续发展，跳出旧式现代性的思维局限，而从新型现代性的理论视野提出了社会政策发展的新思路。⑦ 黄家亮指出社会学与现代性相伴

①　杨发祥：《中国特色社会学理论的建构历程及其内在关联》，《河北学刊》2006 年第 3 期。

②　李娜、胡翼鹏：《论郑杭生关于社会学研究的理论自觉与文化禀赋》，《学术论坛》2013 年第 8 期。

③　郑杭生、童潇：《中国特色社会学理论的探索之路——在建国六十周年之际访著名社会学家、中国人民大学郑杭生教授》，《甘肃社会科学》2009 年第 5 期。

④　郑杭生、杨敏：《社会实践结构性巨变对理论创新的积极作用——一种社会学分析的新视角》，《中国人民大学学报》2006 年第 6 期。

⑤　张永华：《"新型现代性"社会学理论实践理路——对郑杭生"社会互构论"的初步阐释》，《甘肃社会科学》2006 年第 3 期。

⑥　王道勇：《现代性延展与社会转型——从概念体系角度考察社会转型论与社会互构论的统合性》，《学习与实践》2007 年第 2 期。

⑦　李棉管：《新型现代性与社会政策的新视野》，载郑杭生主编：《社会运行学派成长历程：郑杭生社会学思想述评文选》，中国人民大学出版社 2013 年版，第 381—390 页。

而生，对中国现代性独特逻辑的探寻是贯穿在郑杭生社会学理论中的核心问题。郑杭生的学术历程表明，理论构建绝非西方学者的专利，以"中国"为主体的中国社会学理论建构不仅迫在眉睫，而且完全可能。①其次是有关方法论的探索，徐晓军认为社会互构论对个人与社会关系这一元问题的追索，真正找到了整合、超越经典二元对立社会理论的终极根源，成功超越这些经典二元对立式的社会理论，成为中国社会发展转型经验的强大解释工具。社会互构理论的提出对于增强中国社会学学术话语权和学术自信的贡献可能超过理论本身，对于建设具有"本土特质"、"中国气派"的中国社会学具有更高的价值。②张兆曙将社会互构论与结构化理论进行了比较，指出社会互构论与吉登斯的结构化理论在个人与社会、行动与结构的关系上都主张两者之间的相互建构，而社会互构论在系统的学术对话中打开了更为重要的理论空间——变迁中的互构。③姜利标认为在对社会学知识进行修订和完善的呼唤中，掀起了学科发展历程中的三次代表性呐喊，从社会学的危机、社会学的新启蒙到社会学的理论自觉，都是社会学作为一门学科发展历程的必然要求和自身知识创新的内在需求。④

第四，着眼于"社会运行学派"的形成、成长、壮大的阐发和研究。

首先是对"社会运行学派"的形成和理论坚守进行充分的肯定和研究。谢立中认为"社会运行学派"（也称"协调发展学派"）是中国人民大学社会学系郑杭生教授对他和他领导的学术群体30余年来所构思和倡导的社会学理论及研究方法的一种称呼，在理论方面取得了"中国社会学重建以来第一个目标明确的本土化社会学理论体系"的成就。⑤奂平清

---

①　黄家亮：《中国现代性的探寻与中国社会学的理论建构——以郑杭生社会学学术历程为例》，《西北师大学报》（社会科学版）2012年第3期。

②　徐晓军：《社会互构论：超越经典二元对立社会学方法论的新探索》，《西北师大学报》（社会科学版）2012年第3期。

③　张兆曙：《社会互构论与结构化理论的关系及其展开前景》，载郑杭生主编：《社会运行学派成长历程：郑杭生社会学思想述评文选》，中国人民大学出版社2013年版，第340—347页。

④　姜利标：《社会学发展历程中的呐喊》，《华中科技大学学报》（社会科学版）2011年第5期。

⑤　谢立中：《社会运行学派：理解与评论》，载《"中国特色社会学——历史、现状、未来"学术研讨会论文集》，中国人民大学社会学理论与方法研究中心暨中国人民大学社会学系，2005年，第67页。

认为"理论自觉"不仅是中国社会学提升理论地位的有效路径，也是提升理论内涵的必然要求，更是形成社会运行学派的巨大动力①。董驹翔、董翔薇认为社会运行论社会学在当代中国社会学的发展中占据了学术高地，有了学术制高点，是中国社会科学的学术创新。社会运行论社会学的理论自觉和学术创新正表现为从强势的西方社会学理论中解放出来，为自己正确定位，加强自主性，形成社会运行学派。② 社会运行学派其自身学理建设臻于完善，成为名副其实的中国社会学学派，是理论自觉历程中成熟的中国社会学学派。③ 关于社会运行学派的这些研究都强调了学派形成在中国社会学发展中的意义和价值，充分肯定了社会运行学派对中国特色社会学理论发展的贡献。

　　其次是对社会运行学派的学派作风以及学派创始人的学术作风展开的论述。胡鸿保强调郑杭生先生"讲理务实"④，讲理是说注重理论，务实是指充分考虑中国国情，重视社会学的体制条件定位以及外部政策环境。侯宁强调郑先生是中国气派社会学理论的拓荒者⑤；谢建社强调郑先生顶天立地做研究，呕心沥血育新人⑥；汪效驷认为兼具世界眼光与中国气派构成郑杭生社会学理论成果的内在品格和根本特质，提供方法论指导和认识工具是他"立足本土，放眼世界"的学术追求的价值体现。⑦ 冯仕政认为郑先生一直坚持"群而不党，和而不同"的学术作风，给后生晚辈做出了良好的示范，践行先生群而不党、和而不同的学术精神和作风更具有

　　① 奂平清：《"理论自觉"与中国社会学的发展——以郑杭生及其社会运行学派为例》，《西北师大学报》（社会科学版）2012 年第 3 期。

　　② 董翔薇、董驹翔：《理论自觉与中国社会学学派的成长——郑杭生的社会运行学派及其贡献》，《甘肃社会科学》2012 年第 3 期。

　　③ 董翔薇、董驹翔：《社会运行学派：理论自觉历程中成熟的中国社会学学派》，载郑杭生等著：《社会转型与中国社会学的理论自觉》，中国人民大学出版社 2011 年版，第 4—15 页。

　　④ 胡鸿保：《讲理务实、发展中国社会学——祝贺郑杭生教授从教 45 周年讨论会书面发言》，载郑杭生主编：《社会运行学派成长历程：郑杭生社会学思想述评文选》，中国人民大学出版社 2013 年版，第 72 页。

　　⑤ 侯宁：《郑杭生：中国气派社会学理论的拓荒者》，载郑杭生主编《社会运行学派成长历程：郑杭生社会学思想述评文选》，中国人民大学出版社 2013 年版，第 186 页。

　　⑥ 谢建社：《顶天立地做研究，呕心沥血育新人》，载郑杭生主编《社会运行学派成长历程：郑杭生社会学思想述评文选》，中国人民大学出版社 2013 年版，第 365—371 页。

　　⑦ 汪效驷：《立足本土 放眼世界——郑杭生教授的学术追求》，《高校理论战线》2012 年第 7 期。

时代意义①。

三   重建以来的其他有中国特色的社会学理论构建

具有中国特色的社会学理论的构建是在因学科取消造成的社会学理论发展与世界潮流脱节的背景下展开的，在社会学恢复、重建之初，社会学理论方面主要以介绍、引进西方社会学理论为主，主要是以普及性介绍为主的"启蒙"②。从 20 世纪八九十年代中期以后，中国社会学理论研究的学术意识和理论自觉渐次增强，形成了一些有中国特色的社会学理论，如费孝通的小城镇理论及拓展界限论、刘少杰等的感性选择论、孙立平等的断裂中的社会实践论、谢立中等的后社会学、周晓虹等的中国研究。

第一，费孝通的小城镇理论及社会学传统界限扩展论。

费孝通先生在 20 世纪 80 年代提出的小城镇发展理论丰富了社区理论、社会变迁理论和农村发展理论，也在一定程度上和时期内促进了中国社会实践的发展，成为中国社会学中立足本土、服务现实、学风踏实的榜样。③ 在晚年又提出扩展社会学的传统界限，明确提出社会学要研究文化中人与自然关系的不同论述对于社会学概念形成的参考意义、精神世界在社会形成中的作用、文化的历史传承与社会构成的过程、"意会"对于文化理解的重要性等重要议题④，强调社会学的"科学"和"人文"的双重性格，明确指出作为科学的社会学具有学术和社会现实价值，但社会学学科的价值不应仅局限于这种工具性。社会学的科学理性精神本身就是一种人文思想，而社会学的人文性及其在"位育"中的重要作用又说明社会学研究要注意发掘文化的宝藏。对于费老的这一论述，郑杨生、苏国勋、邱泽奇、刘少杰等学者进行了深入的思考阐发

---

①   冯仕政：《群而不党，和而不同——郑杭生先生的学术作风及其时代意义》，载郑杭生主编《社会运行学派成长历程：郑杭生社会学思想述评文选》，中国人民大学出版社 2013 年版，第 372—380 页。

②   杨善华、李猛：《中国大陆社会学重建以来国外社会学理论研究述评》，《社会学研究》1994 年第 6 期。

③   李强：《中国高校哲学社会科学发展报告（1978—2008）：社会学》，广西师范大学出版社 2008 年版，第 72 页。

④   费孝通：《试谈扩展社会学的传统界限》，《北京大学学报》（哲学社会科学版）2003 年第 3 期。

和深刻的评论。①

第二，感性选择论。

以刘少杰等人为代表，在对于当前中国社会现实的研究中，他们自觉提出"感性选择"的概念，进一步修正和推进了社会交换和理性选择学派的相关概念及理论命题。强调人的选择行为除了由理性思维支配外，还可由感性意识支配，且后者有更基础的支配作用。概括指出中国转型社会的感性选择具有选择意识具象化、选择目标综合化、选择路径伦理化、选择根据经验化、选择秩序传统化等特点。该理论的主导思想在刘少杰、李培林等人的论著中多有体现。② 正如概念的提出者所言，感性选择的很多细节问题尚需从社会学、经济学、心理学和哲学等角度进一步探索。

第三，实践社会学理论。

以"过程—事件分析"为基础的实践社会学理论是一种具有本土意义的社会学理论。实践社会学理论结合布迪厄"实践理论"、符号互动主义以及常人方法学的一些基本概念和观点，主张从人们的社会行动所形成的具体事件与动态过程展开的实践形态之中去把握现实的社会，试图摆脱传统的、静态的结构—制度分析方法，通过过程—事件分析激活实践的展开过程，使实践以具体、动态的形式展现在社会学面前，从而达到对实践过程、机制、技术和逻辑的把握，以揭示当前中国社会转型过程中的"实践逻辑"。孙立平、应星等人将其运用于当前中国社会转型过程的经验研究③，成为一种比较有代表性的理论构建。

---

① 这方面的论述见郑杭生《对中国社会学的巨大贡献——纪念费孝通先生从事学术研究70周年》（《江苏社会科学》2006年第1期）、《费孝通先生对当代中国社会学所做贡献的再认识》（《西北民族研究》2010年第2期）；苏国勋《社会学与文化自觉——学习费孝通"文化自觉"概念的一些体会》（《社会学研究》2006年第2期）；邱泽奇《中国学术传统与实践的社会学：方法论的讨论》（《天津社会科学》2005年第2期）；刘少杰《中国社会学的价值追求与理论视野》（《吉林大学学报》（哲学社会科学版）2006年第6期）；等等。

② 这方面的研究有刘少杰《理性选择研究在经济社会学中的核心地位与方法错位》（《社会学研究》2003年第6期）、《理性选择理论的形式缺失与感性追问》（《学术论坛》2005年第3期）、《中国社会转型中的感性选择》（《江苏社会科学》2002年第2期）；李培林《理性选择理论面临的挑战及其出路》（《社会学研究》2001年第6期）；等等。

③ 这方面的研究集中在孙立平《"过程—事件分析"与当代中国农村国家与农民关系的实践形态》、《迈向对市场转型实践过程的分析》、《社会转型：发展社会学的新议题》（均见孙立平《现代化与社会转型》，北京大学出版社2005年版）、应星《大河移民上访的故事》（生活·读书·新知三联书店2001年版）等。

第四，后社会学。

以谢立中等人为代表，坚持"话语建构论"和"多元主义"的核心理念，提出了一种"社会学"之"后"的学问"后社会学"（Postsociology）。"后社会学"范式的主要意义在于强调的是一种与传统社会学有所不同的社会研究思路，促使人们意识到作为我们人类经验、思考、言说对象的所有社会现实都只是一种由人们在特定话语系统的引导和约束下建构起来的"话语性实在"①。"后社会学"主张作为我们观察、思考、研究对象的"社会"并不是一种完全独立于人们的话语系统之外、不依人们话语系统的变化而变化的"给定性实在"，"社会"研究的任务是要（或首先是要）对人们在特定话语系统的引导和约束下将特定"社会"现实建构出来的过程加以描述和分析。②

"后社会学"将"多元话语分析"和"后社会史"视为两个具体范例。为了消除"传统实在论"（以实证主义、古典诠释学和传统的批判理论为代表）分析模式在社会研究中的影响，"后社会学"借鉴传统话语分析的一些技巧，结合后现代思潮所倡导的多元主义视角，建构起一种以"多元主义"和"话语分析"为特征的社会研究思路。而"后社会史"强调社会实在只是一种话语的建构，否定完全可以不依赖我们的话语而存在的"社会"实在。"多元话语分析"的基本理念和方法也被谢立中、方文、佟新、吴毅、朱旭斌、吴肃然等人自觉地运用到经验研究中去。③"后社会学"在社会研究的对象、程序、方法、任务以及目标等方面提供了一种新的理解。

第五，中国本土社会分析的"中国研究"。

在社会学积极融入本土的过程中，因为一些历史和政治的原因，本土化的学科运动于 1952 年中断了，一直到 20 世纪 70 年代末，才被一些心

---

① 谢立中：《后社会学》，社会科学文献出版社 2012 年版，第 370 页。
② 谢立中：《后社会学：探索与反思》，《社会学研究》2012 年第 1 期。
③ 这方面的研究有谢立中《走向干预主义：历史之必然，还是话语之建构？》（《后社会学》2012）、方文《学科制度精英、符号霸权和社会遗忘——社会心理学主流历史话语的建构和再生产》（《社会学研究》2002 年第 5 期）、佟新《话语对社会性别的建构》（《浙江学刊》2003 年第 4 期）、吴毅《从革命到后革命：一个村庄政治运动的历史轨迹——兼论阶级话语对于历史的建构》（《学习与探索》2003 年第 2 期）、朱旭斌《义乌民营企业家阶层的形成：从话语建构的视角看》（《后社会学》2012）、吴肃然《劳工研究中的一个方法论问题：从多元话语分析的视角看》（《后社会学》2012）等。

理学家、社会学家重新发现并重视，随后提出并发展了一系列有影响力的概念，如"人情"、"面子"、"报"、"民族性"、"关系社会学"、"中国体验"等①，从而建立起了对中国本土社会现实进行合理解释的本土理论，为今天海内外的"中国研究"奠定了厚实的基础。

以上均是自改革开放后，中国社会学重建以来绝大多数社会学者自行尝试并自觉实践的一些体现中国特色的社会学理论，笔者根据自己视野所及对当前具有中国特色社会学的理论创建进行了粗线条勾勒。正如谢立中所说，这些理论都表现出强烈的现实关怀，是与中国社会转型过程中各种具体实践问题的经验研究紧密地结合在一起的。这种理论取向或理论创新在某种程度上改变了中国社会学"重经验，轻理论"的学术偏见，一定程度上提升了中国社会学的理论水平。② 尽管它们尚未成熟，或者正在成熟当中，可能还不足以与成熟的西方理论相抗衡，但是这种大胆的理论探索和创新无疑是中国理论社会学发展中最为宝贵的精神财富。

综上可知，不同的研究主体立足不同的立场，运用不同的分析视角和丰富多样的研究方法，在各个层面对具有中国特色社会学理论进行了较为广泛的研究，使得富有中国特色的社会学理论研究进一步推广和深化。既加深了人们对中国特色社会学理论的认识，也提高了这一理论指导实践的可行性和实效性，也使得这一理论在实践中不断丰富和完善。这些都为中国气派的社会学理论研究奠定了扎实的文献和理论基础，也推动了中国社会学的发展和繁荣，但系统而又持续的研究有待继续深入。

第一，社会运行学派的"五论"是社会学理论本土化中的一个重要

---

① 这些研究有：黄光国、胡先缙：《人情与面子：中国人的权力游戏》，中国人民大学出版社 2010 年版；翟学伟《人情、面子与权力的再生产——情理社会中的社会交换方式》(《社会学研究》2004 年第 5 期)、《报的运作方位》(《社会学研究》2007 年第 1 期)、《中国人的脸面观：形式主义的心理动因与社会表征》，北京大学出版社 2011 年版；沙莲香《中国民族性 1：150 年中外"中国人像"》、《中国民族性 2：1980 年代中国人的"自我认知"》、《中国民族性 3：民族性 30 年变迁》，中国人民大学出版社 2012 年版；边燕杰《关系社会学及其学科地位》(《西安交通大学学报》(社会科学版) 2010 年第 3 期)、《论关系文化与关系社会资本》(《人文杂志》2013 年第 1 期)；周晓虹《中国经验与中国体验》(《学习与探索》2012 年第 3 期)、《中国体验的现实性与独特性》(《江苏行政学院学报》2012 年第 5 期)、《"中国体验"两极化震荡国人心灵》(《人民论坛》2012 年第 24 期)、《中国人社会心态六十年变迁及发展趋势》(《河北学刊》2009 年第 5 期)；等等。

② 谢立中：《当前中国社会学理论建构的努力与不足》，《河北学刊》2006 年第 5 期。

组成部分，是致力于构建有中国特色社会学理论的一支重要力量，其理论体系可视为迄今为止在理论建构方面最为完整也被评议最多的理论。当然，社会运行学派中国气派社会学理论还在进一步的建构和完善中，有待于学界的批评、争鸣和评判，但是对于理论建构的历史、逻辑、范式的系统研究是有必要的，也是非常有意义的。

第二，目前对中国气派社会学理论的研究更多停留在对这些理论的学习理解介绍、理论描述推广或者述评层面，还没有真正进入深入的理论研究阶段，并没有形成系统而又持续的研究。当然这与中国气派社会学理论本身处于成长阶段有关，但是对已取得的显著成型理论进行有意识的研究，是中国社会学理论研究者的责任所在。

第三，从总体上来说，目前的研究仍然以"断面"研究为主，这些研究更多被单纯地归置在不同阶段、不同层次或不同领域的平面性结构中，一定程度上拓展和深化了对于中国气派社会学理论的基础理论研究，但忽略的往往是有关中国社会学本土化发展进程的整体性思路和综合性成果。对于中国气派社会学理论的探索历程以及理论建构的成果及其所体现的自觉意义进行系统梳理和全面归纳是本研究的重要任务之一。

以上既是目前本研究领域的突出特点，也是本研究所着力要突破的地方，社会运行学派的中国气派社会学理论之提出、发展、成型、拓展、成熟与所处的时代、社会、学界是如何进行互动并相互建构的？依据怎样的逻辑理路建构起具有鲜明特点的理论知识体系？在中国加速转型的社会和人类面对的第二次大航海时代，这种理论的建构具有怎样的时代意义、社会意义、学术意义？基于"理论自觉"的中国气派社会学理论建构研究应当而且也必将成为中国社会学理论研究的有机组成部分。

第三节　本研究的视角及目标

对于"中国社会学重建以来第一个目标明确的本土化社会学理论体系"进行的系统研究，必须将客体与主体、外在的社会结构与内在的主体心智结构、客观与主观、微观与宏观具体地统一到对中国气派社会学理论建构本身来展开理论性研究，进而弥补理论社会学对本土理论探索和研究的不足。"只有把纵的历史方面和横的理论方面结合起来，才能较为完整地体现出 20 世纪中国社会学的真实面貌，也才能较为完整地理解有中国特色社会学的内涵。"① 就研究的目标而言，本研究力求在对中国气派社会学理论整体有一个宏观立体认知的同时，进一步对中国气派社会学理论建构的自觉历程和自觉意义进行分析，对理论建构的每一个重要支点和支架给予简洁明晰的思考和解读，尤其对理论构建的逻辑架构给予特别的分析和关照。就研究的视角而言，本研究将中国气派社会学理论的建构置于"社会互构"的理论视角之下，坚持"理论自觉"的实践指向，结合中国社会学本土化的发展历程，对中国气派社会学理论建构有一个纵向理解和横向把握，进而更好地实现中国社会学的理论自觉。

一 研究方法及思路

本研究将以马克思主义的基本立场、观点和方法为指导，运用逻辑分析方法建立起本研究独特的理论框架，坚持历史与逻辑相统一的理论研究方法，力争做到理论抽象与文献分析相结合，将历史与现实相比较，围绕研究的主题进行文献资料的收集、阅读、梳理、分析、解读、诠释，综合运用概念辨析、抽象思维、逻辑推理、分类比较、归纳总结等方法，得出理论研究的结论。

本研究将以 20 世纪 80 年代以来，郑杭生先生领衔的学术团队对中国气派社会学理论进行的一系列探索、主张和论述为依据，以我国社会学界、理论界的学者们对中国特色社会学理论发展进行的相关研究成果为参照，以马克思主义的基本立场、观点和方法为指导，着眼于中国气派社会学理论探索、应用、拓展、深化的发展历程，努力深究中国气派社会学理论发展演变的学术轨迹，通过理论逻辑架构的解读和阐释，梳理其基本的理论命题，界定其相关概念范畴体系，明确其知识结构的逻辑关系，整合其理论框架、内容及结构，力图对中国气派社会学理论建构的自觉意义做出回答，在已有中国特色社会学理论的基础上"接着说"，进而建构起中国气派社会学理论的解释范式。

① 郑杭生：《郑杭生社会学学术历程之一·中国特色社会学理论的探索：社会运行论 社会转型论 学科本土论 社会互构论》，中国人民大学出版社 2005 年版，第 332 页。

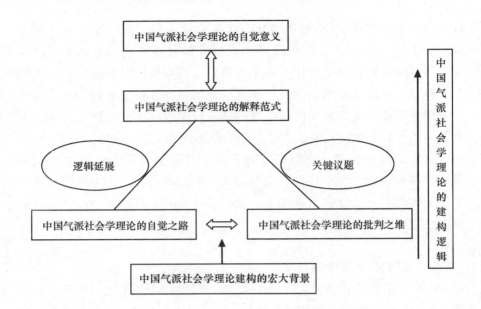

二 研究视角及内容

　　本研究为理论研究，基于"社会互构"的理论视角，坚持"理论自觉"的实践指向，在中国特色社会学理论构建已有理论的基础上，对现有研究本身进行再研究。社会互构论不仅是一种社会学理论，同时，它还是一种社会学方法论。[①] 作为社会学理论的社会互构论是本研究的研究对象之一，而作为社会学方法论的社会互构论是本研究展开的理论逻辑、方法基础、建构理路。基于社会互构论的理论逻辑，整体意义上的中国气派社会学理论与个体意义上的理论创始人并不是二元对立的，而是交互建塑与型构的，是理论持有者与所处社会时代的动态变迁交互建塑和型构的。社会互构的方法论选择，注重具体分析方法和研究方法的多样性和多元性的交叉兼容，实现理论与实践的具体历史统一。

　　理论是理论持有者和理论所指向社会之间互构的结果，社会学理论时常要面对结构与行动、系统世界与日常生活、宏观与微观等之间关系的讨

---

　　① 参见《郑杭生社会学学术历程之一·中国特色社会学理论的探索：社会运行论 社会转型论 学科本土论 社会互构论》（中国人民大学出版社 2005 年版）"第四部分：社会互构论及其在中国的表现"第 589—790 页《导读：对社会互构论探索的梳理和惠顾》、《社会互构论：中国特色社会学理论的新探索》等 13 篇文章。

论，这种跨越的广度和透析的深度必然意味着风险和挑战的时刻存在，但这也正是理论的生命力所在。① 社会互构论对个人、社会、自然之间互构共变关系及互构谐变机制孜孜不倦的探索，笃信社会良性运行和协调发展的价值取向，进一步坚定了中国气派社会学理论自觉的实践指向，也确证了社会学关注现在指向未来的精神性追求。本研究立足于社会运行学派"五论"探索、应用、拓展、深化的发展历程，努力深究中国气派社会学理论自觉的基本轨迹，剖析其理论建构的逻辑结构，建构其基本的理论解释范式，概括其理论自觉的意义，以期为中国特色、中国气派的社会学理论发展繁荣提供建设性借鉴。研究内容主要从以下方面展开：

首先，以历史文献和现有研究资料为基础，探讨中国气派社会学理论建构历经的发展前奏、酝酿发端、基本形成、拓展深化的理论自觉进程，在探讨中国气派社会学理论与时代、与理论自身、与学术格局全面互动的基础上，进而对中国气派社会学理论建构的纵向逻辑延展做出总结和归纳。

其次，通过对中国气派社会学理论自觉"五论"之间关键议题的解读与再解释，构建中国气派社会学理论范式。包括运行：社会发展的理论主轴；转型：现代性的本土脉动；学科：社会学理论本土化建构的知识根基；互构：个人与社会关系的现代话语；实践：回归经典的社会范域。

再次，与西方社会学理论的发展趋势相比较，坚持建设性反思批判，着重探讨中国气派社会学理论的方法论自觉及其意义。

最后，将中国气派社会学理论的自觉历程与中国社会学本土化进程相结合，分析探讨中国气派社会学理论的理论特质、自觉意义、现实关怀及未来走向。

三　研究的目标

基于理论自觉立场的中国气派社会学理论建构的研究是中国社会学元理论研究的有机组成部分。中国气派社会学理论体系的建构与完善必将推动中国社会学的健康发展与繁荣，中国气派社会学理论的深化与研究也将为中国特色社会学学术话语体系的构建夯实基础。

---

① 杨敏、郑杭生：《社会互构论：全貌概要和精义探微》，《社会科学研究》2010 年第 4 期。

　　本研究着眼于社会运行学派社会学理论探索、应用、拓展、深化的发展历程，深入剖析中国气派社会学理论建构的学术脉动，试图对中国气派社会学理论建构的自觉历程和自觉意义做出回答，在已有中国特色社会学理论研究的基础上就自觉之路与批判之维"接着说"，建构起中国气派社会学理论的解释范式。本研究立足社会互构的理论视角，致力于对中国气派社会学理论建构进行多方面、多层次的基础性研究，进而完整、准确地把握中国气派社会学理论的理论本质和核心意涵，为进一步认识和理解中国社会学理论发展的特点和规律提供有益的借鉴，也为推动中国社会学元理论研究的纵深发展做一些基础工作。

　　本研究拟解决的关键问题是通过对社会运行学派"五论"的探索从"成长"到"长成"历程的条分缕析，深入剖析中国气派社会学理论建构的逻辑延展和关键议题，建构起中国气派社会学理论的解释范式。对社会运行学派"五论"这一特定对象的考察、分析和研究从社会互构的视角切入，就必须要面对西方以及中国的社会学理论传统和现状，在传统与现代、个体与社会、时间与空间、结构与变迁等多元交叉渗透的范畴体系下整体地建构起分析考察的理论框架。

第四节　本书的结构安排

　　本书主要由导论、正文六章、结论与讨论三大部分组成，内容结构大致安排如下。

　　导论部分主要交代研究的主题即以社会运行学派"五论"为基础的中国气派社会学理论是如何建构起来的，通过已有研究文献的综述来提出对于中国气派社会学理论的研究在社会学理论研究中的意义和价值。研究从社会互构的视角出发，遵循"提出问题—分析问题—解决问题"的基本思路，建构起基本理论分析的框架，并对论文基本框架做出简单的勾画。

　　第一章在社会学以及中国社会学发展的宏大背景下，分别从时代、社会和学术的三个层面展开对于中国气派社会学理论构建的背景性分析。在时代的发展中，社会学既遭遇了人类所进入的第一次大航海时代，也承受着第二次大航海时代带给人类的挑战和冲击。当中国社会从转型走向快速转型，开放的程度一步步深入，社会学的研究主题也愈加深化。在世界社会学格局中，社会学展开了本土化的历程，社会学理论逐渐地走向综合。

第二章围绕古今中外社会秩序何以可能这样的社会学追问，探究中国气派社会学理论的思想渊源。中国气派社会学理论的思想渊源从中外和古今两个维度来看，既有西方文明的积淀与承传，也有中国社会学思想的返本开新；既有对中国传统社会思想的承传与创新，也有对西方二元对立思想的反思与超越，正是中西社会学思想的融汇与交流，成为中国气派社会学理论建构不竭的思想资源。

第三章基于社会互构的理论视角，对中国气派社会学理论建构的逻辑延展进行分析。理论与时代的互动成为中国气派社会学理论的生成基础，主要从对拨乱反正时代境遇的认识及总结、对中国社会快速转型的理解及思考以及对中国社会学使命的反思及行动这三个层面展开。中国气派社会学理论的自我更新与发展成为其理论自觉的逻辑程式，包括社会理论与社会学理论的交集，以及社会学理论的自我更新和社会学知识的累积传承双重逻辑。中国气派社会学理论恰恰是在与西方社会学的对话中逐渐成长、成型并成熟起来，这是时代境遇交付中国气派社会学理论的使命之一。

第四章立足批判之维来探讨中国气派社会学理论的关键议题，这里的批判主要是"建设性反思批判"之意。主要涉及六个方面，其一是个人与社会的关系问题，这一社会学的传统命题和基本问题，在中国气派社会学理论中如何被言说和理解，又得到了怎样的新构。其二是传统与现代的碰撞，在历史视野中的传统与现代具有怎样的实质性意涵，从传统到现代的进程又如何展开，中国气派社会学理论进行了独到的阐述。其三是社会转型与转型社会的论争，主要从广义转型论与狭义转型论的分歧、当下中国转型社会的现实思考与解读两个方面展开。其四是现代性的"新"与"旧"的探讨，现代性的一路高歌猛进成为现代"社会性问题"或现代社会"问题性"的滥觞，也成为社会学最为纠结的议题乃至难题，中国气派社会学理论对现代性的吊诡与跃迁进行了深入细致的思考和批判。其五是对于顶天立地与反思批判的分析和理解，顶天立地强调的是世界与本土的勾连贯通，反思批判强调批判与建设的辩证统一。其六是关于价值迷思与学术话语的讨论，中国气派社会学理论绝不讳言价值，明确提出和阐发了对于学术话语权的追求和角逐。

第五章在自觉与批判两维分析的基础上，围绕中国气派社会学理论的核心理论来总结其理论的解释范式。运行范式成为始终如一的社会发展的理论主轴，奠定了中国气派社会学理论的理论根基，在"五论"中功德卓著，成为跨越学科边界的"运行"范式。转型范式成为解释现代性本土脉动的最有力范式，也成为贯通学界、政界乃至民间社会的学术利器。学科范式或本土论范式，建构了本土化的知识根基，也建构并超越了中国社会学的本土特色。互构范式成为当代个人与社会关系的最具中国气派的当代社会学学术话语，我们已进入"社会互构"的时代。实践范式重返经典的社会范域，"实践结构的社会学理论及其二维视野和双侧分析"弥合了普遍性与特殊性的裂痕，彰显出理论与实践的互构。

　　第六章紧承前面五章的分析来探讨中国气派社会学理论的自觉意义，主要表现在四个方面，其一是从概念的革命到革命的概念，中国气派社会学理论的建构在不断地自我反思与批判中，不断地实现理论上的自觉，这种自觉将社会学的理论与中国社会的本土转型实践紧密地结合在一起，推动了中国社会学概念的革命以及革命的概念，也推动了中国快速转型中的社会革命。其二是朝向主客体并置的范式转换，实现了在不同的研究主体之间，甚至在研究主体和研究客体之间真正的"视界融合"或"视域融合"。其三是从出场向在场的话语转向，中国气派社会学理论对中国社会现实以及中国社会学发展提出的这一时代命题做出了最为有力的回答。出场学视野中的中国气派社会学理论，从实践出发，在实践基础上展开自己的理论最终又回到实践之中，并使自己的理论体系变为现实，这是中国气派社会学理论的根本性特征。其四是理论回到实践与行动指向未来，中国社会学植根于中国的现代性过程，中国气派社会学理论成长于具有特定时空特色的本土经验之中，社会学的本质性追求是关注现在、指向未来的。

　　结论部分对本研究的内容主旨和研究结论进行扼要的总结，并指出进一步拓展的空间。社会运行学派"五论"的建构，实现了中国本土化社会学理论的自觉与自信，拥有自己的学术话语权，彰显了社会学理论建构的中国特色、中国风格和中国气派，由自成一体的理论体系而奠基的社会运行学派也从自醒走向了自强，不断地启育后人，熔铸新论，当代中国特色、中国气派社会学学术话语体系的构建和创新依然是社会运行学派当代发展的未尽话题和重要议题。

第一章

宏大背景:时代、社会、学术的三重变奏

"正像社会本身生产作为人的人一样,人也生产社会。"① 当人们要想理解和把握理论的内在含义和深层意蕴,就必须在一定程度上熟悉和了解产生这些理论的时代脉搏、社会环境和学术背景。当然,并不是说了解了这些理论的社会根源和历史根源就一定能对社会理论背后的深刻思想做出准确无误的评价,但如果不理解一种思想或理论产生的社会环境和时代境遇,就很难正确评价这些理论或思想,所以,对于一种理论或理论体系的把握,必须首先要去掌握"社会学思想的生态学"② 或"社会学理论的生态学"。变动不居的社会给学术不断提出新的要求,学生、学者及学术界需要不停地去积极回应和解答现实社会提出的一个个难题,这些回应和解答随着时光的流逝、岁月的沉淀而成为经典。

"一部经典、一种理论应当放在历史和学术发展的过程中去理解,放在传统与现代、中国与西方的比较中去理解,否则就会抽除其本身有血有肉的品格,使其成为不合理的僵死的教条。"③ 研究一套成型的理论体系及其学术思想,需要探讨其历史背景以及社会背景,任何思想和理论都不会是凭空产生的,必定是在特定的时空环境下经过沉潜往复、争鸣讨论、对话评判而创造出来的。中国气派社会学理论作为中国社会学大家庭中的一分子,伴随着中国社会的血雨腥风以及中国社会学的兴衰更迭,经历了怎样的时代历练,承受了怎样的社会淘涤,又展开了怎样的学术积累,这

---

① 《马克思恩格斯全集》第 42 卷,人民出版社 1979 年版,第 121 页。

② [美] 刘易斯·A. 科塞:《社会思想名家》,石人译,上海人民出版社 2007 年版,第 8 页。

③ 杨敏、王娟娟:《社会学理论视野中的中国城乡社会变迁——关于〈三元化利益格局下"身份—权利—待遇"体系的重建〉一文的访谈和思考》,《学习与实践》2013 年第 4 期。

是笔者首先要回答的理论背景问题。

第一节　全球化背景:两次"大航海时代"

步入现代性,面对现代性的矛盾冲突,应对现代性的一切挑战,这是19世纪末20世纪初所有社会学家必须面对的时代议题。走过坎坷曲折的20世纪,步入21世纪后的巨变时代,现代性全球化更是一种独特而又复杂的历史进程,在发展取得决定性进步的同时,社会依然充满焦虑和疑惑,歧义和不确定遍地,不安和风险丛生。两次"大航海时代"的全球化是进行社会学理论言说和表达最为宏阔的时代背景,进入全球化议题的理念、立场、价值取向不同,自然会呈现出形态各异的理论命题,甚至会得出完全相反的理论观点。究竟怎样描述和言说全球化是一个令人颇费心思的难题,复杂多变的全球化本身已经决定了言说的多样差异性。

一　人类进入第一次大航海时代的社会学境遇

人类从农耕时代迈向海洋时代,人类文明从黄色文明向蓝色文明迈进,不能不说是迄今最为波澜壮阔的历史进程。开始于15世纪的第一次大航海时代,将人类的足迹从黄色陆地转移到了蓝色海洋,人类面向海洋讨生活,开启了西方进入"资本主义曙光"的大幕,而这次影响了世界几百年历史沧桑的时代大幕拉开后再无法关上。西方世界血腥的航海在追逐欧洲商品经济的发展和新兴资本主义原始积累的过程中,也开启了人类社会现代性的历程。19世纪前的几个世纪,西方出现了孕育西方社会学的六大社会力量,即政治革命、工业革命、资本主义的兴起、城市化、宗教改革以及科学的成长[1],在这些力量的汇集下,社会学作为时代剧变的产儿应运而生,孔德系实证社会学和马克思主义社会学无疑是那个时代最为耀眼的行星。

"两次大革命"的关键巨变直接催生了社会学的面世。在18世纪和19世纪史无前例的时代剧变中,欧洲发生了两次关键性的革命。发端于18世纪的英国直至19世纪中叶在西方各国普遍完成的产业革命,直接推

---

[1]　Ritzer, G. , *Sociological Theory* (*Fourth Edition*) . New York: The McGraw – Hill Companies, Inc. , pp. 6 –9. 1996, 49.

动了西方世界从传统农业社会向现代工业社会的转型,这股工业化的浪潮催生并培育了西方社会学产生的土壤,直接孵化了"现代性"的种子。爆发于 1789 年并绵延横亘于整个 19 世纪的法国大革命,是整个近代欧洲社会变革的象征,法国大革命及其他革命直接造成了旧的社会秩序的崩溃和新的社会秩序的产生,而社会学的出现就是对这种革命后果的积极回应。

与近代工业革命、政治革命相伴而行的科学革命,变革了人们认识新世界和获得新知识的观点及方法,超越了传统知识和真理,产生了以经验资料的积累和分析为特征的实证主义方法,直接奠定了社会学方法论的前提基础。正是在革命和科学双重力量的推动下,以恢复秩序和重建社会为旨归的社会学应运而生。社会思想家和哲学家们直面工业革命取得的巨大成就和资本主义社会的各类矛盾,从不同的侧面展开不同地思考,传统的方法和原有的科学体系已无法对变动不居的社会以及千奇百怪的社会问题做出满意的回答和解释,他们只有另辟蹊径方能找到答案,于是,不同于历史哲学、经济学、政治学等学科的社会学应社会的这种需要就出现了,社会学从整体上和发展机制上对社会进行具体综合实证的考察。

19 世纪 40 年代,伴随着工业革命或大机器工业生产而来的资本主义自由竞争时代,直接催生了马克思主义社会学的形成。在继承启蒙现代性的精神实质以及启蒙精神遗产的基础上,马克思超越了启蒙现代性的核心价值,对资本现代性进行了深刻而又尖锐地批判,直指现代性的内在矛盾与冲突,指出 19 世纪的一个伟大社会事实在于:"一方面产生了以往人类历史上任何一个时代都不能想象的工业和科学的力量;而另一方面却显露出衰颓的征兆,这种衰颓远远超过罗马帝国末期那一切载诸史册的可怕情景……现代工业和科学为一方与现代贫困和衰颓为另一方的这种对抗,我们时代的生产力与社会关系之间的这种对抗,是显而易见的、不可避免的和毋庸争辩的事实。"[①] 作为一个社会学家,他运用缜密的逻辑思维、辩证的批判方式,将社会范畴作为分析的对象,坚持为社会正义而斗争的立场,直言不讳地将对现存东西的解释和对应当存在东西的判断联系在一起,建构起马克思主义社会学的理论大厦。"马克思主义社会学以强烈的人文精神展开自己的理论视野,以辩证分析的批判原则对待不断发展变化

---

① 《马克思恩格斯文集》第 2 卷,人民出版社 2009 年版,第 579—580 页。

的社会现象，把无产阶级作为自己的实践主体，将人类的解放作为自己的理论追求，主张不仅要批判旧世界，更要建设一个新世界。"① 马克思主义的革命批判型社会学直面资本主义社会的剥削、腐朽、不平等，强烈谴责和批判了商品化的现代性资本主义制度，将批判的矛头直指异化劳动对人自身的剥夺、病态的社会关系及结构体系、阶级不平等社会的再生产机制等，明确提出劳动是实践的首要范畴②，无产阶级应通过革命的方式来彻底变革资本主义，改变人类劳动的现状，为人类的彻底解放铺平道路，最终实现整个人类的自我回归。

中国的社会学从西方传入伊始，就是西学东渐的产物。当时的中国正沦为半殖民地半封建社会，国力极度衰微积重难返，为了寻求国家和民族的出路，有远见的政治和文化精英们眼睛向外决心学习西方，通过向西方寻求真理来对中国社会进行变革求新，所以中国的社会学一开始便担负着变革维新的学术责任，不管是严复翻译《群学肄言》，还是章太炎翻译《社会学》，都怀揣着学术改变社会的良好愿望。那个时候的中国处在传统、封闭、保守、落后的时代之末，而西方代表着现代、开放、进步、先进的时代潮流，学习西方、迈向西方成为当时中国社会改良、变革的参照对象和标准。

国门一经打开，中国社会学便开始了自己百年的曲折历史进程。在这百年的曲折历史发展中，中国社会学每时每刻都在处理着自身社会发展的现实以及旧有学术传统的关系，持续不断地处理着国外传来的社会学思想与中国历史传统已有的社会思想的关系，在这些错综复杂的关系中，一直在不停地找寻着自己的定位以及自己的特点特色。西方现代性扩展过程中的对立、矛盾、冲突、分裂、悖谬的社会事实，既是中国社会学兴起的总体性历史背景，也为中国社会学的发展增添了持续不断的动力。当急剧扩张的现代性进入全球化阶段，世界社会学格局的意义就变得尤为深远。将外来社会学与本土社会实际结合在一起，将学科学术与社会现实密切联系在一起，本土社会学从地区性迈向世界性，世界各地社会学本土化进程的展开奠定了世界社会学格局。社会学世界范围的本土化历程成就了多元异

---

① 王力平：《出场与在场：马克思主义社会学视阈下的中国经验》，《青海社会科学》2013年第 6 期。

② ［英］布莱恩·特纳：《社会理论指南》，李康译，上海人民出版社 2003 年版，第 44 页。

质的本土化社会学理论,社会学越出欧洲而逐渐成为一种世界性学术现象,这一过程为"社会学进入新的理论境界做了必要的准备,为社会学的全球性理论范域预留了一个广阔的空间"①。

20世纪二三十年代,李大钊、瞿秋白、李达等人就已经开始了马克思主义社会学理论的研究,而且在中国革命的展开过程中,中国共产党人自觉地运用马克思主义社会学中的阶级分析和阶级斗争、社会结构矛盾运动、社会发展变迁等理论来分析和研究中国革命的具体实践,所以,"马克思主义社会学在中国不仅仅是思想理论,更重要的在于其思想观点在20世纪前期就已经转化成中国社会现实的一个不可分割的部分"②。后来,到了20世纪30年代,苏联斯大林时期"左"倾政治以及教条主义直接影响到中国马克思主义社会学的发展,历史唯物主义彻底取代了马克思主义社会学。1949年后的中国社会学,不仅彻底拒绝了西方社会学理论,而且也无人敢碰马克思主义社会学理论,社会学遭遇了近乎毁灭性的打击。直至改革开放后,中国社会学的重建才为马克思主义社会学理论找到重生的土壤。可以这么说,改革开放30年波澜壮阔的历史卷轴浸透着中国社会学界对马克思主义社会学理论研究的内容体系以及实质意涵的基本认识和理解。在诸多理论研究成果中,郑杭生先生的观点体现出某种开创性意义,可以看作是理解和阐释马克思主义社会学的理论基点,马克思主义社会学在其发展过程中呈现出革命批判性和维护建设性两种统一而又各异的形态,"革命批判性形态只是它的一种过渡性的、预备性的形态,维护建设性的形态应该是马克思主义社会学的主要形态,甚至可以说是本来意义的马克思主义社会学"③。

二　迈进第二次大航海时代的社会学挑战

已经开始的第二次大航海时代,人类的目标不再是浩瀚的海洋,而是更为辽阔的太空。人类这次的梦想必将冲破地球引力的束缚,以浩瀚太空作为未来家园,这或许也将开启从旧式现代性向新型现代性迈进的历程。来自生物技术和航天领域的信息革命,为世界社会学的不断出场提供了历

---

① 郑杭生、杨敏:《现代性过程与社会学理论的个性——社会互构导论:中国特色社会学理论的新探索之一》,《广西民族学院学报》(哲学社会科学版)2003年第4期。

② 刘少杰:《马克思主义社会学理论研究的历史与机遇》,《江海学刊》2008年第5期。

③ 郑杭生:《论马克思主义社会学的两种形态》,《光明日报》1985年7月29日。

史性机遇。人类在旧式现代性进程中对于地球的灾难性攫取，尽管一次又一次彰显了人类至高无上的理性与智慧，但同时，歧义丛生、充满疑虑的现代性问题域也在毫不留情地讽刺着人类肆无忌惮的侥幸。当人类面临新一轮地球资源警报的持续响起、人类生存风险的成倍加码、局部战争威胁的时刻挑战、东西方文化与文明的较量冲突、国际公平正义秩序实现的遥遥无期、民主法治进程的艰难险阻、生态环境文明建设或明或暗的挑战、全球和谐世界征程的漫漫长夜，面向太空的足迹能否摆脱像第一次航海时代的命运，时代的境遇和社会实践结构的巨变考验着社会学的理念和智慧。第二次大航海时代将原本就错综复杂的人与人、人与自然、人与社会之间的关系变得更为扑朔迷离，历史和时代赋予人类的理性智慧将再次面临生存与发展最为焦灼的考验。

"现代性遭遇全球化的时代是社会学理论重建和理论范域的再拓展时期，从工业化社会的社会学经过民主社会与转型社会的社会学到全球化阶段的社会学，社会学又一次超越了自我，进入自其有史以来的意涵最为深邃、前景最为广阔的时段和空区。"① 全球化概念的生成过程波澜不惊，从布尔迪厄作为军事领域的"全球"到麦克卢汉的"地球村"，从布热津斯基国际政治学上的"全球化社会"，再到德鲁克消费文化意义上的"全球购买中心"，全球化话语已经成为时代和历史恒久的话语，这种话语更为突出地表现为"商业表达的自由"，消费文化（包括对学术和思想的消费）成为当今时代和社会的主导文化，同时宰割着本土的民族文化。当包括中国在内的世界各国继续遭遇全球化新时代时，风险社会与安全困扰、现代性意识与后现代思潮、绿色生态与政治文明、消费狂潮与知识资本、经济繁荣与道德贫困、恐怖主义与反恐怖战争、文明冲突与族际政治等，这一系列与人类社会发展并存共生的问题摆在面前时，这对于在资本工业化与资本全球化时代产生的马克思主义社会学来说不仅是一个挑战，同时也是一个机遇，只有坚持中国社会学出场立场上的批判与反思，才能对新型全球化做出正当解释。

人类社会已迈过以工业资本为主导的旧式全球化，彻底拥抱以知识资本为主导的新型全球化，建基于以信息与通信技术、电子、空间技术等新

---

① 郑杭生、杨敏：《现代性过程与社会学理论的个性——社会互构导论：中国特色社会学理论的新探索之一》，《广西民族学院学报》（哲学社会科学版）2003 年第 4 期。

科技为轴心的产业经济基础之上的"后工业文明"，主导了"一体化"和"多元化"的两极紧张，后现代的思维方式转向以多元文化为特质的新全球主义。面对全球社会的加速转型、社会实践形态的结构性剧变，当人类再次面对斑驳复杂的社会事实时，如果社会学再一味单纯地囿于价值中立、价值无涉的价值怪圈，那将永远无法完成推进人类社会进步、促进社会和谐的历史使命，而这一神圣历史使命的完成势必要求本土特质兼具世界眼光的建设性反思批判社会学的不断出场。

第二次大航海时代的时代巨变挑战着社会学的学术视野以及学术抱负。20世纪最后十余年，伴随着冷战告结和苏东剧变，全球地缘政治得以重新调整，全球化富有革命性地改变了现代社会的根本特征，"催生出一个全新的社会形态，重塑我们的生活方式"①。不断推进的全球化对中国气派社会学理论的建构产生了相当大的影响，也为中国气派社会学理论建构的国际视野提供了诸多可能。现代性的全球化挑战着民族国家的主权关系框架，社会系统的发展越来越跳出民族国家的地域性时空界限，一步步逼近具有全球性系统特征的社会结构中，全球性资源转换系统脱离了地缘限制，全球融入一个整体场景之中，民族国家的象征意义消解，相对弱化了中国与西方或中国与世界的对峙，全球化带来不同国家与民族相互理解和认识的必要与可能，同时也奠定了实现这种理解和认识的现实基础，通过文化交流和融会贯通，实现了不同文化之间的相互理解，进而达成某种价值共识。中国气派社会学理论的进一步探索和深化将为第二次"大航海时代"掌舵远航。

第二节　迈向开放的社会：从转型到快速转型

1894甲午年，那场海战摧毁了天朝上国的迷梦，中国人开始向外寻求解救之道，原本闭关自守的心灵开始慢慢解扣，在一次又一次的丧权辱国的条约背后，中国人受伤的心开始滴血，在改良与革命、守旧与开新、封闭与开放、被动与主动、忍受与奋起之间一次次地选择，在跌跌撞撞中开始了艰辛的现代性历程，转型成了社会最为深刻的社会事实。2014年

---

① ［英］安东尼·吉登斯：《失控的世界——全球化如何重塑我们的生活》，周红云译，江西人民出版社2001年版，第6页。

又一个甲午年，尽管北京的雾霾还未散尽，但中国经济、政治、社会生活的一片欣欣向荣依然刺激并吸引着全球的神经和眼光，"言必称中国"似乎成了当今理论界和学术界津津乐道的谈资，中国正在以一种开放的心态怀抱世界。前后一个多世纪的风雨沧桑，一个国家命运的起承转合，一个民族复兴的负重荣辱，这些都在社会历史的舞台上集结。实现中华民族伟大复兴是近代以来中华民族的夙愿，是 13 亿中国人民的共同梦想，今天的中国人正在为个人梦、强国梦、复兴梦而拼搏奋斗。

一　社会从守旧封闭到开放创新

在中国社会几千年的历史演进中，其社会思想观念、社会生活形态及社会发展态势呈现出逐渐从保守封闭走向积极开放的趋势。"当二十世纪的许多社会学家在谈到'社会'的时候，在他们的眼前所展现的不再是他们的前辈所憧憬的那种'市民社会'，那种超然于国家之外的'人类社会'，而是民族主义色彩较淡的'民族国家'这样一种理想。"[1] 社会一直与民族—国家相伴而生，或者说民族国家的崛起和兴盛很大程度上重新塑造了社会学中"社会"的含义，现代社会就是立存于民族—国家体系中的民族国家，"民族国家就是社会学家所说的'社会'"[2]。社会学始终与现代民族国家的崛起以及发展兴盛的历程相伴随，在这一起伏曲折的发展过程中，民族国家不断产生的社会问题成为社会学最为重要的社会事实，工业社会的来临、殖民主义体系、福利社会与福利国家、贫困与发展、民族自治运动、妇女解放运动、环境问题及环境主义、后现代主义等构成了理论社会学和应用社会学研究最为传统的领域。正是民族国家的兴起使得社会学关于"社会"的研究才成为可能，正如阿尔布劳所说："民族国家成了一个框架，人类被认为在这个框架中才有望得到发展，才能发现生活的意义、目的和特性。"[3] 中国社会从远古的洪荒中走来，一路国库充盈、辉煌灿烂、盛气凌人、夜郎自大，一路积贫积弱、备受欺辱、衣

---

① ［德］诺贝特·埃利亚斯：《文明的进程：文明的社会起源和心理起源的研究》，王佩莉、袁志英译，生活·读书·新知三联书店 2009 年版，第 23 页。

② ［英］安东尼·吉登斯：《民族—国家与暴力》，胡宗泽等译，生活·读书·新知三联书店 1998 年版，第 213 页。

③ ［英］马丁·阿尔布劳：《全球时代：超越现代性之外的国家和社会》，高湘泽等译，商务印书馆 2001 年版，第 174 页。

衫褴褛、自惭形秽。

中国社会自汉代以来相当长的时期里，一直居于中华帝国"朝贡体系"① 的中央，自我封闭在这一体系中长达几千年的历史，一直做着天朝大国的美梦，不管江山在哪个姓氏的手中。直到公元 1500 年前后，世界历史的进程扭转航向，西方殖民势力进入东亚以及东南亚，"朝贡体系"开始风化。19 世纪中国遭遇西方列强的入侵，已经分化的体系开始逐渐瓦解，中国在中日甲午海战中的惨败彻底宣告朝贡体系的土崩瓦解，中国以半殖民地半封建社会的身份进入世界民族国家体系之中。世界历史进程对中国这种强烈的撞击彻底揭开了封闭守旧愚昧无知的遮羞面纱，敦促中国人睁开双眼看世界，情愿不情愿地开始了融入现代走向现代的转型历程。"政治话语和学术话语是相容相通的，中间并没有隔着'万里长城'，不能把两者割裂开来，更不能对立起来。"②如何变革封建、守旧、落后的社会关系以及制度是在自觉其落后的传统社会最为紧要和棘手的问题，"开眼看世界"、"师夷长技"、"自强"、"少年强则中国强"、"为中华崛起而读书"等，有良知的中国人面向世界亮出一个又一个姿态，从改良派到革命派，从国民党到共产党，中国人开始了漫长而又艰辛的探索，这些探索促成中国社会从开化走向开放、从依附走向独立、从贫穷走向富强、从专制走向民主、从守旧走向开新、从野蛮走向文明。

当人类在自觉不自觉地卷入现代性历程之后，封闭保守被丢进历史的纸篓，代之而起的是开放创新，信息社会不断催促着超越于系统之外的各种跨国现象的凶猛发展，民族国家对于社会的绝对覆盖性渐趋褪去，社会生活返归本真的自然属性再度反哺于社会系统，力促这些社会系统不由自主地始终处于一种整体开放的状态之中。当全球化的潮流一浪高过一浪，已融入历史和世界双重时空的中国迎难而上，主动且勇敢地挺立时代潮头，敢于也善于在新一轮的世界体系定位战中拔得头筹，现已成为世界第二大经济体，以更加开放的心态去拥抱世界，以更加开放的姿态去影响世界，这是当今世界留给中国的时代答卷。

---

① 朝贡体系是存在于东亚、东南亚和中亚地区的以中国中原帝国为主要核心的等级制网状政治秩序体系，开始于公元前 3 世纪，结束于 19 世纪末期。与条约体系、殖民体系并称为世界主要国际关系模式之一。

② 李捷：《构建中国哲学社会科学话语体系的几点思考》，http://www.cssn.cn/zx/201401/t20140117_ 945950. shtml, 2014 - 01 - 17。

米尔斯认为"人们只有将个人的生活与社会的历史这两者放在一起认识，才能真正地理解它们"①。每一位社会学家都成长于久已沉淀的生活和往复滚动的历史之中，无一例外地被生活和历史所形塑，他们自然而然地将自己个人化的经历、故事、述说以及文字，放置并书写在更大的社会结构和社会过程的时代背景中，跳出自我生活经历以及体验的真实限制，超越个人生活的视域界限，通过社会洪流的打磨洗刷以及个人生命历程的交织融会，跨越时代的巨象，发挥社会学的想象力，形成富于创意的学术表达和富有穿透力的理论，进而实现社会学理论的构建和创新。而这个更大的社会结构具象和社会事件过程的背景，就是社会学家的社会试验场和人生舞台，如何使得社会学家个人的生活经历为社会的事件洪流带来实践性的沉淀和贡献，有赖于社会的开放程度和社会容纳力。当我们把社会的进程挪移进历史的长河，我们看到的是人类最为闪光也最为骄傲的一段，从野蛮、混沌、传统、守旧、封闭逐渐迈向文明、清晰、现代、开新、开放。当社会学家把反思批判的目光聚焦在活跃灵动的社会实践和纷繁复杂的社会事实上，又将迸发怎样的社会学想象力呢？从严复、章太炎到吴文藻、孙本文等，从费孝通、雷洁琼到陆学艺、郑杭生等，中国社会学学人以积极独立的理性思维和行动来丈量社会生活的厚度和解答社会问题的难度，以开放创新的心态和方法来解释和回应正处巨变中的时代和社会。

二　社会从转型到快速转型

转型无疑是人类社会在近百年历程中最为典型的表述，当西方社会在历经 19 世纪两大革命的洗礼后，转型的步伐是时重时轻、时快时慢，直到轻重并举、越来越快，转型的范围波及经济、社会、政治、文化、组织、观念等领域，通过工业化、城市化、民主化、世俗化、科层化、理性化凸显的社会从传统迈向现代的历史进程将人类与社会一起裹进这一历史的洪流，不管是西方还是东方无一例外地进入此情此境。"中国社会学必须植根于转型中的中国社会，才有可能具有中国特色。能否从自己特有的角度如实地反映和理论地再现这个转型过程的主要方面，是中国社会学是

---

① 　[美] 米尔斯：《社会学的想象力》，陈强、张永强译，生活·读书·新知三联书店 2005 年版，第 1 页。

否成熟的标志。中国社会学离开社会的实际，就会成为无本之木，无源之水。"① 中国社会学的历史使命始终与研究社会转型的过程以及回答转型过程中的种种问题紧密联系在一起，对社会从转型到快速转型的理解和把握成为中国气派社会学理论建构的宿命和基点。

中国社会学研究的使命之一是对中国本土社会的研究和中国社会的本土研究，因此，中国的社会学研究必须要植根在中国社会轰轰烈烈变迁的具体实践中，在中国社会这场社会实践的巨变中最为突出的特点无疑是社会从转型迈向快速转型。在中国社会转型和快速转型的 19 世纪末 20 世纪初以及 20 世纪 80 年代，恰恰也是中国社会学发展最为重要的两个时期：19 世纪末 20 世纪初的社会学传入时期和 20 世纪 70 年代末 80 年代初的社会学恢复重建时期，中国社会学和中国社会深刻变迁具体实践的共生互构，共同推动了中国社会学的发展繁荣和中国社会的运行发展。

中国社会学自传入之初，就明显带有"经世之学"的实用性特点，从一开始就紧接中国社会的地气，担负起启蒙和救亡的双重任务。在社会学不断学科化的过程中，面对近代中国棘手难缠、层出不穷的社会问题，中国第一代社会学者逐渐清醒地认识到构建中国化社会学的重要性。他们大多从国外学成归来，怀有"志在富民"的抱负，主张学以致用，坚定不移地追求社会学的中国化，力求社会学的发展扎根中国本土实际，满足中国社会需求，促进了社会学中国化在 20 世纪初的第一次高潮。中国社会学经过 20 世纪 50 年代长达 27 年被取消的坎坷曲折的时代宿命之后，70 年代末 80 年代初，新老两代社会学人在费孝通、雷洁琼的带领下，在践行邓小平关于社会学"需要赶快补课"讲话精神的实践中，开始了社会学的恢复重建，紧抓"培养新一代社会学者"这一首要任务，自觉将马克思主义理论与中国实际结合起来，切实用从中国社会中观察到的事实和实践经验来充实学科内容加强学科建设，真正提高社会学的理论和应用水平，坚守"美好社会"的信念，致力于建立对社会主义社会维护建设性的社会学，开始了社会学中国化的第二次高潮。值得一提的是郑杭生先生受到"治乱兴衰"社会学思想的启发，结合新中国成立以来中国社会运行状况，特别是对"文化大革命"期间社会恶性运行状况的反思，明确提出"社会学是关于社会运行和发展、特别是社会良性运行和协调发

---

① 　郑杭生：《中国社会学年鉴 1979—1989》，中国大百科全书出版社 1989 年版，第 25 页。

展的条件和机制的综合性具体科学"①。有中国特色的社会运行论植根中国社会历史的学术传统，紧扣新中国成立以来现实社会运行状况，积极投身服务于中国快速转型期的经济社会协调发展和社会建设事业。

在今天更为深刻的快速转型的中国社会中，全国各族人民正在中国共产党的带领下，实践着新型的中国特色社会主义，这场声势浩大的革命性实践催促着社会学理论的现实革命。快速转型的中国社会中社会优化与社会失衡同在，社会进步与社会代价并存，道德、法律、良知、心态等领域社会失范更为突出，城乡之间、群体之间、干群之间等社会矛盾更为聚焦，生态、环境、人口、犯罪等社会问题更为棘手，整体社会运行良性恶性交织，社会进步所负载的社会代价更为增大，这一切都倒逼着社会学去不断地反映、总结和概括这些时代与实践的新变化，既推动了社会学理论形态的推陈出新，又加强了社会学话语体系的建设，更推进了社会学学术话语创新。

第三节　走向综合的学术：从综合走向更加综合

学术总是应时代和社会情势而动。"知识的格局往往并不取决于自身，而是取决于知识得以构建的时代特征和社会事实，社会学的知识格局也不例外。"② 社会学知识格局从现代到当代的发展恰恰与西方社会的发展同步相连。欧洲社会学在两次世界大战之间遭受严重的冲击，在两战期间的欧洲，社会学缔造者们的希望破灭了，而美国社会学逐渐拥有一个非同寻常的发展空间，20 世纪 30 年代的帕森斯恰恰投身改造欧洲社会学的工作中并进行了较为彻底的理论综合，其后的社会学走过"帕森斯时代"、"后帕森斯时代"，在弥合微观理论与宏观理论的鸿沟，探索个体行动和互动与社会结构的理论思考之后，将行动与结构、主观性与客观性等联系起来，面向全球化、现代性、风险社会等成为社会学走向更为综合的时代选择，也是学术走向综合的必然选择，这种综合趋势直接影响到中国社会学的选择。

---

① 参见郑杭生编著的《社会学对象问题新探》、《社会运行导论——有中国特色的社会学基本理论的一种探索》和《社会学概论新修》等著作。

② 郑杭生、杨敏：《社会互构论：世界眼光下的中国特色社会学理论的新探索——当代中国"个人与社会关系研究"》，中国人民大学出版社 2010 年版，第 393 页。

一　社会学理论自身发展的综合趋势

理论的确是科学的核心①，社会学理论也不例外是社会学的核心。社会学永远不可能取得共识，但它仍然必须努力追求一般性综合理论。在科学理论的逻辑架构中，理论是对真实世界结构的一种反映，是对真实世界进行事实性或经验性思考过程的结果，这一过程既受到真实世界的检验和修正，又在理论与现实的双边关系中被不断地否定扬弃。理论构造的社会现实，以及经实践事实检验的理论，共同建构了社会学的学科知识实践。社会学理论总是在行动与秩序之间不停地做出选择，在逻辑预设的不停变更中建构起社会学的基本传统。这种传统既表现为理性的个人主义，也表现为理性的集体主义，个人主义与集体主义的理性交织派生出个体的自主性。正是个体的自主性使得"秩序"成为社会学的问题，而正是对这种秩序问题的思考和回答使得社会学成为可能。

在传统的西方社会学理论研究中，一直存在着两种相互对立的社会学理论研究范式，即"实证主义"范式与"人文主义"范式，它们集中地反映出西方社会学理论发展过程中的内在基本矛盾，即社会结构的制约性与个人行为的自主性之间的对立关系，以及由这一基本矛盾决定的具体研究过程中微观与宏观、静态与动态、主观与客观、经验与理论之间的"二元对立"关系。这种对立关系影响并决定着社会学理论发展从古典到现代再到当代的趋势及方向，社会学理论的发展内在地包含着三次理论的综合。在古典社会学时期的第一次社会学理论大综合是由齐美尔建构的"形式"社会学理论来实现的。齐美尔立足于微观的人际关系层面，以社会唯实论与社会唯名论以及社会有机体论与德国唯心论等社会哲学为基础，具体综合迪尔凯姆为代表的"实证"社会学理论和韦伯为代表的"人文"社会学理论，实现了社会学理论的首次综合。在现代社会学时期的第二次社会学理论大综合是由帕森斯建构的"结构功能主义"社会学理论来实现的。帕森斯充分意识到他为创立一门抽象理论的新体系所做的理智而艰苦的尝试是那个时代严重社会危机的一部分，他立足于时代宏观的社会结构层面，结合马歇尔的功利主义、帕累托的反理性主义等社会理

---

① ［美］杰弗里·C. 亚历山大：《社会学二十讲：二战以来的理论发展》，贾春增、董天民等译，华夏出版社 2000 年版，第 3 页。

论，将始作俑于孔德、斯宾塞的著作，并经布朗、马林诺夫斯基、迪尔凯姆等人阐发的功能主义，综合发展成为一个宏伟的"巨型理论"体系，而且在战后直到20世纪60年代一度被公认为社会学理论的主导或统治范式。

当代社会学的第三次社会学理论大综合则是由众多的社会学家共同体突破个人与社会关系的僵死的、静态的、绝对的二元对立的理解，在微观与宏观相结合的层面上共同实现的，他们创造性地综合运用哲学、历史学、心理学、人类学、经济学、军事学、政治学等众多人文社会科学建构起来的，主要以当代社会学理论家吉登斯、布尔迪厄、哈贝马斯等创立的"结构化"理论、"实践"理论、"交往理性"理论等为代表。实际上这种打破个人与社会的二元对立，把社会结构和个人行为都看作一种建构过程，与马克思主义强调社会本身生产人、人也生产社会，历史创造人的同时人也创造历史等观点具有异曲同工之妙，在根本观点上又重新发现或者是回到了马克思。这种综合趋势使得欧洲社会学又重新回到马克思，并日益重新成为世界社会学理论的中心，这已成为不争的事实。在某种程度上，这也从一个侧面进一步体现出中国气派社会学理论的发展以马克思主义为指导的重要性。

二　社会学本土化进程中的综合趋势

现代性的全球扩展带来了社会学本土化的学术潮流，而社会学的综合趋势也推动着社会学本土化的进程。在东西方文化的持续交流与碰撞中，发展中国家的现代性步伐越发加快，发展中国家的社会学本土化也渐次发生并广泛展开。20世纪二三十年代，在拉美和中国率先出现了地区性的社会学本土化，这些国家的学者在学习和引进西方社会学知识的同时，逐渐确定起了研究本土社会的基本倾向并主动提出了社会学的本土化。其后，当发展中国家普遍遭遇到越发严重和紧迫的发展问题，而且这些问题被社会学家真正意识到时，学术群体的自主意识和反省意识便得到了进一步强化，与此相伴，世界性社会学的本土化出现了。

中国历史上的20世纪上半叶是一个悖论的时代，当一次次的王朝崩溃、外敌入侵、军阀混战等将中国人民推入水深火热之时，思潮汹涌、民心鼎沸、百废待兴等赐予苦难的中国一次次重生的希望。急速的社会变迁使得中国社会学在传入中国之后获得新的生命力，这种生命力赓续绵长。

那样一个悖论的时代赋予了中国社会学那个时代的学术灵魂,不管是吴文藻等人创建"中国学派"的努力,还是学院社会学居正宗地位的孙本文为代表的"综合学派","为学术而学术"是新文化运动以来部分知识分子的理想信念,其学术本位的价值观与谋求社会改造的政治革命观是五四后中国知识界的两大潮流。① "秩序"与"进步"是写在孔德实证主义大旗上的四个字,"秩序"与"进步"同样决定了中国社会学的学术品格,中国社会学既相信进步与发展的启蒙主义,也怀念秩序与稳定的传统主义,这一学科的固有品质与这个时代的社会之间内在地关联着也紧张地冲突着。正如叶启政所谓社会学天生带有某种"左"倾的批判锋芒,其实社会学也具有维护秩序的"右倾"或保守功能。②

"衡量一种社会学观点的成熟不成熟、科学不科学,只能看它是不是从本国社会的现实中来的,因而对本国社会有较强的解释力;是不是吸取了本国的学术传统的相关精华,因而有历史的底蕴;是不是从世界社会学发展的大道上吸取有益的、适用于我国国情的东西,因而既保持它重视秩序和进步的传统,又符合它正在进行的综合趋势;是不是敢于和善于在上述基础上进行创新,因而能够对社会学中国化,建立一种与世界社会学有对话能力的、有中国特色的社会学做出自己的贡献。"③ 中国社会学的发展必须要有这种综合的勇气和胆识,突破对西方社会学亦步亦趋的"边陲思维",确立"以我为主,为我所用"的主体意识,综合发掘中西社会学发展中的优质资源,综合传承古今社会学的思想渊源,综合创新社会学理论与实践的双面特质。在中国社会学从综合走向更加综合的当前学术生态中,社会运行学派中国本土化社会学理论的探索以及应用深化无疑是最好的回应和注解。

---

① 桑兵、关晓红:《先因后创与不破不立:近代中国学术流派研究》,生活·读书·新知三联书店 2007 年版,第 505 页。

② 周晓虹:《孙本文与 20 世纪上半叶的中国社会学》,《社会学研究》2012 年第 3 期。

③ 郑杭生:《也谈社会学基本问题——兼答对我的社会学观点的某些批评》,《社会学研究》2001 年第 3 期。

第二章

思想渊源:古今中外社会秩序
何以可能的追问

"社会秩序何以可能及持续"是社会学的核心追问,对于这一核心追问的思考和回答是古今中外社会学家的核心使命。对于中国气派社会学理论思想渊源的考察既是一种中西思想文化对话的尝试,也是对社会学发展历程中中西关系的一种再认识。美国社会学家 D. P. 约翰逊指出,社会学产生的动力来自于两个方面:其一是"前所未有的复杂的社会变迁";其二是知识界对这种变迁的关注,因为"急剧的社会变迁……有可能提高人们自觉的反复思考社会形式的程度"①。任何社会学理论的生成都离不开理论所产生的社会以及时代背景,任何社会学思想的积淀与生发都是包括社会思潮、精神风貌以及社会政治思想、经济思想、礼仪观念、宗教信仰等一系列社会知识、思想和信仰世界的存在。

中国气派社会学理论的建构必然要突出解决好"中国特色"的问题,就是要实现中国传统思想文化走进并扎根中国当代实践,借鉴西方优秀思想文化成果更好地服务于中国社会实际,实现中国社会学学术话语自主创新,充分地为中国社会实践提供解释力,进而向世界传播中国理念的重大社会理论与实践问题。"思想的活动,最初表现为历史的事实、过去的东西,并且好像是在我们的现实之外。但事实上,我们之所以是我们,乃是由于我们有历史,或者说得更确切些,正如在思想史的领域里,过去的东西只是一方面,所以构成我们现在的、那个有共同性和永久性的成分,与

---

① [美] D. P. 约翰逊:《社会学理论》,南开大学社会学系译,国际文化出版公司 1998 年版,第 18 页。

我们的历史性也是不可分离地结合着的。"① 中国气派社会学理论的建构植根在中国传统思想文化的精髓之上,建构于西方社会思想文化的传播交流与对话碰撞之中,中国气派社会学理论的思想渊源需要从中外和古今两个维度去追溯。

第一节　西方文明的积淀与承传

直到近代我们才看到了作为学科存在的人文社会科学,但是对于人文社会科学起源的研究不得不追溯到遥远的古代,毕竟人类的社会生活是人文社会科学发展的真正源泉。当古代学者在展开自己的理论思维时,同样必须把社会生活中的社会交往行为、社会关系以及烦琐复杂的问题置于自己的视野之内,展开关于社会现象和社会事实的思考和想象。② 社会学这一"西学"其产生、发展本身就是一种独特的历史过程,西方社会不同的时代背景和历史境遇造就了无数的社会事实与问题,也催生了不同的社会分析焦点与进路,形成了纷繁复杂的社会思想,这种思想直接或间接地影响世界各地社会的运行以及社会学的发展。

一　古希腊进步思想的奠基

古代近东地区是古老文化和富饶帝国的所在地,但多岩石的希腊半岛则是塑造西方文明的家园。希腊人最早开始研究那些大多数直到今天仍为西方思想家们所关注的问题。③ 希腊人力求用理性和逻辑的方式来理解世界,并思考男人和女人在其中的位置,他们不再制造神话,而是诞生了哲学和科学,他们对人类和社会进行的思考,创造了真正的政治概念。在相当短的一段时间里,希腊人从一个相对落后的远古民族发展成为历史上最有影响力的民族之一,这些哲学和科学的创始人提出了关于生活和社会本质的敏锐问题,并对他们自己提出的大多数问题做出了不朽的回答。从严肃的道德律令到复杂的政治制度,从意味绵长的诗史到浩瀚丰富的文学创造,他们的成就比他们的政治争论更长久,而且成为西方后来所有进步的

---

① 　[德] 黑格尔:《哲学史讲演录》第 1 卷,商务印书馆 1981 年版,第 7 页。

② 　刘少杰:《拓展中国社会学新境界》,《社会》2006 年第 2 期。

③ 　[美] 约翰·巴克勒、贝内特·希尔、约翰·麦凯:《西方社会史》第 1 卷,霍文利等译,广西师范大学出版社 2005 年版,第 90 页。

奠基石。从古希腊、罗马文明发展而来的"西方"社会，到了中世纪时代，被确指为地中海，中世纪以后，西北欧成为西方人眼中的世界中心，世界的范围也扩大到了南美洲和北美洲。随着世界地理和文明范围的扩大，"东方"的概念也发生了变化，以西欧为中心的西方不停地向东方扩张。16—17世纪的东方世界被按照离世界中心的远近来划分，近东、中东以及远东就是这种划分的结果。"东方"文化一直以来都是被当作"西方"文化超越的存在，不管是在黑格尔的历史哲学中，还是汤因比的历史哲学中，我们都可以看到这样一种思想的存在。①

在某种程度上，古希腊哲学以理性取代神话这种当时最大的迷信，完成了西方的第一次启蒙。理性精神执着于探究问题的来龙去脉，寻求放之四海而皆准的原理和公理体系，并举怀疑精神和逻辑精神，将社会的基础建立在更为普遍、更加根本的人人平等的人格、人权原则和理性原则之上。同时，古希腊文明开启的理性传统为西方近代社会的启蒙作了最为充分的铺垫。古希腊人认为，世界处于成长进步当中，其潜能会逐渐展现出来，经历一些固定的时代，世界就会得到一定的完善，就会产生进步。柏拉图在《法律篇》解释如何播下原始的种子来推动社会组织向成熟形式发展；亚里士多德在《政治学》中追溯政治国家如何从家庭和部落组织发展到希腊城邦，而且成就最为理想的政治安排；普罗泰戈拉详尽地重建文化如何从野蛮的自然状态发展到发达文明。自古希腊肇始的思想史中，从柏拉图到孔德，从莫尔到马克思，无数的思想家都相信保证社会各方面的进步是可能的，与此同时所有的社会成员都会获得全面而普遍的进步。对于进步的追求与探索，敦促着知识和科学的不断发展，催促着社会的不断改善，致使社会进步观念的不断生根发芽，相伴而生的是浪漫的乐观主义精神以及对人类的理性和力量的自信。这样一种社会、文化、学术气候反映在新生的社会学领域并得以继承和延续，直到今天的社会学依然将社会进步镌写在自己的大旗上，并赋予当代意义。

二 启蒙与理性的时代烙印

17世纪及18世纪在欧美地区发生的知识及文化运动开启了西方的启蒙时代，这场启蒙运动以不需上帝启示帮助的理性取代启示宗教与基督教

---

① 李培林：《生活和文本中的社会学》，生活·读书·新知三联书店2013年版，第147页。

《圣经》的权威完成西方真正意义上的第二次启蒙。启蒙时代相信理性并敢于求知，确信科学和艺术知识的理性发展可以改进人类生活，在理性的基础上可以建立起普世原则和普世价值，人类秉承理性精神来阐述自身的理性担当，启蒙运动开启了现代化和现代性的发展历程。

　　而在这次波澜壮阔的启蒙运动中，孕育并诞生了社会学的因子。社会学乃至现代社会科学兴起之时的思想背景，是由中世纪之后数百年间的种种变迁，以及启蒙运动以及反启蒙运动中对于这些变迁的种种回应所塑造的①。面对中世纪之后神意秩序的衰落，社会学关注个体、理性和进步，用"社会"来取代基督教王国作为塑造和表现人类社会能力的一种情境。1789 年的法国大革命使得启蒙运动达到了政治上的巅峰，这场革命颠覆了贵族与僧侣的权威，强调摆脱宗教的束缚，从世俗的角度来了解社会、自然和人的境况，力求确立一种有助于社会进步的理性秩序，启蒙运动对人的理智寄予信心，但是反启蒙运动则直指法国大革命中的暴力。在这种繁复多变、斑驳复杂的多面具象下，"社会何以可能"以及"社会秩序的何以持续"的问题不停地激发着不同时期、不同流派的社会学家的想象力，也产生了极富创意的阐释和回答。"社会学之父"孔德开创了西方社会学理论的先河，运用社会静力学和社会动力学的二元分析，较为笼统地解答并阐述在社会劳动分工、群体和阶层逐渐分化、现代性急剧变迁时期，社会的稳定、均衡发展以及秩序是如何维系并得以延续的。极具批判锋芒的马克思和恩格斯通过对劳动异化、阶级冲突、剥削不平等等资本主义社会的深刻批判，彻底地构想并指导实践一个全新的社会秩序和社会制度。韦伯将焦点聚焦于对社会行动的分析，将合理化置于自己理论思考的中心，运用理想类型的方法反思在现代社会生活中与理性化、合理化相悖谬的社会发展，揭示现代社会的基本特性以及社会可能。社会学从法国、英国和德国兴盛起来，社会学家们既构造宏大的社会学理论体系，又开创社会学的实证研究，历经整个 19 世纪和 20 世纪初，确立了社会学在人类知识系统中的位置，成就了社会学的古典时代。

三　现代批判反思的多维立场

　　从古希腊、罗马文明开始的西方社会，在历经文艺复兴、启蒙运动、

---

　　①　［英］克里斯·希林、菲利普·梅勒：《社会学何为?》，李康译，北京大学出版社 2009 年版，第 8 页。

工业革命以及现代民主潮流的洗礼之后，其经济发展、政治民主以及社会自由等都得到了最大程度地推进。当西方社会的发展开始质疑现代启蒙所导致的种种现代迷信时，西方的第三次启蒙在 20 世纪特别是"二战"以后开始默默地发生，对理性本身特别是工具理性的反思，对技术价值的批判，对西方中心论的质疑，对宏大话语和普遍主义的思考，对人与自然关系的重新审视和定位，等等，现代人从"启蒙本身的迷信"① 中解脱出来，重新理解并批判反思"后启蒙"时代。社会学理论持续发展需要对过去理论进行解释和反复解释。第一次世界大战前，西方社会学的发展中心在欧洲，西方社会学理论以欧洲理论占主导地位，第二次世界大战后，西方社会学的发展中心由欧洲转到美国。就在社会学中心的转移过程中，西方社会学理论经历一个从关注危机到强调稳定的转变过程。20 世纪 60 年代，欧洲关于韦伯思想遗产的激烈争论开启德国社会学关于实证主义论战的序幕，70 年代以后的西方社会学发展，对马克思理论的研究兴趣明显增长，使得马克思在西方社会学理论中的地位显著提高，正式被承认为与迪尔凯姆、韦伯齐名的现代社会学理论奠基人之一，马克思的社会学理论也被视为社会学的三大传统之一。随着帕森斯的理论体系受到各方面的挑战，美国结构功能主义的影响急剧下降，帕森斯之后的美国不再有一种主导的和占统治地位的社会理论，冲突论、交换论、俗民方法论、西方马克思主义传统的批判理论等理论相继出现，西方社会学理论呈现出多元并存、群龙无首的局面②。

走向多元分化的新格局是当代社会理论发展的趋势，从学院制度中成长的法国社会学家怀抱公共知识分子的理想介入当代社会发展的潮流，各种以"后"字标榜的理论运动诘难和颠覆现代人所熟悉和珍视的制度及价值，试图消解和超越现代性，正如哈贝马斯所言，现代性是一个未完成的规划，"后现代"也是一个未完成的规划。在社会关系、经济、政治、文化网络在全世界范围的延伸，高度现代性与持续全球化的叠加，社会信任渐次缺失，社会风险层层加码，民生陷阱时刻威胁着发展，不确定性和模糊性始终在刺激着人类敏感的神经，人类社会处于一种新的纷乱之中。

---

① 甘阳：《启蒙与迷信》（http：//www. sociology2010. cass. cn/news/490231. htm），2012 - 5 - 23。

② 苏国勋：《当代社会理论的发展趋势》（http：//www. sociology2010. cass. cn/news/130322. htm），2010 - 8 - 4。

这一切始终在挑战着社会学的想象力，同时也为社会学以及社会学理论的发展创设重生和新生的环境。

第二节　中国社会学的思想溯源与返本开新

十多年前费老在反思中国社会学的研究时这样指出："中国丰厚的文化传统和大量社会历史实践，包含着深厚的社会思想和人文精神理念，蕴藏着推动社会学发展的巨大潜力，是一个尚未认真发掘的文化宝藏。从过去二十多年的研究和教学的实践来看，深入发掘中国社会自身的历史文化传统，在实践中探索社会学的基本概念和基础理论，是中国学术的一个非常有潜力的发展方向，也是中国学者对国际社会学可能做出贡献的重要途径之一。"① 实际上，对于中国的历史文化传统的挖掘和研究在中国社会学的研究中一直未被真正重视起来，抑或是西方社会学的强势话语，抑或是中国社会学的边陲意识，但是，有一点是必须要肯定的，那就是社会学中国化的努力自社会学传入中国伊始，便一直未曾中断。中国的历史一直以来并未因外部冲击、内部革命或改革而完全断裂，其实是一个完整的连续统，这就要求中国社会学的基础理论必须从中国社会的历史与现实中寻求，必须从中国几千年社会发展中形成的各派社会思想之精华中去挖掘，并赋予其当代意义，既要去中国五千年文明史中追溯渊源，更要在当代返本开新、继往开来。

一　古代治乱兴衰思想的启发

布朗曾于 20 世纪 30 年代就提出"中国在战国时代已有荀子开创了社会学这门学科"，比西方的孔德和斯宾塞早 2500 多年，可见中国社会学的思想是源远流长、丰富深厚的。早在西周时期，人们对于天人关系已有较为深刻的认识，春秋战国时代出现了中国社会思想史发展的第一个"黄金时代"。"原典时代"的儒家、道家、法家、墨家等各个流派的社会思想对于中国乃至世界都产生了深刻的影响。尽管他们没有提出明确的社会学概念，但是他们的学说却包含着丰富的社会学思想，尤其是儒家思想

---

① 费孝通：《试谈扩展社会学的传统界限》，《北京大学学报》（哲学社会科学版）2003 年第 3 期。

更是影响了中国社会几千年来的发展，直到今天对当代中国依然具有很大的影响力。其中治乱兴衰的思想一直是中国几千年社会思想中最为突出的社会思想，中国历史在某种意义上是一部皇权帝国的戏剧史，传统意义上关于中国社会治乱盛衰思想的研究实际上是前现代帝国皇权历史的产物。整个前现代的中国历史过程基本可以描述概括为王朝更迭、治乱轮回交替、民族分合、国运盛衰循环。

治乱交替、盛衰更迭，是中国传统社会的一种运行常态。① 社会的动乱、王朝的更替总是周期性的交替循环进行着，从夏商周三代直到明清，乃至民国现代，除了屈指可数的文景之治、贞观之治、开元盛世、康乾盛世之外，大部分时间总是被不间断地农民起义、局部战乱以及社会危机所打乱。历代社会思想家对中国古代封建王朝的盛衰以及社会的治乱都充满着兴趣和困惑，既有来自时代的需求和个人使命感使然的关注，也有对治乱盛衰频繁轮番交替的焦虑及困惑，思想家的视野总是被国家盛衰、社会治乱、王朝更迭所挤占，如何避免衰乱而长保康宁是他们思考的重点，求治去乱成为古今思想家的终极关怀。从对宇宙天道的想象到对个人修养的探讨，从对社会治乱、国家盛衰的考察，再到社会治理以及社会和谐运行与社会稳定秩序的思考，或表达对治世理想模式的观点看法，或探讨治世的社会条件达成及运行机制建立，或研究达到治世的途径及基本手段，或批判乱世给人民的苦难和危害，或研究乱世的社会根源以及控制治理，治乱兴衰成为挖掘中国古代社会思想的切入点。

有中国特色社会学的第一个定义是严复在《群学肄言》中给出的，他把社会学看作是一门研究社会治和乱、兴和衰的原因，揭示社会所以达到治的方法或规律的学问。严复用中国社会思想的主导观念阐释了斯宾塞在《社会学研究》中所要表达的思想，"中之人好古而忽今，西之人力今胜古，中之人以一治一乱、一盛一衰为天行人事之自然，西之人以日进无疆，既盛不可复衰，既治不可复乱，为学术治化极则"②。治乱兴衰所涉及的社会秩序、社会变迁、社会理想和社会控制问题，都是社会学学科的主题。以治乱兴衰为主线的中国社会思想史考察，不仅体现了从社会学视

① 郑杭生、胡翼鹏：《社会运行、社会秩序与王朝的治乱盛衰——中国社会思想史研究的新视野》，《学海》2009 年第 4 期。
② 《严几道诗文钞》卷一，《论世变之亟》第 1 页。

角的把握，而且也抓住了中国社会思想的本质。稳定的社会秩序是治世的前提，是社会良性运行和协调发展的基础。儒、道、墨、法各家在自己的立场上对"如何建构社会秩序"问题做出了不同的应答。而在罢黜百家、独尊儒术之后，作为国家意识形态的儒家思想延续关注社会秩序问题的传统，以建立社会秩序为宗旨，崇尚和谐、大同的理想境界。

中国古代丰富的社会思想孕育着中国古代的学术传统，包括"经世致用"的学术传统、"求治去乱"的传统管理思想，等等，这些传统思想的核心观念值得今天的我们去不断开发，进而更好地去建构由中国气派的社会学理论体系。我们强调探究"治乱之由"，强调道德或法律等在社会治理中的作用，强调社会公平在"求治去乱"中所具有的深层功能，这些在"重构"和"新构"乃至超越传统、重建中国气派社会学理论以及重构中国气派的社会学话语体系方面具有重要的参考价值。

二　前后 50 年的历史沉淀与勃发

中国社会学一百多年的坎坷曲折发展，积淀了丰富的社会学思想，成为中国气派社会学理论的重要思想资源。中国社会学百年，可以分为两大时期，这就是以新中国成立为界，分为前一段近 50 年的中国早期社会学和后一段 50 年的中国当代社会学。[①] 前后 50 年的不同社会形态以及社会发展道路，奠基了前后 50 年迥异的社会学发展的社会基础。

1. 1949 年前近 50 年的辉煌与沉淀

20 世纪上半叶的中国社会起伏跌宕，封建帝制崩溃，军阀割据混战，域外强敌入侵，人民水深火热，在思想文化领域也是各种呐喊不断，万千思潮涌动激荡，学术大家层出不穷。晚清民国的知识与制度转型是近代中外冲突融合的产物，并非由于中国的社会文化历史自然发生出来的。[②] 在这一时期，中国社会学从传入到生根发芽到拔节生长，呈现出快速发展的难得局面，不断出现的学术成果达到了那个年代应该达到而且所能达到的顶峰和高度。

中国社会学作为一门独立的学科，根本上是一种知识"舶来品"。社

---

① 郑杭生:《中国社会学百年轨迹》,《东南学术》1999 年第 5 期。

② 桑兵关于《近代中国的知识与制度转型》的解说,见姚纯安《社会学在近代中国的进程（1895—1919）》,生活·读书·新知三联书店 2006 年版,第 5 页。

会学在清末传入中国后，深受当时国内社会政治的掣肘，世人多强调甚至夸张其经世致用的功能，致使其独立的学术研究反而被忽视，更多时候被用来叙微言大义或者考证古史。实际上，近代学科的发展存在两种趋势，其一是学科的分化与独立；其二则是学科之间的互相借鉴与渗透，近代学人尤为关注后一方面。在国人的富强情结和政治中心之下，社会学被作为富强的"本原之学"或当时意义上的政学。同时在传统学术注重会通和西方早期社会学之综合性的双重影响之下，社会学被尊为"科学之汇归"①。强调社会学对其他学科的指导和借鉴作用，使社会学变得面目难识，界域难定，莫衷一是。西方社会学初传中国第一人严复，称社会学为"群学"，指出："群学何？用科学之律令，察民群之变端，以明既往、测方来也。肄言何？发专科之旨趣，究功用之所施，而示之以所以治之方也。"② 他从近代救亡图存的现实需要出发，阐发"物竞天择，适者生存"的进化论思想，改造西方进化论并使之成为维新变法的理论基础，极力推崇西学，提出"自由为体，民主为用"的观点，并阐发"至治极盛"的社会理想。面对西方列强的入侵，有识之士引入西方的思想观念作为解决中国社会问题的依据，并提出革新理念以及治理措施，这些都成为中国社会学发展不可多得的宝贵思想遗产。

民国社会学理论体系的构建始于 20 世纪 20 年代后期，至 30 年代日臻完善。"20 世纪上半叶中国社会学的学术思想，大略可以划分为六个领域：一是唯物史观社会学；二是社会原理研究；三是乡村建设理论和实践；四是人类学调查和社区研究；五是社会史研究；六是政法、经济、文化和伦理研究。"③ 孙本文等留美归国社会学家在融会美国 20 世纪初的新兴社会学理论的基础上，逐渐构建起以社会行为为研究对象、以社会文化分析为基础的完整社会学理论体系，这一理论体系得到民国社会学界的普遍认可。孙本文为民国时期构建社会学理论体系之执牛耳者，其后的许仕廉、吴景超、应成一、吴泽霖等人也在引介、融会美国各家社会学理论的同时，立足本土，立论创新。民国社会学理论体系构建将美国社会行为分析与文化社会学理论综合为一个理论整体，表现出相当的创新性，从

① 姚纯安：《社会学在近代中国的进程（1895—1919）》，生活·读书·新知三联书店 2006 年版，第 3 页。

② 严复：《群学肄言》，商务印书馆 1981 年版。

③ 李培林：《20 世纪上半叶社会学的"中国学派"》，《社会科学战线》2008 年第 12 期。

1928 年 7 月的《社会学 ABC》到 1935 年 1 月的《社会学原理》，民国社会学理论体系日臻完善。可以说，20 年代以来的民国社会学研究在时间上几乎是与美国同步的。①

20 世纪 20 年代初，中国的社会学家们一边在借鉴国外这门学科的基础知识和规范操作，一边也在积极思考如何为社会学的发展积累有效的本土经验。这种社会学本土化的夙愿，在留美出身的许仕廉的"本国社会学"概念中首次被提及。他坚持中国社会学的研究应采取科学的态度和观念，"科学是社会建设的最大工具。空泛的主义不能救国，无事实根据的哲学不能救国，听天由命的态度不能救国，独断独行的武力不能救国，整个的破坏工作不能救国，无目的的政治活动不能救国，无知识基础的小团体结合不能救国……科学是有系统的事实记述。科学的成立分三步，第一是搜集事实；第二是从事实之分析寻求法则；第三是根据法则预测现象的变迁，而求统制方法"②。

孙本文则明确使用"中国化"概念，并呼吁建立"中国化社会学"，这成为后来学者公认的社会学本土化研究的开端。以他为代表的综合学派"要点在于认识社会的整体性及其各种因素的复杂性，并欲确立社会学的体系"③。孙本文以社会行为作为研究对象，在《社会学 ABC》（1928）、《社会学原理》（1935）、《社会学体系发凡》（1945）等论著中，建构了一个完整的社会学理论体系。正是因众多中国社会学者的共同努力，中国早期社会学在世界社会学界曾经占有很重要的地位，中国被誉为"生气勃勃的社会学活动的中心"。

其后这种本土化进程演化为对有中国特色的社会学理论与实践的研究高潮，燕大社会学系力推的社会学中国化模式成为其代表。他们在理论上借鉴英国功能主义引进功能论，方法上借鉴美国芝加哥学派强调经验调查法，彻底坚持本土化的实用主义取向，"一切课程计划，求应付中国现时社会及政治改革需要为目的"，以自己独特的社会学训练模式，培养出了杰出的社会学大师，包括李安宅、瞿同祖、严景耀、赵承信、费孝通、林

①　阎书钦：《移植与融会：民国时期社会学理论体系构建的美国学术渊源》，《清华大学学报》（哲学社会科学版）2013 年第 2 期。

②　许仕廉：《中国社会学运动的目标经过和范围》，《社会学刊》1931 年第 2 期。转引自陈新华、陈圣婴：《近代留美生与燕京大学社会学系》，《特区实践与理论》2010 年第 3 期。

③　孙本文：《社会学的观点》，《社会建设》1945 年第 3 期。

耀华、宋蜀华、黄淑娉等，这些知名的社会学学者直接影响和推动了中国社会学的发展进程。[①]

社会学的"中国学派"是与吴文藻的名字联系在一起的，可以说吴文藻是社会学"中国学派"的真正奠基人，是中国人类学调查和社区研究方面最重要的思想先驱之一。他积极探索社会学中国化的发展思路，并努力投身于推进社会学中国化的学术运动，提出社会学中国化的核心议题就是"社区研究"，认为从社区研究入手可以改进中国的社会结构，研究中国国情是社会学中国化最主要的任务。其后，社区学派的社会学本土化在两只力量的交互影响下得以推进。一支是以费孝通为代表的社会人类学分支，注重对于与经济相联系的社会组织的分析，他延续了吴文藻的学术传统路向，以村落为单位进行社区研究，一直领导着社会人类学的社区研究。另一支是以林耀华为代表的文化人类学分支，注重对于与文化相联系的社会非正式制度的分析，如宗族、宗教、习俗等。值得一提的是，费孝通主导的乡村社区调查的经典调查方法既繁荣了中国早期的社会学，也延续了中国社会学恢复重建的学术传统。

2. 1949 年后 30 年的沉寂与恢复重建

新民主主义革命的胜利，揭开了 20 世纪中国社会发展新的一页。新中国成立之初，中国的高等教育片面效仿苏联高教体制与经验，直接促成了社会学学科的被取消，对传统社会学的负面印象以及对社会学传统的认识不清促成了中国社会学事业的取消与长期中断，这一中断从 1952 年的高等学校院系调整开始，直到 1978 年底的十一届三中全会，长达近 30 年的销声匿迹。1978 年以后中国社会发生的一系列重大社会变迁，为中国哲学社会科学的全面发展和生机焕发提供了重要契机。急于解决当时迫切社会问题的现实需要，直接推动了中国社会学研究的恢复与社会学的重建。费孝通指出："帮助党和国家解决一些急迫的社会问题，为社会主义建设减少一些前进中的障碍，使社会的各方面都能沿着社会主义道路顺利地向前发展。这是我们在这时候急切需要开展社会学研究的主要原因。在我们党和国家工作着重点转移到社会主义现代化建设上来的时刻，提出开

---

①　陈新华、陈圣婴：《近代留美生与燕京大学社会学系》，《特区实践与理论》2010 年第 3 期。

展社会学研究的任务，是完全必要的和及时的。"① 中国社会学恢复重建伊始就确立了中国社会学发展的方向，就是要建立"具有中国特色的马克思主义社会学，或者说，是具有中国特色的社会主义社会学"②。以建立具有中国特色的马克思主义社会学为前提，实现社会学的中国化，这种方向的确立以及认识的澄清确立了学科发展的目标，为中国社会学的发展奠定了基石。

建立中国化的社会学理论一直是中国社会学界的一个基本目标，也是社会学研究的一个基本主题。在 20 世纪三四十年代推进社会学中国化的过程中，呈现出两条基本路向。一条是以孙本文为代表，强调以中国的社会材料和经验事实对社会学基本理论进行重建，构建中国化的社会学理论体系；另一条是以吴文藻、费孝通为代表，要求通过社区研究，增进对中国社会结构的正确认识，在实地调查的基础上构建通论式的社会学理论。这两种路向的相携同行共同开启了"社会学中国化的第一次浪潮"，使得中国成为第二次世界大战前除北美和西欧之外的"世界上最繁荣的社会学所在地"，中国早期社会学得到国际社会学界的承认。遗憾的是，这股中国化浪潮随着 50 年代中国社会学学科建设的中断而停滞。直到 20 世纪 70 年代末期以后，中国大陆的社会学学科得以恢复重建，港台地区的社会学教学与科研形成一定的规模，两岸三地的学者在倡导社会学中国化这一课题上达成了广泛共识。强调社会学的实用品格，社会学中国化就是将包括结构、团体和个人各个层次的中国社会文化特征及民族性容纳到社会学的理论或方法论中，强调社会学要具有中国特色，就是社会学要紧密联系国内实际情况，解决中国现实问题，建立面向人民的社会学，要以马克思主义为指导，必须为社会主义服务，为社会主义现代化建设服务，为社会主义和谐社会建设服务。在长达 30 年的科学研究实践中，社会学工作者自觉地以促进社会学中国化建设为目标，开始了"社会学中国化的第二次浪潮"，并取得了较为丰硕的成果。

在重建社会学之初，杨庆堃先生曾指出："在中国建立社会学是十分重要的。西方社会学代表西方社会实际的概括，其研究成果中的概念以至方法，不一定适于中国实际；而要正确地使社会学建立为适合中国所需的

---

① 费孝通：《为社会学再说几句话》，《社会科学战线》1980 年第 1 期。
② 郑杭生：《社会学对象问题新探》，中国人民大学出版社 1987 年版，第 214 页。

学科，则其理论方法只能在中国实际中通过实地考察来建立。"① 中国社会学的发展一直在本土化与全球化的相互形塑中前行，本土化与全球化的区分，实际上涉及的是社会学中国化的过程性与阶段性，本土化是将社会学带入中国以解决中国的实际问题，而全球化在于使中国社会学摆脱边陲依附地位，平等地参与到世界社会学知识体系。随着中国从地区性大国向世界性强国的转变趋势愈加鲜明，中国社会学从世界学术的边陲走向学术中心之一的前景愈加光明，世界全球化趋势和中国快速社会转型的双重压力，迫切需要实现中国社会学的理论自觉，这种自觉必然要求增强中国社会学的自主性和反思性。

第三节　中西社会学思想的融汇与交流

考察中西社会学思想的融汇与交流，我们必须将其"放置在中国的帝国传统与现代民族文化的相互转化关系中、放置在社会变迁的国际性条件之下观察"②。晚清以来的文化运动浸透着民族—国家与工业资本主义繁盛之间千丝万缕的关系，在科学技术的发展带来革命性巨变的同时，民族主义与主权国家的政治形式之间展开了有机的互动，现代文化和教育带来的知识谱系转变与勃兴促生了新的民族国家认同。个人总是被从家族、地方性以及全新的其他集体认同机制中抽离出来，自觉不自觉地再次被组织到具有普遍意义的国家认同之中。所有这一切正是在民族—国家这一框架下的中西方思想文化交流融汇的结果，这种融汇促生了社会学传统的延续和拓展，并且在本土化与全球化的双重逻辑中丰富了社会学的理论及思想。"从 1789 年法国革命到 1989 年苏共解体，是一个非常完整的历史单元，两百年，多一年少一年都不行，上帝从来没有在世界上安排如此整齐的历史单元，让世人选择应该改革什么、放弃什么、选择什么。"③ 伴随着西方启蒙而兴的社会学在历经近两百年的发展中，社会学思想中不断闪

①　徐展华：《对尊敬的杨庆堃教授的追思》，《纪念社会学家杨庆堃教授》，岭南大学校友会，《岭南校友》专刊，2005 年，第 139 页。转引自孙庆忠《社会学与中国社会研究——杨庆堃先生的学术人生》，《学术界》2012 年第 12 期。
②　汪晖：《现代中国思想的兴起》，生活·读书·新知三联书店 2008 年版，第 78—79 页。
③　朱学勤：《改革开放三十年的经验总结》（http：//epaper. oeeee. com/C/html/2007 - 12/18/content_ 340045. htm），2007 - 12 - 18。

烁的进步、自然、利益、理性、行动、秩序、契约、自由、平等、人权等
概念，不断地在不同的时代被赋予时代的意蕴，并随着社会学在全球范围
的传播而交流融汇。

一 中国传统社会思想的承传与创新

中国传统社会中，"小康"、"大同"的社会理想是关于社会总体结构
及其关系的理论或设计，包括社会生活的方方面面。"小康"社会的特点
是"天下为家"，天下是被放大的家，人人都能讲求礼让，效法仁义，君
明臣贤，社会等差有序，是儒家思想中理想的"治世"。"大同"社会则
突破了中国传统社会的局限，是讲求"天下为公"的，没有阶级差别，
自然而又合理的社会分工将配置社会各个成员各得其所，各安其分，各得
其养，人际和谐，生活安定，是富庶而又和谐的美好社会。大同思想触及
了人类社会发展的终极目标。古人对理想社会的追求始终贯彻着和谐、安
定的主线，不太注重社会的经济生活，和谐的社会关系、和为贵的处世之
道、中庸的做人准则等构成理想社会的基石。对战争的恐惧和不安，对安
宁生活的渴求与向往也奠定了传统社会的生活基础。

中国传统社会思想中，讲"天人合一"，究"天人之际"，"天"和
"人"是统一的，息息相关的，人的一切行为及行动，都在"天"的基本
原则之中。"社会"与"自然"之间讲和谐，人在自然这个大背景中，人
与自然是合一的，作为人类存在方式的社会，也是自然的表现形式之一，
是和自然合而为一的，中国传统社会思想文化是一种追求和谐的文化思
想，中国文化的内在精神是"三和文明"，即在家庭是和睦，在群体社会
中是和谐，在国际间是和平。① 中国传统文化具有深刻历史感，能够与人
类文明良性互动，是蕴含着丰富艺术特质的精神文化，是胸怀"天下"
观念和"博爱"精神的博大文化。在当代中国社会中，我们经常谈到的
"协调发展"、"可持续发展"、"和谐社会"等可以说是对传统社会思想
的一种承传。

鸦片战争以来的中国几度被西方列强蹂躏瓜分，中国社会面临着层出
不穷的内忧外患。为了能够走出乱世并挽救这种社会颓势，一批批志士仁

---

① 王岳川：《西方的"三争文明"与中国的"三和文明"》，《中国青年报》2013 年 7 月 4
日。

人面向西方，积极寻求经世济民、治乱兴邦的良方。不管是欧美的工业技术，还是欧美的政治体制，或者是整个西方的社会文化，这些都成为这一批先进的中国人所追逐的对象。正是在济邦救国、图存救亡的根本目标之下，社会学作为先进文化的一种被引进中国。正是这种社会历史的现实图景，使得刚刚进入中国之初的社会学，一开始便肩负起了强烈的拯救危局、关怀现实的时代使命。社会学不仅被用来准确地描述中国社会的惨淡现实，而且被用来为解决社会现实问题提供更为有效而切实可行的方法策略。因此，严复最初借助儒家学说的理念、语词来理解和再造社会学，就是力图使从西方引进的社会学有效地对接中国本土的社会现实，使得社会学能够为解决现实中国的社会问题提供真正对策。在其后的发展中，怎样来解决和处理现代社会发展中的现代化与传统文化的关系即成为社会学一直关注的重要问题。中国的传统社会思想中，最精华的当属"天人合一"、"天人协调"、"推己及人"、"人际和谐"等。"天人合一"的思想强调自然界和人类社会应该保持一种协调平衡的关系，人与人之间、人与社会之间、社会与自然之间也应该是一种和谐有序的关系，"三和"文化应该是在应对全球快速现代化进程中最为宝贵的思想资源。文化是历史上众多个体的、有限的生命的经验积累，在社会这个框架中便成为一种共有共享的知识、思想、精神财富，通过各种方式存留延传至今个体人的态度、行为、思想及其生活中，逐渐超越个体，跨越时空，从而得到不断扩展与延续。文化的传统也意味着社会的传承，中国社会在革命如潮的起伏跌宕中延续至今，是几千年社会结构演化的继续，社会的历史文化及社会的运行机制都随着历史的延续而在社会中传承下来。

在当今知识经济社会中，每个人、每个个体积极的社会参与态度和创造精神，都是推动社会发展极其重要的有生力量。韩相震教授认为，儒教文化里的人文主义、民本主义思想完全可以成为知识经济社会发展的重要理念，这也是他提出所谓"第三条道路"的一个重要组成部分。[①] 东西方文化在起点和出发点上是存在差异和分歧的，尤其在全球化的世界性文化大论争时代，只有注重文化的社会性和历史性，挖掘中国文化的深厚底蕴，通过不断地文化自觉努力创造现代中华文化，方能在放眼世界的文化

① 韩相震、郑杭生、黄平、苏国勋：《关于"第三条道路"》，《提出问题："新现代性"》，《社会学研究》2004 年第 3 期。

接触中赢得尊重,实现人们所希冀的"美美与共,天下大同"。

二 西方二元对立思想的反思与超越

西方二元对立思想在社会学理论的发展中得到最为集中地呈现,在社会学理论、社会学方法论从传统到现代的发展中都留下深刻的印迹。在社会学中存在的行动与结构、主体与客体、宏观与微观、结构与建构、唯名论与唯实论等各种二元对立范式,一直影响着中国社会学的范式构建。社会唯实论认为社会是实实在在存在的,作为整个社会或某些群体中的特定要素组合状态的结构,真实地存在于社会成员的生活之中。而社会唯名论认为社会中的社会成员才是实际存在的,社会并不是一个真实存在的事物,正是个体之间的互动建构了所谓的社会现象。社会学在理论和方法上的二元分野传统,形成了科学主义型与人文主义型、整体主义型与个体主义型的类型划分。科学主义型社会学理论主张社会现象如同自然现象一般,社会学研究应以客观的社会事实为基础,社会学理论就是对客观存在的社会事实的本质和规律的陈述,社会学知识跟自然科学知识一样,都要对其研究对象的因果规律性给予说明,具有可验证性。人文主义型的社会学理论把现代生活看成是现代文化的基本样态,认为现代社会生活主体对自身创造的社会生活的描述、认知和理解,实质上就是社会学对现代社会文化的自我反思和文化解读的具体表现。社会学方法论的二元对立最为直接地来源于早期现代性的社会生活事实本身,个人与社会的关系紧张并快速恶化一直与人类对自然界肆无忌惮的侵入以及对自然资源的疯狂掠夺相伴随,社会革命所推动的政权的摇曳,使社会陷入极度混乱的失序和失范状态,致使个人与社会之间的裂痕越来越深,社会与自然的矛盾对立逐渐升级,人们对自然和社会的诅咒日趋成为常态,整体主义型和个体主义型社会学方法论的分野,成为现代性的一面镜子。整体主义和个体主义的二元对立传统直接影响了整个 20 世纪的社会,20 世纪后期的许多社会学研究试图交叉融合两种传统,但这些努力的前提仍然没有真正脱离原有的传统框架。

个人与社会、主体与客体、行动与结构、意义与支配、自由与秩序、惯习与场域、沟通与规则、生活世界与社会系统等的学术话语表达,以及渗透其中的理论或经验、宏观或微观、实证或人文、鸿篇叙事或个人述说,都是社会学理论科学主义型和人文主义型以及社会学方法论整体主义型或个体主义型二元分野的当代投射，这些二元对立的西方传统思维方式依然活跃在当今学术界。实际上，"在人为地造成社会科学分裂的所有对立中，最基本、也最具破坏性的，是主观主义和客观主义的对立。这种对立不断出现，但在形式上几无更新，这一事实本身足可证明按照该对立来区分的各种认识方式，对于一门不能简化为社会现象学，也不能归结为社会物理学的社会世界科学来说，同样都是不可缺少的。为了超越这两种认识方式之间的对立，同时保留它们各自取得的成果，就必须阐明它们作为学术性认识方式——它也与产生社会世界日常经验的实践认识方式对立——所共有的预设。这意味着我们应对那些使社会世界主观经验的反思和该经验的客观条件的客观化成为可能的认识论及社会条件实施批判性客观化"①。

马克思主义作为一种科学，它以强烈的批判精神实现了人类社会历史上一次最为大胆的尝试和突破，同时也弥合了主客二元之间的裂痕。社会科学如果步自然科学的后尘，以预测控制作为其目标，以预测准确与否作为判准，那将是无视社会现象的自反性，是一种"实证主义式的自我误解"。社会观念会进入人们所描述的社会世界而改变之，人也会取用关于社会的信息和知识来合理化或调整他的行为，所以社会学和人的行动，或者社会学理论与社会生活之间会相互影响，使得作为社会学研究对象的人的行为或社会不断变化。当人去深入社会生活展开研究，始终无法摆脱人在社会生活中的自我矛盾，主体位于客体之中，社会知识注定是存在缺陷的，社会学因为主客之间的互动因而总是处于变化之中，主客二元对立的格局及其相关的客观性概念在社会学的运用中需要保持反思批判的清醒。我们更应该在主客交融互动的思维格局中去展开社会学理论的自反性批判。

近些年尽管对中国本土性和西方的社会思想的研究都得到了重视，但如何从社会学的学科视角去进一步拓展挖掘并光大依然是中国社会学研究的主题之一。对中国丰富而悠久的传统社会思想进行挖掘和整理，形成关于中国社会思想在概念框架、思想方法、前提假设、解释原则、发展脉络、价值取向等方面的完整理解，仍然是一项异常艰巨的社会学理论研究任务。对西方悠久古老的社会思想进行借鉴和反思，形成能够指导当下社

---

① ［法］皮埃尔·布迪厄：《实践感》，蒋梓骅译，译林出版社2009年版，第33—34页。

会更好社会秩序的形成以及当今世界更好交融发展的核心思想，依然是社会学研究的重要理论命题。作为科学的社会学，必须以最大可能的视野和容纳力去涵括和包容时序性、因果性、单向度、不确定性、非预期性、非意图性以及不可逆现象等方面的研究，进而更好地去理解和把握社会行为主体之间的互构，以及互构关系主体之间的多元交叉、正反交织、时序交叠以及持续再造与重建过程。

"任何否定和拒斥二元对立的话语，或者关于二元对立已被某种理论和思想消解、克服的声称，不过是新的'剧场假象'。二元对立的消解本身是一个假问题，它提供了一种虚假的理论前提。按照这种理路进行的社会学重建，注定是难有成效的。"① 对二元对立的真正超越之途，从根本上来看就是要回到事情本身，回到现实的个人与社会关系本身，这正是中国气派社会学理论在西方思想思辨终止的地方，面向中国社会现实，描述社会实践活动和实际展开过程真正实证科学开始的地方。

---

① 郑杭生、杨敏：《社会互构论的提出——对社会学学术传统的审视和快速转型期经验现实的反思》，载《郑杭生自选集》，学习出版社 2013 年版，第 195 页。

第三章

自觉之路:中国气派社会学理论的逻辑延展

　　"中国社会学百年的历史也告诉我们，史论结合对社会学是同样重要的；没有历史感的社会学作品，是缺乏底蕴的。"① "世界不是既成事物的集合体，而是过程的集合体。"② 理论的世界不仅仅是既定理论的集合体，也是理论过程的集合体；社会学理论世界不仅仅是既定的社会学理论的集合体，也是社会学理论不断形成过程的集合体。对于社会学理论的考察必须置身理论形成的历史过程，方能把握理论的实质和命门，对于中国气派社会学理论的分析探讨也不例外。社会学融入中国的知识系统，并在中国的教育体系中获得一定的位置，始终伴随着中国从剧烈变幻的政治风云中缓慢走向现代化的制度性变迁过程中。时代的巨变总是向思想领域产生强有力的折射，向理论界和学术界提出前所未有的理论难题，学者总是运用知识对这些难题予以回应和解答，这些解答的日益积累逐渐凝聚为思想，继续推动时代的前行。时代巨变的实践问题不停地转变为理论问题，而理论问题又大量地进入到实践领域，彼此的争辩、反思、互动以及互构，催生出适应时代变化的新理念和新思路，理论就此获得新的推动力量。正如郑杭生先生所说:"中国特色社会学的提法，并不意味着我们的社会学仅仅是中国的，而是表明这样的中国特色社会学同时是具有世界眼光的。所以，这个提法还显示了中国社会学界培育、增强自己的学术实力，改变自己在世界社会学格局中所处边陲地位、争取与欧美社会学平等地位的强烈愿望。"③ 中国气派社会学理论的探索，既在自己源远流长的学术传统以

---

① 郑杭生:《中国社会学百年轨迹》，《东南学术》1999 年第 5 期。
② 《马克思恩格斯选集》第 4 卷，人民出版社 1995 年版，第 244 页。
③ 郑杭生:《马克思主义与社会学》，《理论学刊》2003 年第 6 期。

及丰富多彩的社会现实之上建构理论，也在积极借鉴欧美社会学智慧成果的基础上发展自身。中国气派社会学理论在反思社会学欧洲中心主义以及美国中心主义的基础上，在理论与社会主客交融互动的大格局中展开了富有成效的理论探索和创新，中国气派社会学理论既是与全球时代巨变互动的重要理论成果，也是观察反思中国社会变迁的理论总结升华，也是世界社会学理论自我反思完善的有机组成部分。

第一节　理论与时代的互动:生成基础

理论与社会之间存在着一种辩证关系，理论是根据一定的社会情况而建立起来的，社会是理论的认识对象、行动对象乃至批判对象，社会自然而然地在影响着理论的建构与发展，而理论旨在批判社会、引导社会，同样也不可避免地进入社会生活且影响着社会生活。社会与理论二者与时俱进，社会不可能在那里静止不动地让科学家们去研究，除非作为研究对象的人停止了一切思考、研究乃至行动。理论与社会之间的这种辩证关系同时也是一种自反关系，这种关系使得社会理论不但应该是批判理论，而且也不得不是批判理论了，人的自反性使得作为研究对象的人和理论之间发生了辩证的动态关系。理论是对现实的一种挑战，以促使现实改变，而不是简单地拷贝和预测现实。对于社会学来说，社会学理论的生成发展总是在与社会、时代的互动中相互建塑和建构着，一种理论上的逻辑必须蕴含着实践中的丰富经验现实，同时，正是由于理论蕴含着社会实践中的现实性，所以才具有了理论的逻辑性。

社会学正是在中国国运衰败、民族危亡、社会运行极度恶化的时期传进来的。传入伊始，中国社会学就肩负着寻求自强、重振国运的神圣使命，发展初期便形成了关注和探索社会运行与社会变迁问题的传统。这一传统一直贯穿在其后中国早期社会学的理论传统中，成为包括综合学派、社区学派、马克思主义学派、乡村建设学派等各个流派在内的不同流派共有的理论特征。直到恢复与重建以来的中国社会学，不管是在社会结构或社会变迁的研究等理论社会学方面，还是在婚姻家庭研究、社会问题研究、社区研究等应用社会学方面，凡是有重大影响的社会学研究都是关注中国社会现实立足中国社会现实的结果。

一　对拨乱反正时代境遇的认识及总结

"中国的文革是以文革的方式结束的，历史总是在断裂中相联的。"① 1976 年 10 月 6 日的历史含量在于长达半个多世纪激进革命的终点，结束了中国激进的革命，群众从广场政治重返到厨房的世俗生活，那场通过"大乱"实现"大治"的尝试性革命最终以失败而告终。接下来的历史是在拨乱反正的持续进行中展开的，十一届三中全会结束了恶性运行和畸形发展的噩梦，使中国社会进入了正常运行和渐进发展的状态，并奠基了社会转向良性运行和协调发展的思想基础和现实可能。从 1976 年到 1978 年徘徊中的拨乱反正，再到 1982 年根本性全面性拨乱反正的完成，在思想领域批判"两个凡是"，在政治路线上抛弃"以阶级斗争为纲"，逐渐形成"一个中心，两个基本点"的思想，奠定了新时期党的基本路线的基础，在组织路线上提出加强党的组织建设，邓小平的拨乱反正实现了重建社会秩序实现社会发展的目的。1979 年 3月，邓小平在理论工作务虚会上说："实现现代化是一项多方面的复杂繁重的任务……我们面前有大量的经济理论问题……不过我并不认为政治方面已经没有问题需要研究，政治学、法学、社会学以及世界政治的研究，我们过去多年忽视了，现在也需要赶快补课。"② 正是在"补课"的号召和鼓舞下，中国的社会学进入恢复重建的历史进程中。

社会学的重建可以说是与对十年动乱的反思同步进行的。新中国成立以来的社会运行状况彻底告诫我们：任何一种社会都不会自然而然地良性运行，社会主义社会也不例外。十年动乱将社会推到了崩溃的边缘，对于十年动乱带来的危害的反思，以及对社会陷入恶性运行和畸形发展的教训的总结，这都成为社会学研究的题中应有之意。而郑杭生在20 世纪 80 年代初基于对新中国成立以来不同时期的社会运行状况总结，特别是"文革"的教训，就已经形成社会运行论的主导观念，既然要让社会良性运行，实现协调发展，就必须探讨和研究中国社会良性运行和协调发展的条件和机制。与此同时，一边积极发掘中国历史上治

---

① 朱学勤：《改革开放三十年的经验总结》（http：//epaper. oeeee. com/C/html/2007 -12/18/content_ 340045. htm），2007 - 12 - 18。

② 《邓小平文选》第 2 卷，人民出版社 1994 年版，第 180—181 页。

乱兴衰的学术传统，一边考察和分析从古典到现代的西方社会学学术传统和潮流以及中国早期的社会学学术传统，直到 1985 年 7 月 29 日，郑杭生先生在《光明日报》发表《马克思主义社会学的两种形态》一文，第一次明确提出"社会学是关于社会运行和社会发展的条件和机制，特别是关于社会良性运行和协调发展的条件和机制的综合性具体社会科学"，令具有中国特色、中国风格的社会学新观点真正奠基。尤其在这篇文章中，郑杭生先生还首次提出了马克思主义社会学的两种形态即"革命批判性形态"和"维护建设性形态"观点，产生了很大的影响。这是中国社会学恢复重建之初，对当时中国所面对的社会现实和过去社会的反思，进行的最有价值和意义的思考。

二　对中国社会快速转型的理解及思考

随着"社会转型"、"转型期"等词语进入中国人的政治生活和社会生活，中国社会的发展彻底步入了快车道，一系列的社会变迁与社会变化让学者应接不暇。今天喷薄发展的中国社会是 1979 年以来 30 余年改革开放和发展探索的必然结果，也是 1949 年以来 60 多年大量建设经验不断累积和道路探索的成果，更是 1919 年以来 90 余年饱经沧桑的革命和战争、建设和发展、改革和开放一路执着追求和坚守不移的结果。所以，不管今天我们已经处于一个什么样的时代，我们都无法也不能忘记从 1840 年起为中国社会发展做出牺牲的志士，他们为了反对外辱，争取中华民族的独立和人民的自由幸福，付出了惨痛的代价。这既是一个道德的问题，也是一个政治的问题，更是一个严肃的学术和思想的问题，因为任何的学术以及思想，都不可能在割断历史脐带和消解历史厚度的前提下发展和繁盛。1840 年是中国社会转型的起点，当前的中国正处于快速、全面、深层，却又面临诸多利益调整的转型关节点，这一切在中国气派社会学理论的探索中从宏观到中观到微观，都有具体而详细的论证以及体现。

中国社会的转型与转型中的中国社会一直是中国气派社会学理论视野的焦点，这一当代中国社会变迁和社会主义现代化进程为中国气派社会学理论构建提供了宏大的理论背景和细微的实践具象。1978 年开始的改革开放，标志着中国社会进入从传统社会向现代社会转型的加速期，社会转型是一个全面深刻的变化过程，涉及社会转型的文化背景、传统价值的取向，涉及区域资源配置、产业结构以及相应职业分化状态、人均国民生产总值等经济基础的方面，涉及组织结构与组织方式、社区成员教育和文化素质、内部人际关系等社会结构水平，这些因素及其所蕴含的质料都在从传统到现代这一社会连续体上进行。社会转型加速期需要关注城市社会分层结构的划分、城市居民的工作转换、社会阶层的划分、城市居民的流动、城市社会问题等，需要关注城市中农民阶层的地位、再流动与社会整合、城市农民工的社会保障事业，需要关注文化发展的模式、国家与社会关系的协调、义利互动模式、社会个体的义利选择，等等，转型期社会运行的方方面面都敦促着中国气派社会学理论做出理论的总结思考和升华。经济体制转轨与社会结构转型的并行，为中国社会的转型平添了许多的麻烦和困难，也形成了相互推动的力量。社会结构的转型表现出身份体系弱化，结构弹性增强，资源配置方式转变，体制外力量增强，国家与社会分离，价值观念多样化。经济体制转轨从高度集中的计划经济体制向社会主义市场经济体制转变，其间结构冲突与体制摩擦交织在一起，增加了转型的难度。中国的社会转型或现代化的过程内在地包含着社会结构的调整、运行机制的转变以及价值观念体系的转换，中国社会的转型就是中国社会各个地区不断地改善、增强和提升自己的强势和优势因素，不断地缩小、减弱以及消除弱势和劣势因素的过程。对中国社会快速转型的理解和思考，一直伴随着中国气派社会学理论探索、应用、拓展、深化的理论建构历程，对中国社会建设的研究，对中国城乡社区建设的探索，对社会发展中"中国经验"与地方贡献的思考，对新型城镇化理论和实践的对话，对中国社会治理体制创新的提炼，依然是当下中国社会学面对转型这一本土特质的重要命题。

三　对中国社会学使命的反思及行动

　　学科总是在不断地研讨和规范中得以发展，学术总是在不停地论战和争鸣中得以繁荣，中国的社会学学科历经西方引入、本土发展、壮大成型，再到取消中断、恢复重建、快速发展，前后百十年的发展始终在考量并考验着社会学学科应当肩负的使命。郑杭生先生领衔的社会运行学派不管是对中国社会学学科的发展还是对中国社会学学术的发展一直保持着清醒的使命意识，在其逐渐成长的三十年中也不是

一帆风顺，有时甚至是艰难曲折的，学派一直在质疑的眼光和批判的
声讨中不断地论证和丰富自己，经过无数次的学术论战和学术争鸣，
其主要理念、思想、观点、理论体系才得以形成，并得到学界的承认
和认可。在这一时期，社会运行学派共经历两次大的学术论战①。第
一次论战源起于 1987 年 10 月 1 日上海《社会科学报》刊登的文章
《评郑杭生的社会学构想》，再到后来，苏国勋于 1989 年发表《从社
会学史的角度看社会学对象及其功能》一文，直到 1990 年郑杭生发
表长篇论文《关于我的社会学定义——序董驹翔主编的〈社会学〉·
答我的一些批评者》。此次论战持续时间较长，其焦点集中在社会学
能不能成为 "价值中立" 的学科，对社会学的定义是否有新意和创新
之处等，郑杭生先生通过十个方面的讨论和答复，进一步论证和阐明
了自己独具特色的观点。第二次论战集中在 1996 年谭明方有关社会
学基本问题、社会学对象和 1999 年罗教讲有关社会学学术规范的争
论，郑杭生先生也通过 3 篇文章做了集中回应。通过这两次论战，社
会运行学派从学术批评和反批评中进行学习和探索，促成了社会运行
学派的形成，学派提出的 "社会运行论" 得到了进一步阐发和学界的
认可。同时，这些争鸣与论战也进一步促进了中国社会学学科意识的
明晰以及学术规范的确立，推动了中国社会学的学科发展，坚定了中
国社会学的学科使命。

　　自 2000 年之后，社会运行学派对 "学科本土论" 进行了积极的探
索，《二十世纪中国的社会学》、《中国社会学史新编》以及《二十世纪中
国的社会学本土化》分别从历史和理论两方面，梳理和总结了 20 世纪中
国社会学的真实面貌以及本土化进程，奠定了学科本土论的基本内涵。这
一时期，社会互构论围绕个人与社会的互构共变关系，对当代中国快速转
型实践进行了理论提炼和学术表达，社会运行论和社会转型论在不同领域
都得到了拓展与应用。2005 年 3 月，由中国人民大学出版社出版发行的

---

　　① 关于两次论战的具体情况，详见《郑杭生社会学学术历程之一·中国特色社会学
理论的探索：社会运行论 社会转型论 学科本土论 社会互构论》，中国人民大学出版社 2005
年版，第 7—9 页。《社会运行论及其在中国的表现——中国特色社会学理论探索的梳理和
回顾之一》，《广西民族学院学报》（哲学社会科学版）2003 年第 4 期，此处笔者不做过多
转述和述评。

《郑杭生社会学学术历程》（三卷本）[1]，标志着由社会运行论、社会转型论、学科本土论和社会互构论组成的中国气派社会学理论逐渐走向成熟，成为当今中国第一个完整、系统的有中国特色、中国风格的社会学理论体系，也标志着社会运行学派正式成长起来，社会运行学派真正形成。这不仅仅是社会运行学派的喜事，更是中国社会学界的盛事，社会学界诸多学者纷纷评介、述评。[2]

　　2006 年之后的社会运行学派在理论创建上更是迈向成熟，大放异彩，集结在《中国社会转型与社区制度创新——实践结构论及其应用》（2008）、《社会互构论：世界眼光下的中国特色社会学理论的新探索》（2010）等著述中，为中国特色社会学理论再添华章。[3] 在中国社会学恢复重建 30 周年之际，郑杭生先生受到费老"文化自觉"的启发，在对中国社会学发展历程进行深入总结和反思的基础上，明确提出和阐发了中国社会学"理论自觉"的概念和命题，强调要自觉致力于创建兼具世界眼光和中国气派的社会学，得到社会学界的广泛认可和积极响应，也启发了社会科学领域其他学科的自觉意识。尤其是对于学术话语权的研判，把握住了学术话语体系建设的关键，提升了中国社会学的主体性。同时还提出了"再评判、再认识、再提炼"是中国社会学"理论自觉阶段"基本功功力等命题。

　　社会运行学派在积极建构中国气派社会学理论的同时，立足基层，展开扎实有效的社会学实证调查，其成果集中在郑杭生先生主持的系列丛书中。已连续 12 年出版的《中国人民大学中国社会发展研究报告》

---

[1]　《郑杭生社会学学术历程之一·中国特色社会学理论的探索：社会运行论 社会转型论 学科本土论 社会互构论》、《郑杭生社会学学术历程之二·中国特色社会学理论的应用：当代中国社会的热点问题》、《郑杭生社会学学术历程之三·中国特色社会学理论的拓展：当代中国社会学的前沿问题》，共三卷由中国人民大学出版社于 2005 年 3 月出版。

[2]　评介、书评文章可集中参见《社会运行学派成长历程——郑杭生社会学思想述评文选》，中国人民大学出版社 2013 年版。

[3]　实践结构论的最早提出是郑杭生、杨敏合作完成的《社会实践结构性巨变的若干新趋势——一种社会学分析的新视角》（《社会科学》2006 年第 10 期），代表作是郑杭生、杨敏合著的《中国社会转型与社区制度创新——实践结构论及其应用》，北京师范大学出版社 2008 年出版。笔者的博士论文《自觉与批判：中国气派社会学理论的建构——社会运行学派"五论"研究》第 49 页的表述欠妥，在此一并修改，特别感谢中央财经大学杨敏教授的指正。原文表述如下：《郑杭生社会学学术历程之四·中国特色社会学理论的深化（上下卷）："实践结构论"的提出与"理论自觉"的轨迹》于 2010 年 7 月出版，"实践结构论"的探索又为中国气派社会学理论再添华章。

"走向"系列丛书①，紧抓当前中国教育、就业、社会保障、医疗改革等基本民生、思想文化、生态环境、社会分层、社会安全、社会矛盾、社会建设、社会管理等方面的社会问题，为解决这些关系中国社会发展的方向和进程的关键问题提供战略性对策。连续出版发行"中国特色和谐社区建设系列调查研究报告"丛书②，立足中国社会最基层，提炼基层社会最生动鲜活的中国经验。"当代中国城市社会发展实地调查研究系列丛书"③为中国经验添上了最为亮丽的地方经验。社会运行学派在中国气派社会学理论的建构和社会学实证研究方面做到了理论与现实、理论与实践的有效结合，进一步夯实了学派发展和理论创新的根基。

在这一时期，社会运行学派的论战尽管没有20世纪90年代的两次论战那么激烈，但是在新型现代性与新型社会主义的问题上，郑杭生先生对西方社会理论中对当前我国理论界颇有影响的"狭义转型论"和"公民

---

① 该报告分别为《中国人民大学中国社会发展研究报告1994—1995：从传统向现代快速转型中的中国社会》，《中国人民大学中国社会发展研究报告1996—1997：开始走上两个文明全面发展轨道的中国社会》，《中国人民大学中国社会发展研究报告2002：弱势群体与社会支持》，《中国人民大学中国社会发展研究报告2004：走向更加安全的社会》，《中国人民大学中国社会发展研究报告2005：走向更加和谐的社会》，《中国人民大学中国社会发展研究报告2006：走向更讲治理的社会：社会建设与社会管理》，《中国人民大学中国社会发展研究报告2007：走向更加有序的社会：快速转型期社会矛盾及其治理》，《中国人民大学中国社会发展研究报告2008：走向更讲创新的社会：社区建设与制度创新》，《中国人民大学中国社会发展研究报告2009：走向更有共识的社会：社会认同的挑战及其应对》，《中国人民大学中国社会发展研究报告2010：走向更加合理的社会：社会资源及其合理配置》，《中国人民大学中国社会发展研究报告2011：走向民生为重的社会：现阶段社会建设面临的挑战及其应对》，《中国人民大学中国社会发展研究报告2012：走向有序活力兼具的社会：现阶段社会管理面临的挑战及其应对》，《中国人民大学中国社会发展研究报告2013：走向包容、公平、共享的新型城镇化》。

② 该丛书已出版《和谐社区建设的理论与实践——以郑州市实地调查为例的河南特色分析》、《和谐社区建设的理论与实践——以广州深圳实地调查为例的广东特色分析》、《中国特色和谐社区建设"上城模式"实地调查研究——杭州"上城经验"的一种社会学分析》、《合作共治的"上城模式"——从新型社区治理迈向创新社会管理的"上城经验"》、《遵义红花岗模式：社会管理科学化的新探索》。

③ 该丛书已出版《"中国经验"的亮丽篇章——社会学视野下"杭州经验"的理论与实践》、《"三化两型"城市：科学发展与和谐社会建设的具体体现——以郑州实地调查为例的河南特色分析》、《"大民政"的理论和实践与"中国经验"的成长——夯实中国特色世界城市基础的"北京经验"》、《多元利益诉求统筹兼顾与社会管理创新——来自南海的"中国经验"》、《多元利益诉求时代的包容共享与社会公正——社会建设和社会治理创新的"中山经验"》。

社会理论"进行了深入批判。① 正是在这种学术论辩中，社会运行学派的中国马克思主义社会学理论逐渐完善，也提升了中国社会学在国际学术界的学术话语权。郑杭生教授始终立足于中国社会实践结构的剧烈变迁，以高度的理论自觉意识致力于中国气派社会学理论的构建，不断引领社会运行学派走向成熟。正如董驹翔教授所言，在过去了六七年之后，我们稍微检视就完全有根据认为中国社会学的"社会运行学派"已经形成，它具备了作为学派的必备条件。社会学的社会运行学派的学术历程从一开始就表现出以郑杭生教授为学术带头人的中国人民大学社会学学术群体的理论自觉。②

2012 年 2 月 29 日，由中国人民大学社会与人口学院、中国人民大学社会学系、中国人民大学社会学理论与方法研究中心、北京郑杭生社会发展基金会联合主办的郑杭生教授从教 50 周年学术研讨会暨北京郑杭生社会发展基金会成立大会在中国人民大学逸夫会议中心隆重举行，云集中国社会学学界 70 余位专家学者，得到 98 家高校、科研院所等兄弟单位的大力支持，完全有理由相信，社会运行学派已然成熟。2012 年 10 月 18 日，郑杭生先生获得首届费孝通学术成就奖，其对于社会学学科发展以及学派建设的贡献得到首肯。郑杭生及其学派已经构建起以"社会运行论"为基石，"社会转型论"、"学科本土论"、"社会互构论"、"实践结构论"各论相济支撑的学术大厦，已经成为有中国特色的"社会运行学派"③。当然，社会运行学派的成熟，只能标志中国社会学进入了又一个强调"理论自觉"的新阶段，社会运行学派依然在成长中，依然在路上，依然需要学界更多地关注和支持。

2012 年 2 月 29 日，北京郑杭生社会发展基金会正式成立，该基金会

① 这些论战集中在郑杭生教授与杨敏教授合作的文章中，《当代中国社会转型的实质：新型社会主义的成长——对新布达佩斯学派中国版的学术剖析》，《中国社会科学内刊》2007 年第 2 期；《新布达佩斯学派狭义转型论的重大理论缺陷——一种社会学的学术视野》，《红旗文稿》2008 年第 3 期；《"国家—社会"的中国理念与"中国经验"的成长——社会资源的优化配置与创新公共服务和更好社会治理》，《河北学刊》2011 年第 2 期。等等。
② 董翔薇、董驹翔：《社会运行学派：理论自觉历程中成熟的中国社会学学派》，《云梦学刊》2014 年第 1 期；郑杭生等：《社会转型与中国社会学的理论自觉》，中国人民大学出版社 2011 年版，第 4 页。
③ 董翔薇、董驹翔：《理论自觉与中国社会学学派的成长——郑杭生的社会运行学派及其贡献》，《甘肃社会科学》2012 年第 3 期。

秉承"关爱社会，致知践行；促进学术，推陈出新"的宗旨，旨在促进社会良性运行和协调发展，推动社会学进步。同时，也成为社会运行学派参与学术、参与社会的前沿阵地。已开展两届的"青年学术论坛"学者项目、社会学学子项目为中国社会学的发展扬帆助力，"幼苗甘霖——从小就有好书"慈善项目、"幼苗甘霖——冬天读书有温炉"等慈善项目让我们看到学派对当下社会的责任担当，更让我们看到了社会运行学派的学派风范。

第二节　理论的自我更新与发展:逻辑程式

理论是对客观现实的一种正确反映，理论的发展是一个通过不断修正错误并获得积累和进步的过程。"所谓理论，就是对现象或实物研究所得出的一般化的、抽象的结论，理论虽然离不开事实或现实，但它又是脱离于个别事物的一般化，超越于现实的抽象。"[①] 社会学的价值在于能够做出一般性的理论解释，而不是简单的事实累加。"社会学理论家的目的是增加人类知识的储量，并希望这将会导致启蒙和社会进步。"[②] 各种不同乃至对立的社会学理论观点的出现都可能是通向一种更为科学、更为全面、更为成熟的理论观点的中间阶梯，对不同乃至对立的理论观点的整合则是实现理论进步的必经环节。社会学理论的建构始终植根最为生动地社会现实，遵循"正——反——合"式的逻辑程式，沿着理论的自我更新和知识的积累承传双重逻辑，在不停地理论对话与理论反思中得以实现。

一　社会理论与社会学理论的交集

社会理论广义上关系到与人类行为有关的各门社会科学和人文学科，实质内容上则涵盖和跨越社会学和社会哲学，而不专属某一学科领域。社会理论强调研究任何社会现象，都不可脱离对构成人类行为之背景的物质环境和人文环境的双重依赖和制约。"社会理论"的概念不同于"社会学理论"，它主要介于社会历史哲学和实证主义社会学之间，既不像社会历

---

① 卢汉龙、彭希哲:《二十世纪中国社会科学·社会学卷》，上海人民出版社 2005 年版，第 87—89 页。

② Seidman S. , "*The end of sociological theory*", in Seidman S. （edt. ）, The Postmodern Turn: New Perspectives on Social Theory, Cambridge University Press, 1994, 121.

史哲学那样是演绎性的理论体系，又不像主流社会学那样是实证的经验科学，而是以社会历史哲学为前提、以实证主义社会学为基础的理论社会学。"社会理论"的标准至少包括三个方面：一是以社会为研究对象；二是对社会的研究方法既是哲学的，又是科学的；三是其目标是功能性的或批判性的。其实，"社会理论"与"社会学理论"的确存在着许多相同之处，可以这样说，社会理论的主要加工园地就是社会学，因此，社会学理论也就成了社会理论的主要来源，尤其是在当代更是如此。社会学如果缺乏社会理论的想象力和反思性，必然沦为对既定现实的无批判肯定，就像一个先天不足后天缺乏营养的孩子，难以在现代知识分工体系中立定自己的脚跟，而且也势必会失却从迪尔凯姆、韦伯、马克思到哈贝马斯、卢曼、布迪厄直及吉登斯等一代代社会思想大师们所烹调出来的社会学味道。一门学科如果丧失了自己在认识事物和解释事物方面的学科意识，那么无异于自己取消自己存在的理据。①

　　理论社会学是社会学学科体系的基础，在学科体系中处于核心地位，为社会学其他组成部分和分支领域提供理论和方法论指导。理论社会学重在强调学科的宏观取向，突出文化、制度决定的理论范式，重在强调概念的科学化度量，规范社会学学科的体系构建和模式塑造，从理论和方法论两个方面来确定其有别于其他学科的学术标准。理论社会学解决的是社会学本身的一些基本问题，旨在提供一种普遍化的概念范畴、逻辑架构乃至理论体系，进而为社会学的理论研究提供普遍且基础性的指导。从研究任务来说，理论社会学的研究任务在于理论建构的一般性的思考或抽象，理论社会学的目标并不是为了建构某种理论，而是为社会学理论的建构提供理论和方法论的框架，社会学理论则不同，它的研究任务在于对社会现象进行科学解释，直接针对社会和社会现象的概念和解释体系。从研究对象来看，理论社会学是对理论问题本身的研究，是带有"元社会学"（meta-sociology）意味的一种研究②，而社会学理论研究的是社会现象、社会问题、概念、范式等。正如塞德曼所讲："社会学理论旨在揭示一种普遍的社会逻辑，发现一套能够反映社

---

①　苏国勋：《社会理论与当代现实》，北京大学出版社 2005 年版，第 177 页。
②　文军：《论西方社会学的元研究及其元理论化趋势》，《国外社会科学》2003 年第 2 期。

会世界的真实词汇。社会理论家试图对当前的社会冲突进行抽象，以便能够反思各地的社会状况，并在一般的、概括性的层面上表达关于社会行为、冲突和变化的语言。试图找到一种普遍性的语言，一种能够用来评估所有社会语言之真实性的概念决疑法。社会学理论的目的在于将自身从其情境性因素中剥离出来，并表达人类的普遍状况；并将自己提升到普遍性的高度，提升到对社会规律或社会行动结构进行研究的层次上。"①

当我们用这样一种类型划分的方式来考量中国气派社会学理论体系，似乎也能看到这样一种化约主义类型的存在，社会转型论、社会互构论和实践结构论从属于社会理论的范畴，而社会运行论和学科本土论则属于社会学理论的范畴。② 前者涉及公平与平等问题、个人与社会关系问题、现代性与全球化问题，更多地是大量融合其他学科领域的传统思想，并勾连当今时代重大命题，在社会学知识传统的基础上进行创新性建构。而后者致力于在社会学学科自身发展的基本脉络上反思、扬弃、传承并拓展。当然，中国气派社会学理论无疑是社会学的理论知识，而非历史学或政治学等其他学科的理论知识，尽管可以进行或属于社会学理论或属于社会理论的类型探讨。

二　社会学理论的双重逻辑

现代性诞生以来的社会学以及社会学理论都在追求这样一个基本的理论目标，它们试图为社会提供一个具有普遍性的、有代表性的理论模型，并从社会之外对现代社会进行描绘，在解释社会各主要制度和领域之间的关系的同时，对现代社会的发展给予解释性说明。③ 可以说，现代性的内在机理塑造了社会学理论的双重逻辑，一方面表现为社会学总是通过变换各种各样的理论策略来回应和应对现代性的本质需求和展开过程；另一方面是社会学的研究总是在不停地追逐现代社会生活的本质变迁和规律，探索社会运行和发展的条件与机制。社会学理论的自我更新和社会学知识的

---

① Seidman S. , "*The end of sociological theory*", in Seidman S. （edt. ）, The Postmodern Turn: New Perspectives on Social Theory, Cambridge University Press, 1994, 120 - 121.

② 姜利标：《统合性、实践性的社会学理论群知识：对郑杭生社会学理论的诠释》，《学习与实践》2012 年第 10 期。

③ ［英］尼格尔·多德：《社会理论与现代性》，陶传进译，社会科学文献出版社 2002 年版，第 7 页。

累积传承成为社会学保持生命活力的双重逻辑。① 正是这种双重逻辑构成了社会学理论自觉和批判的基本表达，以及对社会学知识本身进行理解和反思的根本方式。

林南曾指出："评判社会学中国化是否成功应该依据社会学里所获得的中国社会文化特征与民族性的多少而断定。"② 社会学中国化必然涉及中国社会文化的特征及民族性，但是这些特征及特性又分散于个人、团体和社会结构的各个层次，若要在理论或方法论尽可能地融合这些特征及特性，势必是一项超越地域界限且烦琐复杂的工作。嫁接西方的社会学概念或理论来解释中国的社会现象并不等于社会学中国化的成功，社会学的中国化必须植根中国社会的历史文化传统，关照中国变动不居的社会现实，总结和凝炼饱含中国社会文化特征及民族性的社会学理论。中国气派社会学理论正是在努力实现社会学中国化的进程中，在社会学双重逻辑的指引下，对社会学的研究对象进行了再反思，对中国社会学史、社会学思想史进行了再研究，对社会学的研究方法进行了再拓展，实现了中国气派社会学理论的自我更新，也实现了社会学知识的累积承传。

社会学自产生以来，其研究对象经历了一个从不明确到逐步明确、从笼统到较为具体的过程。与此相应，社会学的性质也经历了从一般的社会哲学到专门的具体社会科学演变的过程。从孔德开始的西方社会学和从马克思开始的马克思主义社会学这两大分支的产生都与当时社会运行和发展的问题息息相关，都要回答当时历史突出出来的资本主义社会运行和发展的有关问题。中国气派社会学理论将社会学的研究对象确定为社会良性运行和协调发展的条件与机制，成为一条贯通社会学全部内容的主线，符合社会学产生的历史，并在逻辑上自圆其说。社会学历史地形成的内容自然而然地包含了三类，从正面或正向探求社会良性运行和协调发展的条件和机制，从反面或反向探求有效地消除妨碍社会良性运行和协调发展的因素和途径，实现社会良性运行和协调发展、避免恶性运行和畸形发展的方法和手段。社会学研究对象的确定区分开了社会学与哲学的关系、与其他社会科学的关系、与科学社会主义的关系、与社会文化人类学的关系，明确

---

① 杨敏：《论社会学理论逻辑和研究指向——社会互构导论：中国特色社会学理论的新探索之二》，《广西民族学院学报》（哲学社会科学版）2003 年第 5 期。
② ［美］林南：《社会学中国化的下一步》，《社会学研究》1986 年第 1 期。

了社会学在社会科学中的地位, 进而沟通了社会学与系统论、信息论和控制论"老三论"的关系, 更好地回答了马克思主义社会学解放前革命批判型的形态和解放后维护建设性的形态, 也更好地解释了马克思主义社会学与西方社会学这两种中国社会学的传统, 奠定了"社会运行论"的理论基础。

中国气派社会学理论的建构是与属于本领域的中国社会思想史和中国社会学史紧密相结合的。也就是说, 中国社会学在立足本国现实社会, 借鉴国外社会学的同时, 必须要重视本国的学术历史, 弘扬本国的优秀传统。社会思想史应当从社会学的角度研究人类思想, 对社会思想进行再解释、再发现。作为理论社会学基础之一的中国社会思想史, 着重于"社会学视野"中的社会, 着重于中国历史上人们在社会实践中形成的关于社会运行与协调发展的思想, 将历代思想家求治去乱的思考和实践作为中国社会思想史研究的一条主导线索, 是对中国社会思想史研究的深化。中国社会学史的研究运用社会运行论和社会学两大传统的视角, 从教育和研究两大领域, 对中国社会学的历史和现状做了较长时间跨度新的整理和概括。

马尔科姆·沃特斯认为:"社会学可以理直气壮地宣称自己毫无疑问属于一门学科, 原因有两个: 其一是它具有一个被广泛公认的理论传统; 其二是它在方法论上有一种严肃的态度, 即以精密的方法来指导研究。然而, 真正确定这门学科的却是理论, 因为正是理论, 对社会学可以告诉其受众有关社会世界的种种内容做出了总结性的概括。与此相反, 方法仅仅是一套规则, 用来决定一个人可以说什么和他所说的东西的重要程度, 即它是达到某种目的的一种手段。"[1] 如果社会学要对人类社会的指导方面发挥作用, 就必须将"理论"作为其核心目标, 必须在理论与方法一体的基础上实现对社会学知识特性充分的理解和把握。默顿也曾致力于将社会学理论与经验研究做到最有利的配合, 在以往的社会学中, 理论通常是指一些抽象、模糊的概念, 经验性与逻辑性都很低, 很难用经验资料来加以验证, 而经验研究者对所谓的理论往往也敬而远之, 他们的工作通常仅止于搜集资料、计算相关数据以及建立经验概推, 如此下去, 理论与经验

---

① 〔澳〕马尔科姆·沃特斯:《现代社会学理论》, 杨善华译, 华夏出版社 2000 年版, 第 1 页。

研究各行其是必处于分裂当中。默顿强调理论是逻辑上相互关联的一组陈述，这些陈述必须是有关现象之规律性或齐一性的，或有关两个变项之间明确关系的，而且这样一组陈述必须能够推演出一些通则来供经验研究作为假设之用。如果理论具有丰富的经验内涵和严密的逻辑结构，则可以从理论推演出明确的假设，然后付诸经验研究，而经验研究的结果也可以考验理论的正确性，如此这般的持续互动下去，社会学的知识必然迅速地累积成长。社会指标体系理论的研究统合物质生产和物质生活指标系统、社会生活及社会关系指标系统、个性发展活动指标系统，确立了区别于其他指标体系的"以人为中心"社会发展指标体系，并将指标体系研究自觉应用到社会报告制度、社会建设、社会运行以及社会决策中去，这是对中国社会学在方法研究和应用方面的探索和拓展。在社会互构论以对当代中国社会转型期个人与社会共变关系为经验事实基础，采用理论性与经验性、人文性与实证性、宏观层面与微观层面相结合的一体化研究方式，成功进行了新研究方法的尝试。

人类社会及其内在各个复杂层面都处于变动不居当中，不光是经济、政治、文化这些宏观层面处于不断变化中，共同体、群体、组织这些中观层面以及个体行动这些微观层面也处于川流不息、逝者如斯的跨时空流动中。作为科学的社会学，必然要去描述社会事实、解释社会现象，既要解释社会何以存在的事实和缘由，又要解释社会为什么如此这般或那般地运行和发展的规律。社会学的研究不能仅仅停留在对于社会事实的罗列或归纳上，而是要以严密的逻辑系统或推导对以上回答给予较为确定的回答。面对"社会秩序何以可能，何以能够继续可能"的社会学传统命题，社会学的设问方式、思考路径、现实关怀总是在发生着不断地变化，但社会学追求社会秩序的初衷未曾改变，现代社会运行和发展的条件和机制作为社会学研究对象依然昭示着社会学者在当今世界建构的多重真实性中找寻具有普遍意义的规律性。中国特色社会学理论正是通过"论"、"史"、"法"三个方面的持续努力，验证了富有中国气派的社会学知识体系经典积累和传统承续的逻辑。

第三节   与西方社会学的对话：时代境遇

社会学从欧洲传入中国已经一百多年了，这百十年来中国社会的变迁，经常处于不断地内乱和外患的交叉困境当中，稳定持续发展的时间并不长久。社会学的命运如同我们的民族一样，饱经沧桑而后生。社会学曾经被贴上姓"社"、姓"马"的标签，又曾被贴上姓"资"的标签。[①] 新中国成立以前，社会学与社会主义因为同姓"社"，学科的发展总是遭遇各种非议和阻挠。新中国成立以后，社会学又因姓"资"被宣布为伪科学，禁止学科发展。直到1979年党的十一届三中全会以后才开始重建社会学，因为现代社会学研究方法的引进，社会学界方有了"顿开茅塞"之感，于是乎把我们过去使用的研究方法视为传统、落后、不科学的，一概弃之不用走向另一个极端，好像只有数据和模型支撑起来的量化研究才是科学的，才是社会学的正统。直到后来的社会学界反思并提出"扩展社会学的传统界限"、"文化自觉"、"理论自觉"、"学术话语权"等，社会学中国化的进程再次开启，摆脱"边陲思维"，开始自己真正的话语言说，主动与西方世界对话，进而推动了富有中国气派与本质的理论形成和发展。

中国社会学对西方社会学的移植现象直到20世纪二三十年代还在持续，尽管二三十年代中国社会学开展了大量的经验研究，因为那些经验研究的理论前提大部分是从西方社会学理论中移植而来的。而像潘光旦、梁漱溟和费孝通等人能够立足当时的中国社会现实，建构出凸显民族文化传统的社会学理论观点的大家则屈指可数。但在其后中国社会学的发展进程中，由于过高估计了西方社会学的普适性，简单移植西方社会学理论来研究中国社会问题的现象普遍存在，在某种程度上，表现为削中国社会现实之"足"来适应西方社会学理论之"履"，正是这种错位使得中国社会学本身在中国社会逐渐边缘化。[②] 可以说，社会学的中国化一直是中国社会学发展的重要任务或目标之一，只有真正的社会学中国化才能建构出解释中国社会生活现实的社会学理论，没有中国特色的社会学理论也就没有中国化的社会学，只有中国化的社会学才能在世界社会学格局中拥有真正的学术话语权。从世界范围来看，一般"弱国无话语权"，理论的全球影响

---

①　杨心恒：《社会学中国化之我见——纪念社会学重建十周年》，《天津社会科学》1989年第3期。

②　刘少杰：《中国社会学的发端与扩展》，"序"，中国人民大学出版社2007年版，第1—17页。

力往往是和综合国力的全球影响力相伴随的。[①] 伴随着中国的崛起以及在国际社会日益强大的影响力，中国社会学界理论自觉意识的觉醒，"言必称欧洲"、"言必称美国"的局面将会得到彻底改变，在与西方理论的对话中将自然而然地"言必称自己"，这样方能更好地促进中国社会学理论的自信与自强。

本土性是学术发展的客观要求，也是学术科学化的必然之路。本土化的实质就是自觉地运用社会学的理论和方法来研究中国社会现实和社会问题，通过这种穿透经验表象的研究，进而科学地描述和解释中国的社会现实。[②] 社会学的中国化必须记取"闭门造车"的教训，坚持在对所有人类社会生活了解和把握这个大前提下展开本土化努力，重新整理那些根据欧美思想和资料所建立的社会学理论，深入挖掘中国传统社会学思想的精髓与精华，广泛地动员和凝聚一批优秀的学人，在开放且开明的研究平台上共同参与有组织的讨论和交流，为中国社会学学派的新生创设条件。"社会学的本土化应当是在于培养社会学者的批判能力与意愿，而有能力于西方知识传统之外，提供另外的途径，以俾发挥社会学对人类文明有更多、更宽广的体认空间。"[③] 在毫无批判之思想准备的情形下，接受和传播西方的社会理念是一件相当危险的启蒙工作，它往往不可避免地重蹈西方社会的旧辙。

当中国社会学面对中国经验以及中国道路时，必须要考虑中国传统文化的延续性。中国经验或者中国道路的学术意义在于中国一直没有间断的历史事实。作为自立于世界民族之林的现代民族国家，中国经过长期艰苦卓绝的奋斗和上下齐心的建设，争得了民族独立，现正在经济、政治、社会、文化、生态五位一体的国家建设中奋勇前行。同时，中国也是一个具有文化多样性的社会，存有着一段延绵不已的历史，千百年的发展见证了多民族文化的共处、共存、共生、共进、共荣，形成了"多元一体、和而不同"的文化和民族共同体。中国道路的学术意义还在于它自身的阐释维度和解释力度，既指向自己，也能被用来观察世界。作为方法的

① 郑杭生、黄家亮：《"中国故事"期待学术话语支撑——以中国社会学为例》，《人民论坛政论双周刊》2012 年 4 月 23 日。

② 郑杭生、江立华主编：《中国社会思想史新编》，中国人民大学出版社 2010 年版，第 3 页。

③ 叶启政：《社会理论的本土化建构》，北京大学出版社 2006 年版，第 26 页。

"中国"，就是说我们可以从"中国道路"的视野去看待整个世界。当用"西方"视野去看世界的时候，世界是一个样子，而当用"中国道路"去看世界的时候，世界便会呈现出另一个样子。① 中国气派社会学理论正是把握了"中国道路"或"中国经验"这一当下争议颇多的领域，从社会学的视野出发，总结出"中国经验"的本质内容是新型社会主义的不断成长壮大，"中国经验"的实际轨迹是从初级发展到科学发展的进程，"中国经验"的推进形式是自上而下和自下而上共同探索，"中国经验"的实现途径是体制转轨与结构转型齐头并进，"中国经验"的前景展望是对人类困境与特殊挑战的双重应对。② 对于中国经验或道路的研究照搬西方理论和方法是不行的，尽管理论和方法都有共同性和特殊性。要建立一套能够了解和解释中国社会的研究方法，就必须将调查研究的理论假设、测量工具、收集资料的方式和艺术以及对资料进行分析和解释的方法，同中国的社会实际和研究实践结合起来加以发挥和创造。

"在中国社会历史的演进更替中，王朝的衰落为共和政治体制的合法性提供了前提，但王朝时代的认同和制度建设的要素也被组织到了共和时代的认同和制度结构之中。从城市印刷文化的大规模发展，到战争时代城市力量向乡村的渗透和扩展，民族认同的形成经历了由上至下和由下至上的曲折过程。资本主义及其创造的世界关系既是新型国家认同和主权形式的最为重要的动力，也是导致民族认同和主权形式发生危机和转化的最为重要的动力。"③ 在 20 世纪民族认同和主权形式发生危机和转化的历史进程中，中国革命及其意识形态的变革转化了传统的认同形式，创造了新的政治社会结构以及认同形式，重构了国家的主权形态，并且为各种各样的政治立场和取向提供了基本的历史前提。但是，伴随着苏东剧变以及中国改革开放和其他地区发生的历史性变化，殖民主义、帝国主义和民族主权等概念逐渐被发展主义的框架所替代，进而被整合或吸收到全球化这个通行的术语之中。当全球化冲击了"民族—国家"观念，民族认同受到全

---

① 黄平：《"中国道路"的学术意义》，《中国社会科学报》2009 年 8 月 21 日。

② 郑杭生：《社会学视野下的"中国经验"》，《郑杭生社会学学术历程之四 中国特色社会学理论的深化（上、下卷）"实践结构论"的提出与"理论自觉"的轨迹》，中国人民大学出版社 2010 年版，第 733 页。

③ 汪晖：《现代中国思想的兴起》，生活·读书·新知三联书店 2008 年版，第 100—101 页。

球化的挑战，文化多元性受到冲击，面对全球化背景下的文化冲突，如何与全球化共生，又如何对话全球化，如何应对世界性"人类困境"，这同样是中国气派社会学理论在当代的建构必然面对的挑战。对于这些挑战的回答，是与西方社会学界最为有力地反思与对话。正如郑杭生先生所述："中国特色社会学的提法，既非常尊重自己的丰富多彩的社会现实、源远流长的学术传统，也非常尊重欧美社会学对世界社会学所做出的贡献；中国特色社会学的提法，所不赞成的只是社会学中存在的欧洲中心主义和美国中心主义，当然这种提法更是与'学术排外'、'学术上的闭关自守'风马牛不相及。"[①]

　　中国社会学在走过了移植、复制、加工等备受质疑的艰辛之后，以一种积极乐观、昂扬向上的姿态进行了自主地探索，现已融入到了社会学的世界性体系。在社会学世界格局中，尽管欧美社会学在学术资源、学科话语和知识积累等方面拥有优势、居于主流，但是，中国社会学强烈的进行对话和交流的意愿与行动，改变了社会学原有的单一和僵硬模式，获得了异彩纷繁、形式多样的发展，不同社会学之间有了彼此包容、相互传承。在中西、强弱、主流与非主流等现行体系的相互建构中，社会学体系的内在结构要素及其实践机制得以重塑，这种重塑预设了社会学的动态发展过程，这种发展提供了现行社会学世界体系重构的可能，也为中国气派社会学理论的建构以及中国气派社会学的发展提供了空间和动力。

---

　　① 郑杭生：《马克思主义与社会学》，《理论学刊》2003 年第 6 期。

第四章

批判之维：中国气派社会学理论的关键议题

　　社会学一直是与一种有力的、批判的自由主义共生共荣的。只有经得起各种理论思潮和社会力量不断批判的理论才是"真理论"，只有敢于在现实批判中总结反思的理论才具有真正的生命力。任何学术必然要经过无数的批判与争鸣才能得以历练与沉淀，中国气派社会学理论同样经历了批判与反批判的论战和较量，方建构起自己的理论大厦。科塞曾指出："要讨论地位和身份问题就不能不阐明一个特定的思想家所面对的阅听人是些什么样的人，不论这些人是不是他有意选择的。一些知识分子的社会作用是通过阅听人的赞成或反对得到体现的。"① 实际上，研究一种社会学理论探索所做出的贡献，自然需要研究持赞成或反对意见的那些人或者那些理论。同时，还需要考察这种理论赞成或反对过哪些人或者哪些理论，批判的锋芒与反批判的锐盾发生过多少争鸣与论战。林南先生曾指出："不更进一步探讨社会学中国化的途径，那么整个学科就可能走向清谈的道路。批判必须引导出建设性的步骤，才能使这一学科生根、壮大。我们目前最需要是如何接受这个挑战，对社会学中国化提出具体的方向和议程……强调从中国社会文化特征与民族性中建立理论，我认为这才是社会学中国化的主要动机与努力方向。"② 林南先生的持论与郑杭生先生强调的"建设性反思批判精神"具有内在的逻辑一致性。中西方文化之间的区分乃至中国社会内部的社会分隔，都有可能影响到中国社会学研究的知识客观性，因此，基于批判路径之上的社会学视角是理解当代中国社会现

---

① ［美］刘易斯·A. 科塞：《社会思想名家》，石人译，上海人民出版社 2007 年版，第 12 页。

② ［美］林南：《社会学中国化的下一步》，《社会学研究》1986 年第 1 期。

实的有效方式之一。

中国气派社会学理论的建构总是在理论与实践、理论与现实的两维中不断地反思批判，既反思批判社会学理论二元分裂乃至对立的传统，也对人类自身活动和社会生活未能弥合的现实社会生活展开批判与反思。中国气派社会学理论的批判直指建设性反思批判，将批判的要旨指向建设性反思。每一次批判都指向理论的一次自觉，每一个理论的建构都是对原有理论的批判和反思。对研究对象的批判建构了社会运行论的基础，对转型的批判建构了社会转型与转型社会的基本转型论，对学科规范以及学科价值取向的批判建构了社会学知识与本土社会学的中国特质，对个人与社会关系这一亘古命题的批判建立起互构论的理论大厦，对传统与现代的重新审视建构了两维视角和双侧分析，在社会历史纵向的延展中建构起理论逻辑上左右相依的横向结构。

第一节　个人与社会的关系问题

"无论是否喜欢，抑或是否认识到，社会学家都要根据预先假设来组织自己的研究，社会学依赖这些假设，并随着这些假设的变化而变化。要探讨社会学的特点，要了解社会学是什么，就要求我们辨认那更深一层的关于个人与社会关系的假设。"① 这是古德纳对社会学中个人与社会关系问题的基本态度和看法。社会学伊始，社会学家在共同的话语场内关注着诸如"社会何以可能"、"社会秩序何以持续"等共同的话题，这些话题的要旨明确指向社会学的基本问题或核心议题——"个人与社会的关系"。从哲学传统中脱胎的社会学一开始就在"个人"与"社会"的纠结中蹒跚前行。

一　"个人"的言说与社会的"叙事"

"个人"是"人"的独特生活实践经历的产物，"个人"是作为类本质的"人"发展而来的。"人的本质不是单个人所固有的抽象物，在其现

---

① Gouldner W. *The Coming Crisis of Western Sociology.* New York：Basic Books，1970：5. 转引自戴洁：《论社会学中的一般性理论》，《中南民族大学学报》（人文社会科学版）2011 年第 4 期。

实性上，它是一切社会关系的总和。"① 任何的个人都是"个体"，但并非任何个体都是"个人"，个人是个体的一种样式。作为社会学的个人，既是具有自然生物性的个体，也是具有社会人文性的个体。

  "个人"是人类社会的基本组构单元，也可以看成是人类社会一切信息、现象的元出发点和终端。就此而言，在社会学中，"个人"这一概念既具有认识论的意义，也具有本体论的意义。②

  社会唯名论强调真正存在的只有个人，社会仅仅是代表许许多多个人的名称，而非实体，社会学的研究对象是个人。"个人及其行动是基本单位，是社会的'原子'……个人也是有意义的行为的唯一载体……对于社会学，'国家'、'团体'等概念标志着某种类型的人们之间的相互作用。"③ 社会学研究的是一个有意义的世界，要想把握社会的本质，就要去理解人们在社会行动中所承载的主观意义。个体的行动及行动中的个体赋予其行动以动机和意义，通过行动的展开，表达出理性的力量并凸显个体的主体性。个体既是具有理解力和创造力的主体，也是认识世界并改造世界的主体，而不再是社会世界任意摆布的对象或者附属品，个体在不断地感觉着、思考着、行动着并控制着影响其社会生活的条件。个体的行为不管是出于主动还是被动，都必须赋予自己和他人的行为以意义，主体之间通过言语等生命符号展开的互动，以及不同主体之间的争论或争辩在某种程度上达成的共识，促成了社会世界意义的持续，而社会学理所当然的任务就是去洞察和理解这种意义，这种意义的背后隐藏和遮蔽的是有序而可能的规模化制度化的社会安排。

  "人"及其主体性就像是一种生命过程，经历了获得、成长，并不断丰满和完善。对此我们可以做这样的概括和描述：从自然个体发

---

  ① 《马克思恩格斯选集》第 1 卷，人民出版社 1995 年版，第 56 页。

  ② 郑杭生、杨敏：《社会互构论：世界眼光下的中国特色社会学理论的新探索——当代中国"个人与社会关系研究"》，中国人民大学出版社 2010 年版，第 210 页。

  ③ ［德］马克斯·韦伯：《经济与社会》，林荣远译，商务印书馆 2004 年版，第 47 页。转引自戴洁《论社会学中的一般性理论》，《中南民族大学学报》（人文社会科学版）2011 年第 4 期。

展成为社会个体，使人的主体性未来发展获得了最初的基础，是这一总体过程的第一个阶段；早期工业化和现代性造就的社会生活集体化阶段，凸显了个人的个性化发展问题，是这一过程的第二个阶段；当代社会生活变迁使个人的完整性、独立性和独特性充分显示出来时，个人化成为当今个人的一种时代性特征，这是人的主体性发展的第三个阶段。①

"人"的生命展开历经落地、成长、完善、成熟、定型、衰落这样一种过程历练，逐渐从自然个体发展成为社会个体，主体性逐渐得以确立并彰显，逐渐卷入的现代性生活造就了个人的独立性和完整性，个人化业已成为当今个体化社会个人的时代表征。现代性是"人"的里程碑，是"个人"崛起的时代，随现代性而生的"个人"成为现代性的一个"谜底"②。"个人"是个人化过程的结果，个人经历了社会化之后，成为角色化、功能化、手段化、目的化的理性人和经济人，却失去了自己作为人的价值和意义，这样的现代人是没有未来的。③ 个人与社会是人类生活共同体自身意义关联的双重主体，社会生活世界总是在不确定的状态下，通过个人与社会的相互建构获得某种相对确定的意义。

社会唯实论认为社会是由个人组成的客观存在物，完全独立于个体存在，社会理所当然是社会学的研究对象。社会是由现实表现出的联系形成具有自身特点的系统，既在时间上又在空间上无限超越了个人，并能够强加给个人以权威认可的行为和方式进行思考，"某个社会事实的决定性的原因应该从先于它的社会事实中去探求，而不是到个人意识的状态中去探求"④。人们所处的社会世界是预先给定的并且制约着个体，社会是自成一体的实在，具有一定的真实性，这种真实性完全存在于社会自身之中，社会实在的内容就是社会事实。不管是功能论还是冲突论，都强调社会结构对于个人并对个人起支配和决定作用的优先性，理论展开的逻辑不管是社会秩序还是社会变迁都隐含着相同的假设，即社会整体优先于个人。社

① 郑杭生、杨敏：《社会互构论：世界眼光下的中国特色社会学理论的新探索——当代中国"个人与社会关系研究"》，中国人民大学出版社 2010 年版，第 352—353 页。

② 同上书，第 206 页。

③ 同上书，第 210 页。

④ 迪尔凯姆：《社会学方法的准则》，狄玉明译，商务印书馆 1995 年版，第 125 页。

会结构是由个人构成但又独立于个人的社会事实，是人们经验感受下潜在于表象之下的社会安排，对于这些结构内在逻辑及其本质的探索是社会学家的任务之一。

　　"社会"既是社会学范畴的构成基础，也是各理论流派的基本论题。

　　"社会"是这样一个基本事实：它是人们求存活动（边界意义）的共同体即"生活共同体"，是众多个人为获取和创建满足生活需要的资源条件，而会聚在一起进行的关联性活动的整体。或者说，是一个具有特定时空界域的、众多个体成员之间的生活行动关联体。

　　（1）社会是自然界发展的高级阶段。这就是说，社会不是与自然界完全脱离的东西。

　　（2）作为自然界发展的高级阶段，社会是由以人为主体的社会人文环境和人所赖以生存和发展的社会自然环境两大部分构成的。

　　（3）在构成人类社会的两大部分中，蕴涵了三大类型的关系——人与自然、人与人、人的观念与观念之间的关系。

　　（4）社会以其自然性和人文性的统一为基本特征。

　　（5）社会特别是近代社会的变迁和发展，从来就不是纯自然的产物，而是自然的变迁和与之相应的行为主体——人——的主观能动性的发挥相结合的产物。

　　以上五点，是从自然与社会的联系与区别的研究中可以做出的结论。这五点结论，应当成为社会学研究社会的基本逻辑前提。①

社会学家总是习惯于从个人与群体之间的关系出发来界定"社会"，而将自然习惯性地排除在社会之外，甚至将其置于与社会相对立的角度，自然从未真正进入社会学的视野。中国气派社会学理论的建构否弃社会学领域将个人、社会和自然三者决然分开的学术传统，认为作为人类生存共同体的社会是由社会的自然系统与社会的人文系统交互作用而形成的总体系统，关注社会从以往原生的、自发性秩序向现代工程化秩序体系的持续

---

　　①　郑杭生、杨敏：《社会互构论：世界眼光下的中国特色社会学理论的新探索——当代中国"个人与社会关系研究"》，中国人民大学出版社 2010 年版，第 401—402 页。

性变迁，这是对"社会"进行分析的逻辑起点。

二　个人与社会关系的"新构"

不存在没有个人的社会，也不存在离开社会的个人，个人与社会同在共生不可分离。社会互构论开宗明义："个人与社会的关系是一个动态过程，这一过程构成了人类社会生活和组织模式的发展、变迁的核心内容。个人与社会关系问题是浓缩和聚焦现代社会一切重大问题的符码，是社会学理论赖以生长和发展的根基。"① 从某种意义上说，全部的社会学理论都是从不同的侧面、以各异的形式、直接地或间接地对个人与社会关系问题的反映、陈述、辨别或者阐释。个人与社会的关系问题是社会学理论构建的基础和社会学理论研究的核心，也是社会学理论与方法分裂的深层根源，所以，也是当代社会学反思和重建的源头所在。

按照马克思的历史理论来看个人与社会的关系问题，强调的是人创造了历史，但是人创造历史势必是在已有的、既定的、继承的条件下的创造，而不是随心所欲地创造。当一种新的社会形式在行动者的日常生活实践中被发现或被创造出来的时候，它就打开了通向未来的诸多可能领域，过去的社会形式将被重新生产或加工，过去的遗产积累和现实的生活将被重新开启。超越"个人"和"社会"传统的二元对立，就必须要站在历史的高度认识现实社会生活实践中行动和结构的协商对话，这种对话是在社会性的个体和个体组成的社会之间进行，而不是在非社会性的个体和非个体性的社会之间进行。

社会系统的结构特性是系统的行动者及其活动的统一，这种统一体现在行动的生产和再生产之中，系统结构既是行动者进行活动的条件也是其结果，行动者总是以言语或其他方式认识并理解自己行动的环境以及他人所处的环境。这种结构的二元性在强调个体的行动受到已有社会结构的支持和限制的同时，也强调个体之间的互动调适逐渐发展出了新的结构和制度安排。正是在不断地实践和反思的过程中，个人与社会之间的交互作用、彼此建塑成为当代社会生活的普遍性趋势，社会主体行动过程的主导性机制促成了现实社会交往和社会关系中的各种实质性效应。

---

① 郑杭生、杨敏：《社会互构论：世界眼光下的中国特色社会学理论的新探索——当代中国"个人与社会关系研究"》，中国人民大学出版社 2010 年版，第 1—2 页。

伴随着现代性的成熟和扩展过程，个人与社会的关系经历了紧张、分裂、对立乃至冲突，个人与社会的关系问题在社会学记忆中历久弥新。个人是社会的终极单元，社会则是个人的存在方式，个人与社会表现出人类生活共同体相互关联的双重意义。社会互构论承认个人与社会的对立，认为个人与社会既有相互适应、协调和整合的一面，也有相互矛盾、对立和冲突的一面，个人与社会不再是二重性基础上循环往复的相互建构，而是互构与共变成为个人与社会关系的基本形式。社会互构论在探讨社会秩序以及社会变迁的关联性基础上，强调互构主体多元性、时空多维性、内容二重性的具体同一，社会关系主体在互构过程中具有共时性和共变性的基本特征，互构是社会关系主体之间的相互建塑与型构，社会互构论以个人与社会的和谐和双赢作为最终的价值取向，和谐与双赢成为解决个人与社会内在紧张关系的现实选择。

第二节　传统与现代的碰撞

社会是一种持续存在，处于一种由过去到未来的不断运动中，现代社会总是处于一种已经发生的和将要发生的二者间的过渡阶段，既有过去的影响、残留和痕迹，又有走向未来的萌芽和可能，社会预期过去的联系内在于社会的本性中，而社会现在与过去之间的这种联系，恰恰成为传统的基础。中国社会几千年的繁荣发展和长期稳定，依靠的不是概念化和逻辑化的法律原则，而是经验和传统中传承下来的礼俗秩序。当中国社会的演进遭遇由西方开启的前所未有的现代性进程时，在传统与现代之间徘徊良久，应社会历史变迁和社会结构变动而兴的中国社会学一直在传统与现代的碰撞中蹒跚前行，在传统社会向现代社会的迈进中，对于传统与现代以及相互关系的理解与思考一直是中国社会学者关注的核心范畴。

传统和现代这两者除了有相互矛盾、相互对立的一面，事实上还有相互依存、相互吸收的一面。就中国社会来说，尽管传统因素实际上还在这样那样地起着主导作用，但是现代因素也显现在社会生活的各个方面，早就不是那种典型的传统社会了，而且，分别看来，纯粹传统的东西也很难找到，总是多多少少，程度不同地带有一些现代特点，可以说是你中有我，我中有你；同时，传统因素不仅可以转化为现代因素，而且如果方针和做法正确，还可以成为促进现代化的深层因素。即使将来现代因素实际上起主导作用了，传统因素也仍然会以不同的方式在社会生活各个方面存在，成为现代生活中的一个不可缺少的部分，那时，也不可能是纯粹的现代社会。所以，我们并不把传统看作包袱，而是看作一种可资利用的资源，就看善于不善于利用。所以，我写过文章，提倡"弘扬传统，服务现代"。①

一　历史视野中的"传统"

"说到传统，过去与现在之间的联系一定是更紧密更密切。它必定包括过去在现在中的持续存在，而不仅仅是指现在源于过去这一事实。"② "传统"在最直接最基本的意义上意味着遗产，是那些真正从过去留存下来的东西，是从过去传递或流传到现在的一切东西。在广义上，传统是来源于过去的物质和观念的总和；在狭义上，传统只是被特别限定的某些遗产的片段，即那些不仅仍然存留于现在，并且和现在保留着强烈密切关系的东西。传统是由人类创造出来的，"并不是独立地自我再生产或自我表现的。只有活生生的、有认知性和欲望的人类才能制定、重新制定并改变他们"③。

1. 动态的传统：本体论意义与方法论意义的统一

提到传统，让人总不由自主地与过去联系在一起，因为传统总是源于过去。那么，是不是传统就等于过去呢？很显然，传统并不直接等于过去。传统是经过人类历史几千年的沉淀，被现代人从过去之中精心挑选出来的，留存在现代人生活记忆中的那部分过去。同时，正是现代人对留存的这些过去进行反复的实践和应用，他们又获得了传统的意义，并且随着社会实践的推进，被现代人不断地"重构"并产生新的传统。传统是"活着的"过去，而且是"活到"现在的那部分过去，更为持久的社会运行趋势总是镶嵌其中。相对于"现代"，"传统"总是彰显出最为真实的意义所在，传统是现代一种自然而然的"发明"，是某种程度上现代的另

---

① 郑杭生：《郑杭生自选集》，学习出版社 2013 年版，第 144 页。也见郑杭生《中国社会学百年轨迹》，《东南学术》1999 年第 5 期。

② ［波］彼得·什托姆普卡：《社会变迁的社会学》，林聚任等译，北京大学出版社 2011 年版，第 59—68 页。

③ Shills, Edward, *tradition*. 1981, pp. 14 – 15. Chicago: University of Chicago Press.

类表达方式，也是现代最贴近真实的印证。①

传统一直存在着两种可能的诞生及延续方式，一种是通过产生机制自发的、意向性的、逐步积累的自下而上形成的，它更多地发现或重现过去存在的某些东西；一种是通过强加机制引入公众视野，自上而下强力推行形成的。传统就是那些源于过去而被人们赋予特殊意义的物体和观念的集合，并经常处于变化当中。当人们把遗产的某些片段界定为传统时，它们就会在某一时刻出现，当人们尤为看重某些传统片段时，它们就会被修改，当它们持续存在一段时间，人们试图抛弃某些东西，拒绝某些观念时，它们就会消失。传统总是在长期衰落之后出现可能的复现或复兴，传统动态的变迁实现了本体论与方法论的统一。

作为人类实践活动所创造的物质和精神财富之结晶的传统，在本体论意义上主要体现为"世代相传的文化"，这种文化在社会的动态变迁中表现着自己的承传和延续。在方法论意义上主要体现为"被现代发明的文化"②，在"传统—现代"的固有二分框架中，传统的意义总是因为现代的相对性而得以存在并区分，因为现代性的不可遏制、川流不息、灵动活跃，与现代相关联的传统总是呈现出动态性变异和革新。尽管本体论意义上的"传统"强调历史发展中的延续和继承，方法论意义上的"传统"强调动态变迁中的变化和革新，但是，传统始终体现着古往今来人类文化的连续性与一脉相承，文化的世代相传和延续形成了传统。同时，传统的承传光大总是与不断成长的现代性相互借鉴、相互考验、相互促进、相互熔铸。传统总是经过对世代相传的文化取其精华，在与现代性的交流互见中去其糟粕，方实现了扬弃式的革新变化和借鉴式的承传延续，也推进了现代性的成长。③

2. "大传统"与"小传统"的转化

"大传统"（great tradition）与"小传统"（little tradition）的概念是美国人类学家雷德菲尔德（Robert Redfield）在《农民社会与文化》（1956）一书中首先提出的。雷德菲尔德长期致力于对墨西哥南部尤卡坦

---

① 以上理解均参见郑杭生《论"传统"的现代性变迁——一种社会学视野》，《学习与实践》2012 年第 1 期。

② 郑杭生：《论"传统"的现代性变迁——一种社会学视野》，《学习与实践》2012 年第 1 期。

③ 同上。

的农村社区的考察研究，他运用这对概念范畴主要用来指称文明社会的两个方面，一方面是被视为文化传统的、被社会精英所掌握的有文字记载的都市文明；另一方面是保持有大量口传的、非正式记载的文化内涵的乡村地方性社区文化。都市文明和地方性的社区文化都是文明社会的两种传统，两者相互作用、相互影响、相互补充。一般而言，整个文化的规范性要素一般由"大传统"来提供，它促成整个社会文明的价值内核和意涵，在文明社会中占据绝对优势。而"小传统"更多的是简单地接受"大传统"解释并创造的文化模式。我国学者习惯于与地方性社区的"小传统"相对应来界定某种具有优势文明的"大传统"，"大传统"即使被别的文化所冲击，但文化的代代相传却不易所打断。不管是考察文化形态的数量，还是考察文化形态的质量，"大传统"的文化系统总是彰显着一种成熟、稳定、恢宏的气势。①

关于"大传统"和"小传统"这对范畴的延伸讨论在社会学方面主要集中在精英书面文化与民间口传文化方面。吉登斯在有关现代性思想的讨论中，强调在民族国家不断成长走向极盛的同时，地方社区的人民也不断地从地方性制约中解放出来，直接面对国家的全民性规范以及意识形态的影响和制约。② 他认为，"大传统"是建立在书面文本基础上的、合理化的传统，往往通过民族国家的规范、意识形态或者宗教等形式表现出来，而"小传统"则存在于地方社区中，通常以巫术、日常生活的惯例以及当地的其他习惯形式表现出来。这些"小传统"与"伟大传统"总是存在着或大或小的矛盾乃至冲突。实际上，社会学中大量的题材和研究都涉及"大传统"和"小传统"的讨论，譬如，宏大叙事与小叙事、系统与生活世界、专家系统与常人知识、国家与市民社会、社会与共同体、法理社会与礼俗社会、都市社会与乡土社会、精英文化与大众文化，等等。在社会学意义上，传统既是社会记忆的集结点和文化源泉，也是民族社会的智慧库存，还是民族国家记忆的集体档案。"传统是认同的一种载体。无论这种认同是个人的还是集体的，认同就意味着意义。"③ 传统将

---

① 黄平等：《当代西方社会学、人类学新词典》，吉林人民出版社 2003 年版，第 17 页。

② ［英］安东尼·吉登斯：《民族—国家与暴力》，胡宗泽等译，生活·读书·新知三联书店 1998 年版，第 12 页。

③ ［英］安东尼·吉登斯：《为社会学辩护》，周红云等译，社会科学文献出版社 2003 年版，第 35 页。

我们与过去和未来链接，传统运用强大的资源、观念和物质的储备库，为人们的行动提供指南，为集体提供有说服力的身份符号，为已有的生活方式、制度、信条及道德准则提供合法性，并在此基础上达成共识，铸造社会整合以及社会认同的价值基础。

传统总是带有一定的普遍性和地方性意义，总是在与特定人类族群及其生存环境进行无数次的交锋和对话，在历经了社会实践的检验与淘汰之后，最终凝炼为具有丰富样态的社会程式，这些程式对社会生产生活实践反过来产生着深远的影响，并在这种影响中，传统又一次次获得新生。针对部分学者强调国家的同质性，模糊多样的地方性文化分野，现代化进程中"大传统"必然取代"小传统"的观点，郑杭生先生明确指出："'大传统'尽管重要，但它不是凭空产生的，'大传统'是从不同的'小传统'中反复过滤、提纯而转化形成的。已经形成的'大传统'也必须回到各种'小传统'中去，而且由于它源于'小传统'，也能够以不同方式回到'小传统'中去，或通过家庭教育，或通过学校教育，或通过社会教育，特别是电视等大众媒体，使'大传统'潜移默化地渗透到'小传统'中去，为'小传统'所接受、所认可，并在不同程度上影响改变'小传统'，甚至内化为'小传统'的核心部分，从而形成和培育社会共同性。可以说，不能有效影响、转化甚至内化成为'小传统'的'大传统'是软弱无力的。"[1] 并同时强调文化价值观的传统成分对于构建社会共同性有着特殊的意义。

二　历史视野中的"现代"

1. 现代、现代性与现代化

相比较于"现代性"、"现代主义"和"现代化"等概念，"现代"可以看作是一个更为普遍和一般的概念术语，"现代性"可界定为"现代时期"或"现代状况"，"现代主义"可界定为一种社会思潮或文化运动，"现代化"可界定为实现"现代性"的一种过程。[2] 社会学兴起于19世纪的特定历史时期，它试图去解释和理解席卷西方国家从传统社会到一个现

---

① 郑杭生：《论社会建设与"软实力"的培育——一种"大传统"和"小传统"的社会学视野》，《社会科学战线》2008 年第 10 期。

② 谢立中：《"现代性"及其相关概念词义辨析》，《北京大学学报》（哲学社会科学版）2001 年第 5 期。

代的、都市的、工业的、民主的社会秩序这个重大转变，从那时起，关注现代社会就成为社会学研究和理论的关注焦点，社会学也成了现代性的一种科学自觉形式。"现代现象是人类有'史'以来在社会的政治—经济制度、知识理念体系和个体—群体心性结构及其相应的文化制度方面发生的全方位秩序转型……从现代现象的结构层面看，现代事件发生于上诉三个相互关联、又有所区别的结构性位置。我用三个不同的术语来指称它们：现代化题域——政治经济制度的转型；现代主义题域——知识和感受之理念体系的变调和重构；现代性题域——个体—群体心性结构及其文化制度之质态和形态变化。"①

考察社会学的发展历史，现代性应该被理解为 17 世纪断裂后的社会特性。用吉登斯的话说，社会学起源于现代性的来临，即社会学起源于传统社会的分崩离析以及现代社会新生巩固发展的漫长过程中。什么是"传统"与什么是"现代"这个旷日持久的争论由来已久。工业主义的到来，致使数以百万的人从农村迁移到了城市，生活方式发生了彻底的转变，特别是政治民主化的发展以及其他制度性变迁，揭开了新旧世界之间若隐若现的神秘面纱，传统与现代之间形成了较为鲜明的对比。伴随着宗教的逐渐衰微，世俗的文化随之而兴，传统的社会秩序随之衰落，与现代政治经济相匹配的社会分工越加精细，同时带来的是社会的逐渐分化，工业化的进程催促着市场经济的形成和完善，世俗的政治权力始终在追寻着合法化的路径，现代的民族国家逐步建立并获得发展，现代社会的形成总是在经济、政治、文化和社会的四维中展开自己复杂的互动过程。

"社会学作为现代性的科学自觉形式，其经典研究成果都与现代性的成功经验相关。"② 构成现代的基本要素包括相对于传统经济形态的市场经济，相对于传统政治结构模式的民族国家，相对于传统生产形式的城市和工业文明，相对于传统社会结构的市民社会，相对于传统艺术方式的现代艺术及其世界观，等等。这些要素总是被组织在一种时间性的现代叙事之中，并置于现代化这一客观的社会进程中予以解释。"在作为国家的中国叙述中，中国至少从北宋时代起即已包含了民族主义的认同模式、商业

---

① 刘小枫：《现代性社会理论绪论》，上海三联书店 1998 年版，第 3 页。
② ［波］彼得·什托姆普卡：《社会变迁的社会学》，林聚任等译，北京大学出版社 2011 年版，第 66 页。

主义的经济关系、繁荣昌盛的城市文明、高度发达的行政系统、超越社会阶层的社会流动模式、平民主义的社会文化、源远流长的科学技术传统和世俗化的儒学世界观，以及四通八达的国际交往形式——在对这些历史现象的调查和描述中，中国提供了一种平行于欧洲近代文明的现代性模式。"①

　　当我们更具历史性地去理解现代化，现代化则获得了现代性，越来越接近特定历史阶段制度上、组织上和态度上的综合体现，现代化确指一个过程，传统社会或前技术社会通过这一过程转变为以机械技术、理性、世俗态度，以及高度分化的社会结构为特征的社会。斯梅尔瑟将现代化描述为一个包含六个领域的多维转型，即经济领域表现为技术根植于科学知识，由自给农业向商品农业转变，无生命的动力和机械生产取代人力和畜力，城市扩展和劳动力集中；政治领域从部落权威到选举制、代表制、政党和民主制的转变；教育领域涉及消除文盲和日益重视知识、技能和能力的训练；宗教领域世俗化；家庭生活领域是亲属关系弱化，家庭功能分化增强；分层领域是重视社会流动和个人成就，不再强调先赋性。②

　　直到今天，现代性的浪潮仍在世界各地疾风骤雨般地行进着，且愈加推向全球范围，对这场没有终点的变革浪潮的探索，依然高高地飘扬在社会学的大旗上。不管是初创还是如今，对于现代性的批判在社会学的发展之路上都刻下了深深的印痕。沃勒斯坦以批判的眼光来审视现代性，他认为现代性表现出两种不同的状态，即"技术的现代性"和"人类自我解放的现代性"，他主张要结束"假的现代性"而开始"真正的现代性"，因为以往现代性过程注重的是技术的现代性，背离了人类解放的目标。③作为社会学概念的现代性，总是和现代化过程千丝万缕地联系在一起，现代化的展开都可以从社会历史的发展进程中找到相应的具体的指数指标，比如工业化的指数、城市化的指数、科层化的指标、市民社会的指标、民族国家的指标，等等。

　　现代性在日常生活的历史视野中促进了现代制度的重构。正如吉登斯

---

① 汪晖：《现代中国思想的兴起》，生活·读书·新知三联书店 2008 年版，第 2 页。

② Neil J. Smelser, "*Processes of social change*", in：N. j. Smelser（ed.），*Sociology*：*An Intro-duction*，pp. 747－748，New York：Wiley，1973.

③ ［美］伊曼努尔·沃勒斯坦：《自由主义的终结》，郝名玮、张凡译，社会科学文献出版社 2002 年版，第 143 页。

所强调，"社会制度不仅是行动的背景条件，而且还理所当然地进入到我们的一切行动中。同样，我们行动的构成和重构也是他人行动的制度性条件，就像他人的行动构成了我们行动的制度性条件一样。把我列举的几种不同的社会学任务结合在一起，可以看到其关键性的概念就是我常常称之为的社会生活的循环本质。当我从事日常生活的活动时，我利用了已经形成的惯例——即以一种既缄默同时又非常复杂的方式——去做。但正是这种利用惯例的过程重构了它，在一定程度上就像别人的行动和我自己的行动表现相互约束与影响一样。因此，我的行动就这样嵌入在制度扩展的结构性特征之中，并成为一种超越时空限制的构成要素"①。对于传统主义知识上的批判和否定，并不能等同于对于一个极为丰富、复杂的历史过程的简单拒绝。如果我们承认现代是建立在传统的地基之上，那么经由社会历史变迁而带来的现代性跃迁能够用后现代的知识予以恰当地描绘吗？

　　2. 从现代到后现代

　　现代性与后现代性的问题是 20 世纪 70 年代以来西方学术界所讨论的最核心的问题之一。工业革命是现代的潘多拉魔盒，这个魔盒一经打开，各种现代的妖魔鬼怪便肆无忌惮起来，资本主义、浪漫主义、工业化、战争、生态危机等，不一而足。当"二次工业革命"的浪潮席卷之后，"第三波"、"后工业社会"、"消费社会"、"信息社会"、"历史的终结"等，"后现代"的巨响震颤了整个世界，从现代到后现代似乎成了一种趋势，一场纷争势不可当。"后现代"这个词的流行应归功于 20 世纪六七十年代其在绘画、诗歌、小说、电影和建筑等文学艺术领域中的广泛运用，其后在文化和社会生活各个领域也广泛流传，逐步成为当代西方文化和社会生活中的基本概念。"后现代"字面上看是处于"现代"之后的一个时间区段，实际上是一个与"现代"概念相对应的具有时间意涵的概念。对于"后现代"的理解可以从广义和狭义两个方面来理解。广义的"后现代"主要指的是紧接在人们所经历的任何一个"当前"或"现代"时期之后的那一个时间区域，用来指称人类历史上的任何一个时间区域，并不仅仅指称人类历史演变过程中的某个特定时间区域。与人类历史演变过程中的任何一个时间区域都曾经属于"现代"一样，人类历史演变过程中

---

① ［英］安东尼·吉登斯：《社会理论与现代社会学》，文军、赵勇译，社会科学文献出版社 2003 年版，第 12 页。

的任何一个时间区域也都曾经属于"后现代"。狭义上的"后现代"特指人类历史上"现代"时期之后的时间区域。如果说 17 世纪以来我们一直处在现代时期，那么自 20 世纪 70 年代以来我们则正在进入一个新的后现代时期。后现代指的是一个社会和政治的新时代，这个新时代通常在一种历史的含义上被视为是紧随在现代时期之后，后现代的观念中包含着一个新的历史时代、新的文化产品以及一种新的有关社会世界的社会理论类型。

　　后现代主义认为建立在理性主义基础上的现代性既缺乏牢靠的理论基础又不能兑现自己的解放诺言，缺乏正当性，应该建构一种更为适当的人类文明。那么，人类社会的发展轨迹是否已经脱离现代性制度，并转向一种新的不同的社会秩序呢？后现代更为适当的人类文明一直在感召着人类的前行，但人类一直在现代与后现代的交接点上徘徊。后现代性除了强调一般意义上经历着与过去不同的一段时期之外，还包含着多种含义：既然所有过往认识论的"基础"都显得不可靠，那么我们发现没有什么东西能够被确定无疑地加以认识；"历史"并不是有目的性的，因此所有关于"进步"的看法都不能得到合理的支持；随着生态问题和更一般意义上的新社会运动重要性的日益增加，一种新的社会—政治议程逐渐形成。后现代性可以解析为脱离或超越现代性的各种维度的一系列内在转变，尽管我们还没有生活在后现代的社会氛围之中，但是我们已经能够瞥见不同于现代制度所孕育出来的生活方式和社会组织形式的屡屡微光。①同样的，中国思想对于现代的寻求本身即包含了对现代的质疑，这一现象可以被解释为一种中国现代性的自我质疑或自我否定。② 展示出多样性本身就是对现代性的反思和对所谓出路的思考。后现代思想代表着现代文化的一种极端版本，集中体现和激进化了现代那种不知疲倦、永不满足的精神。

　　韦尔施视"后现代"为当今现代性的一种特征，认为"后现代绝不是一种超现代和反现代，后现代是激进的现代，而不是后—现代"，"我们的现代是具有后现代特色的现代"③。鲍曼采取后现代主义立场，用流

――――――――

　　① ［英］安东尼·吉登斯：《现代性的后果》，田禾译，译林出版社 2011 年版，第 40— 46 页。

　　② 汪晖：《现代中国思想的兴起》，生活·读书·新知三联书店 2008 年版，第 23 页。

　　③ ［德］沃尔夫冈·韦尔施：《我们的后现代的现代》，洪天富译，商务印书馆 2004 年版，第 9 页。

动性来比喻当代现代性的特征，指出传统和旧秩序被扔进流动现代性的时代"熔炉"接受熔解的考验，并以从沉重过渡到轻快、从固态过渡到液化或流动的过程来描述现代性的现时状态。① 后现代主义是作为各种现代主义的对立面形成和发展起来的，后现代主义是众多参与者共同营造和建构出来的一种内容广泛、结构松散的思想潮流，在后现代主义"叙述策略"的直接影响下，出现了后现代主义社会学的研究模式，他们不再认为社会学研究是独立于研究者研究过程之外的那种客观社会现实的呈现或者再现，而是明确地告诉读者社会学研究只不过是一种语言游戏而已，把通过调查所得资料当作作者在一定话语体系的限制下对自身社会生活经验的一种理解和诠释，社会学家的任务在于帮助不同的理解者实现他们之间的沟通和对话，把揭示研究对象的特殊性、同一类研究对象之间在不同时间、空间、语境条件下的差异当作研究的终极目的。后现代主义在方法论上的启示推动了社会学不断地在二元的思维世界里寻求适当的联结和平衡。

三　社会学中的"传统—现代"理想类型方法

"传统—现代"理想类型的二分模式是最具社会学方法论意义的，以现代性为研究主题的社会学不管是采用历史的方式还是分析的方式，都会自觉不自觉地在"传统—现代"的两级模型中去探讨现代性的意象及其与传统社会、前现代社会的对立，通过运用各种社会研究所得到的具体经验结果来丰富这种模型。在社会学中，基于整体综合的视角对于传统社会和现代社会都有着形象各异的深刻刻画，通过这种理想类型方法的应用，我们既清晰地理解了现代的灵魂与精髓，也敏锐地捕捉到传统的内涵与特质，既准确地把握现代社会的新现象和新特征，也在对于现代社会的表征中反观映照出传统社会的整体形貌。

自社会学之父孔德始，西方社会学就已有了传统社会和工业社会不同类型的对比。孔德指出这种新社会秩序的基本特征有：劳动力集中在城市中心，组织结构以工作效率和利益为指导，科技应用于生产中，雇主雇员之间呈现出潜在或显在的对立，社会对比反差和不平等增多，经济体系建

---

① ［英］齐格蒙特·鲍曼：《流动的现代性》，欧阳景根译，上海三联书店 2002 年版，第259 页。

立在自由企业和开放竞争的基础上。孔德认为，实证社会学的关键在于理解传统军事社会和现代工业社会的对立，彻底解决由神学阶段的军事尚武型社会向实证阶段的工业科学型社会转化带来的一系列社会和道德问题。其后英国社会学家斯宾塞运用生物学基础上的类比法取代了孔德的历史逻辑，他认为社会的各种类型正如有机体的类型一样可划分为分散的不同群体，并将军事社会与工业社会的类型看作是一定社会条件下的社会组织结构和管理形式。

值得一提的是，社会学"传统—现代"理想类型模式的初步形成肇始于滕尼斯提出的"共同体"（社区）和"社会"概念。他指出"传统"型的"社区"表明人们处于一种亲密温暖的有机联合之中，而"现代"型的"社会"则以疏离冷漠的机械方式为主，正是这种理想类型的独特视角深刻地分析和反思了现代性从"社区"走向"社会"的深刻内涵。迪尔凯姆在滕尼斯相反的意义上，基于不同的社会结合程度运用"机械团结"和"有机团结"展开了自己对现代性的分析，"机械团结"植根于未分化的功能与任务的相似性，"有机团结"植根于高度分化的角色与位置的补充性、合作性与相互必需性，正是社会分工的合理有序，才把人们从传统社会无差别、同质性的组织结构中分化出来，并整合成为功能上相互依赖相互补充的有机整体，历史总是从"机械团结"向"有机团结"变动。

韦伯通过行动类型和权威类型（或支配类型）的划分进一步丰富了社会学类型方法。韦伯将行动区分为四种类型，即目的合理性行动、价值合理性行动、情感行动、传统行动，并认为情感行动和传统行动这两种非理性行动在传统社会中占主导地位，而目的合理性行动和价值合理性行动在现代社会中占主导地位，而且目的合理性行动才是绝对合理的行动，资本主义的发展就是一个逐渐展开的"合理化的过程"。最能体现在结构分析上的传统和现代两种理想类型的是韦伯关于权威类型（或支配类型）所做的分类，韦伯通过传统型、魅力型和法理型权威的划分，真正确立了"传统—现代"的社会类型分析框架，为后来社会发展和社会现代化研究视为圭臬。

帕森斯提出的"模式变项"是"二战"后用来分析传统社会与现代社会最有影响力的概念框架。在帕森斯的社会学分析中，不管是分析社会结构还是分析个人行动，传统和现代都是帕氏立论的重要根据之一。帕森斯在表述传统社会的特征时，运用到扩散性、先赋性、特殊性、公益性、情感性的行动，而在刻画现代社会的特征时，又一一对应地概括出专一性、自致性、普遍性、私利性、中立性的行动，他熟练地运用五大行动模式变项揭示了个人与社会之间的可整合性关系，细致地刻画了社会的系统分化与功能整合，深刻地揭露了社会行动现代性转变的实质，并建立起了帕氏巨型理论——"帕森斯帝国"。他并没有把这些模型看成是描述了真实的、历史的社会，而是看成真实社会所处连续体的分析点，每个维度都跟其他维度有不同程度的差异，从而产生了多元的可能图景。"传统—现代"的问题同样备受后现代社会学家的青睐，吉登斯从社会学与现代性的独特关系来理解和界定社会学，他认为，社会学的任务就是要致力于分析在现代西方诞生越来越波及全球的一系列气势恢宏的变迁，分析 20 世纪晚期以来人类所生活的这个世界新兴的特性。乌尔里希·贝克明确提出"风险社会"与"世界风险社会"理论，认为当代社会学必须要诊断和探索第二次现代化是"没落的景象"还是"成功的景象"，要思考和解读现代性成长带来的实实在在的难题，以及造成的当代社会的极大困惑。哈贝马斯也深刻反思了现代性这项"未竟的事业"。

现代性的展开过程在本质上表现为传统与现代两个基本的面相，传统构成了现代不断开拓的要素和资源，现代也在与传统的对话中彰显现代的基本特性，传统的不断开发更新与现代的拓展延伸使得现代性斩获不竭的动力。在人们最为熟悉的，以中国的马克思主义学派和美国费正清开创的"挑战—回应"模式为代表的历史叙述中，研究者基于不同的立场，将鸦片战争以来发生的变化解释为传统社会向现代社会（亦即中华帝国向民族—国家）转化的历史过程，从而将传统与现代的关系放置在一种时间性的序列之中。郑杭生等人指出："所谓方法论的，是指'传统—现代'二分法中与现代相对而得以区分和界定的作为一种类型的传统。这也是传统一词最为常见的用法。通常人们总是将不同于现代、当代的属于过往的现象或特征归为传统，并与现代相对和比较。"① 在方法论意义上，传统就是现代的前身。"传统—现代"的理想类型方法在中国气派社会学理论的建构中也得到了创造性应用。

---

① 郑杭生、费菲：《传统、理性及意识形态的多重变奏——传统观问题再探》，《河北学刊》2009 年第 6 期。

四　传统的被发明与现代的成长

"斯图加特·霍尔从四个维度对传统和现代进行了区分:一是权力是世俗的还是宗教的;二是有没有建立在货币基础之上的经济以及受自由市场制约的大规模商品生产和消费;三是传统社会中存在的固定分层被动态的社会分层所取代;四是宗教世界观的衰亡,个人工具理性的流行。"① 作为"伟大传统"的文化价值观,"可以看成是一系列前提性假定的构建,是有关终极实在、观念、制度和日常行动的原则体系,涉及信念与行动、信仰与实际、应然与实然、理想与现实、价值与实践,以及自由与秩序、自主与规制、目标与手段,等等"②。对传统的承传与延续是人类文明进步与社会文化累积的必然逻辑和社会事实,没有传统,文明与进步就失去了根基,理性及理性的批判将变得无根。作为一种文化,传统本质上是根源于人类为适应环境和满足自身需要进行社会实践的产物,是人类文明传承和选择的结果。社会实践的发展必然带来传统的相应变迁,对于特定阶段具有特定意识形态意义之传统的批判及变革也是实现社会进步的必然要求与基本途径,传统必然要随着时代的进步接受社会的批判与文化的变革。

郑杭生、杨敏在《当代中国社会转型的实质:新型社会主义的成长》中最早论述了关于"传统与现代的关系",基于不同眼界来审视"传统"与"现代"的关系,深刻揭示出广义转型论与狭义转型论质的不同,明确指出传统与现代并不是非此即彼的二分状态,它们两者是一体相联、互为表达、彼此推进的。"实践结构论"又进一步从"传统的被发明"与"现代的成长"来看待和解释现代性过程中传统与现代的关系,揭示传统与现代的深刻蕴意。正是有了"传统的发明",也就有了"现代的成长";正是有了"现代的成长",现代性、社会转型研究也就始终会面对"传统与现代"的过渡。"传统的发明"启示了我们:只要我们仍然在现代的旅途中,"传统的发明"就不会终结,因为迈向更加现代和更新现代的过程

---

① 周宪:《文化现代性精粹读本》,中国人民大学出版社 2006 年版,第 43 页。
② 郑杭生:《论社会建设与"软实力"的培育——一种"大传统"和"小传统"的社会学视野》,《社会科学战线》2008 年第 10 期。

总会创造出属于自己的传统。① 面对中国社会历史的起承转合以及社会结构的剧变，中国气派社会学理论的探索将传统与现代置于中国社会历史的巨流和当代中国社会的现实语境中，明确而有力地提出传统的被发明和现代的成长这一命题，冷静而又睿智地回答了长久以来传统与现代决然二分的问题，辩证地对传统观予以反思性批判。

> 所谓"现代的成长"，是指社会不断从传统走向现代，走向更加现代和更新现代的变迁过程；而所谓"传统的被发明"，是指社会在从传统走向现代，走向更加现代和更新现代的变迁过程中又不断产生自己相应的传统、新传统和更新的传统。这两者合在一起，也就是现代性的基本含义：所谓现代性，就是"现代的成长"与"传统的（被）发明"的有机统一。这意味着，只要现代是成长的，就会有相应的传统被发明出来，反之，只要有相应的传统被发明，就表明现代是不断成长的。传统与现代这两者密不可分的关系，既"非此即彼"又"亦此亦彼"的关系，使得广义转型论成为了社会学的一个不老的论题。②

"五论"中将社会不断从传统走向现代，走向更加现代和更新现代的变迁过程称为"现代的成长"，将社会从传统走向现代，走向更加现代和更新现代的变迁过程中不断产生自己相应的传统、新传统和更新的传统称为"传统的被发明"，"现代的成长"与"传统的（被）发明"共同建构了现代性的基本含义，拓延了广义转型论的基本特质。"传统从来就是一种现实的力量，它既记录在历代典籍当中，也活在人们的观念、习俗与行为方式之中，并直接影响着各项制度的实际运作过程，不管这些制度是用什么样的现代名称。"③ 霍布斯鲍姆等曾指出，"传统"与现实的实践总是表现为反向相关的，传统往往被安排在具有重大历史意义的过去之中，并且在现代的社会生活中被不断地"发明"，这些"被发明的"的传统总是

---

① 杨敏：《中国社会学理论研究 30 年》，《中国社会科学辑刊》（总第 25 期），复旦大学出版社 2008 年版。

② 郑杭生：《论现代的成长和传统的被发明》，《天津社会科学》2008 年第 3 期。

③ 曹锦清：《黄河边的中国——一个学者对乡村社会的观察与思考》（增补本），上海文艺出版社 2013 年版，第 2 页。

与历史意义重大的过去存在着联系，只不过是与过去的这种连续性被打上人为的色彩，不光参照旧的形式来回应新的形势，而且通过强制性的重复来表征自己的过去。① 因此，现代人在对于"传统"与自己"发明传统"以及"现代"与"弘扬现代"的认识一直在路上，他们总是自觉不自觉地运用社会历史来生产或再生产出社会行动的合法性依据。对于"传统—现代"的理解与把握，需要进行跨时空以及跨文化的观察与诠释，还需要展开社会文化变迁的知识再造和文化再造，通过现代的成长来再造传统和理解"再造的传统"，因传统的"温故"而实现现代的"知新"②。

"传统的发明"和"现代的成长"展现的是中国气派社会学理论建构的一种学术智慧，中国气派社会学理论的建构必须要守持传统与现代的两端，因为有了"现代"而发现了"传统"，也正是因为"现代"，才赋予了"传统"以真正的意义，通过"现代"的成长，"传统"自身规定的意义才被不断地发明，"传统"既可以是对"现代"更为细致的描述和表达，也可以是对"现代"更为深刻的批判与反思。只要我们时刻处于现代的旅程，传统的"被发明"将不会自然终结，只有不断创造出更多属于自己的传统，我们才能更为坚定地迈向现代或者更加现代以及更新现代。③ 现代社会既保留着传统社会的部分特质，又呈现出与现代性发展相适应的新要素。随着传统内生性特质在现代社会发展过程中的逐步解体，需要多元力量通过多元途径重新构造现代社会的新秩序，通过内源与外源动力的聚合进而形成现代社会的聚合力。

第三节　社会转型与转型社会

社会转型和转型社会已经是被学术界甚至社会大众都普遍接受并自觉使用的一对概念，但在这个概念从提出到接受的过程，存在着激烈的争论甚至争吵。"'社会转型'是一个有特定含义的社会学术语，意指社会从传统型向现代型的转变，或者说，由传统型社会向现代型社会转型的过程，说详细一点，就是从农业的、乡村的、封闭的半封闭的传统型社会，

---

① ［英］霍布斯鲍姆、兰格：《传统的发明》，顾杭、庞冠群译，译林出版社2004年版，第2、4页。

② 庄孔绍等：《时空穿行：中国乡村人类学世纪回访》，中国人民大学出版社2004年版。

③ 郑杭生：《现代性过程中的传统和现代》，《学术研究》2007年第11期。

向工业的、城镇的、开放的现代型社会的转型。当我们说'社会转型'时，着重强调的是社会结构的转型。在这个意义上，'社会转型'和'社会现代化'是重合的，几乎是同义的。"① "转型"是对当下中国国情最为基本和最为真实的描述之一，当前中国的各种各类社会现象都带有转型的特点，社会成员以及社会成员的行动也都受到转型的影响，"中国社会现正处在由传统型社会向现代型社会转型的过程之中"，这是社会转型论的基本立论。中国的社会转型可以说源起于 1840 年鸦片战争，那时中国选择了资本主义的现代化道路和模式，试图改变半殖民地半封建社会的面貌，可是未能改变被侵略、被掠夺的局面，直到在俄国十月革命的影响下向社会主义社会找出路。1949 年新中国的成立，高度集中的计划经济体制下的社会主义模式并未带给中国长足的发展和进步，致使中国探求有自己特色的社会主义道路和模式。自 1978 年以来，在改革开放的大环境下中国进入快速转型期，社会转型的速度大大加快，社会转型的覆盖面逐渐加宽，各个部门、各个地区、各个领域都无不涉及，社会生活的深层转型也史无前例，同时，转型也碰到了前所未有的难度，尤其是利益关系的深层调整难度极大。郑杭生先生认为"中国社会的社会转型加速期，将延续到 21 世纪的 10 年代至 30 年代，这是社会学大有作为的时期，是社会学学科地位进一步提高的时期"②。

一　社会转型的理论分歧与对话

对于社会变迁的理解，大体上表现出两种基本的取向，一种是一般意义上常规性的变迁，并不具有文明转折的意涵。这种变迁随时随地、每日每时都在历史舞台上普遍上演着。另一种是带有文明转折意涵的社会变迁，这种变迁在历史上并不多见。今天中国社会所经历的社会转型过程就是一种带有文明转折意涵的社会变迁，这种社会变迁为社会科学发展提供了源源不断、异彩纷呈的学术资源。借用库恩的话来讲，可能会带来社会科学范式的革命。

"社会转型"有广义和狭义的区分，广义的社会转型，可以泛指任何

---

① 郑杭生：《"关于'社会转型'一词"》，《郑杭生自选集》，学习出版社 2013 年版，第 117 页。

② 同上书，第 118 页。

带有某种标志性社会特征变化的社会变迁；而狭义的社会转型，则往往从某个特定的角度、特定的社会内容来界定转型的实质①。金耀基将从传统到现代的过渡（transition）明确表述为"转型"②。1989 年，郑杭生先生就提出"转型中的中国社会"③ 这一概念，用社会转型或者社会转型加速期来说明中国社会的巨大变化。后来有学者认为，"社会转型"是发展社会学的一个新议题，转型理论有自己独特的研究内容和研究领域，它应与发展社会学的两个传统理论——"现代化理论"和"发展理论"形成三足鼎立之势④。实际上，对于社会转型问题在中国社会学界是有重大分歧的，尤其是社会转型的向度问题一直是学术界的焦点问题之一。

　　社会转型是对改革开放以来中国社会巨大变化所做的社会学概括、解释和预测，也是基于历史视野对不同于以前社会的 30 年快速发展所做的社会学描述、分析和刻画。绝大多数社会学者都认为"社会转型是社会生活和组织模式即社会实践结构不断从传统走向现代、走向更加现代和更新现代的变迁过程"⑤，但也有一些学者却认为"社会转型是指前社会主义国家（如苏东等）向资本主义转变的过程"，对于社会转型的理解在社会学意义上，表现出两种根本不同的理念分歧和观点分化。应该说这种分歧的存在是在特定的全球化时代背景下发生的，20 世纪 80 年代末 90 年代初的苏联解体、东欧剧变，全球范围的社会主义彻底跌入低潮，社会思潮和政治意识形态整体右转，"历史的终结"一度成为社会的话语时尚，这种巨变也成为自社会学产生以来百年未遇的大变局，中国社会学界在社会转型上的分歧也是在这一历史性背景之下发生的。一些西方学者分析苏联、东欧等国家的社会变化，总结其转变为"资本主义新成员"的经验，通过比较资本主义的研究，逐渐形成"布达佩斯学派"并得到学术界的承认。郑杭生等人认为在苏联、东欧剧变前后，由于外国特别是美国等西方学者加入到对于匈牙利的改革和专制的研究中来而形成的新的学术趋

---

① 李强：《中国高校哲学社会科学发展报告（1978—2008）：社会学》，广西师范大学出版社 2008 年版，第 24 页。

② 金耀基：《从传统到现代》，法律出版社 2010 年版，第 68—81 页。

③ 郑杭生：《转型中的中国社会和成熟中的中国社会学》，《中国社会学年鉴 1979—1989》，中国大百科全书出版社 1989 年版。

④ 孙立平：《社会转型：发展社会学的新议题》，《开放时代》2008 年第 2 期。

⑤ 郑杭生、杨敏：《社会实践结构性巨变对理论创新的积极作用》，《中国人民大学学报》2006 年第 6 期。

向，已远远超出了原来的以卢卡奇为代表的布达佩斯学派的范围，故而将这种新的趋势称为"新布达佩斯学派"①。"新布达佩斯学派"有人把前社会主义阵营各个国家的转型称为"第二次大转变"，其理论视野也逐渐从市场转型过程中的社会不平等和精英形成问题转向整个社会形态（后共产主义或后社会主义的资本主义社会）以及形成过程，认为这一转型是对社会学理论的一个大挑战。而中国部分学者也提出发生在 20 世纪最后 20 年的中国、苏联和东欧的社会转型为发展社会学提出了一系列新议题，这种转型为形成社会学第三个学术传统提供了契机，也为新的发展社会学理论提供了可能。②

郑杭生等人直指新布达佩斯学派中国版的理论缺陷，认为新布达佩斯学派在中国的影响实际上是在回应这种对中国成为"资本主义新成员"身份论证的国际性思潮。这种系统的学术回应，为我们理解和把握中国社会的转型提供了很好的借鉴和参考。新布达佩斯学派中国版具有继承、复制和变异的特点，新布达佩斯学派中国版是广义转型论发展过程以及中国社会转型研究中出现的增生物、畸变物、寄生物。③ 而且在涉及重大理论和方法的原则问题上，完全彻底地划开了广义转型论与新布达佩斯学派的狭义转型论的界限。广义转型论总是以开放的、宽阔的、包容的视野来看待现代性与社会转型、社会主义与资本主义的关系，进而探讨发展社会学与现代化理论在当代社会学中的关系。认为社会转型的进程总是伴随着现代性及其全球化的进程，具体表现为世界各地的本土社会生活以及组织模式和社会实践结构的不断转变过程，社会转型就是要探索总体趋势下现代性逻辑和现代性的重大具体情节在不同社会背景下真实而又现实的反应。布达佩斯学派的狭义转型论试图要重新制定一条以所谓转型社会研究和资本主义比较研究为起点的学术"起跑线"，把社会转型研究转变为被社会体制和政治意识形态所左右的论证。狭义转型论将自己局限在狭隘的历史过程和社会制度的框架中，对社会学的学术经典造成了重大误解，既不符

　　① 郑杭生、杨敏：《当代中国社会转型的实质：新型社会主义的成长——对新布达佩斯学派中国版的学术剖析》，《中国社会科学内刊》2007 年第 2 期，《郑杭生自选集》，学习出版社 2013 年版，第 571 页。

　　② 孙立平：《社会转型：发展社会学的新议题》，《社会学研究》2005 年第 1 期。

　　③ 郑杭生、杨敏：《当代中国社会转型的实质：新型社会主义的成长——对新布达佩斯学派中国版的学术剖析》，《中国社会科学内刊》2007 年第 2 期，《郑杭生自选集》，学习出版社 2013 年版，第 579—607 页。

合发展社会学的学术主旨，也不符合社会学现代化理论的学术思潮。社会转型指的是通过人类生活、组织模式以及社会实践结构从传统向现代乃至更新现代的多维推进和多元转变，并不是简单的社会制度和政治意识形态的演变。传统与现代这一社会学不老的论题，使得广义转型论蕴含了更为深刻的意蕴，也承载了更为现实的实践意涵，转型的过程也是一个"传统"不断发明和"现代"不断成长的过程。[①]

一部分学者对中国社会转型现状与趋势的认识没有坚持马克思主义的指导，对马克思主义哲学社会科学的概念、观念、观点不了解、不理解，而受到一些来自非马克思主义观点、理论的影响，或者不假思索和批判地直接照抄照搬，误读或误导了对中国转型社会的理解和认识。这种误读不仅影响了中国特色社会学话语体系在全社会的地位、影响力和积极作用的发挥，而且也影响到全社会思想观念、是非观念、道德观念乃至社会建设的具体实践。

二　转型社会的现实思考与解读

转型社会或"转型中的中国社会"都是长期以来和当下最为棘手的社会事实，需要发挥充分的社会学想象力来予以解释和解读。对于转型社会或转型中的中国社会的研究是中国社会学知识积累的社会根基，也是中国社会学者安身立命的任务和义不容辞的担当。

社会结构转型和经济体制转轨一直是转型社会研究的重要内容。一个社会中制度化、模式化、体系化了的社会地位及其相互关系被称为社会结构，社会结构转型主要指这种不同的制度化和模式化的体系从传统型向现代型的转变，而经济体制转轨指的是从高度集中的计划经济体制向市场经济体制的转换。一般来看，经济体制转轨是社会结构转型中的一部分，但并不是社会结构转型的全部内容，社会结构转型是一项贯穿整个现代化过程的长期任务，因为受到各种条件的限制和制约，社会结构转型都不可能在一个短时期内完成。在中国，社会结构的转型是一种从传统型向现代型的转变，而经济体制转轨并不是从一种传统的体制向另一种现代的体制转变，而是从一种缺乏效率的现代体制向另一种更有效率的现代体制的过

---

① 郑杭生、杨敏：《新布达佩斯学派狭义转型论的重大理论缺陷》，《红旗文稿》2008 年第 3 期。

渡。中国当前正在经历市场与规划高度融合的独特经济转型，在经济运行诸领域引入市场机制的同时，中国政府并没有放弃规划机制。计划机制广泛应用于社会主义国家，但中国当前采用的规划体系并非传统的计划工具，而是在其基础上进行创新与转型，使之更加适应以社会主义市场经济体制为核心的经济社会运行模式。五年计划已从单纯的经济计划转型为公共事务治理规划，涵盖经济社会运行的主要领域。规划与市场已成为中国公共治理体系中相辅相成的核心政策工具。①

转型中的中国社会最大的特点就是结构转型和体制转变的齐头并进，这种双重的转变既相互推动又相互制约，总是带来转型的巨大压力，压力的背后是经常性交织存在的结构冲突和体制摩擦，改革的代价和发展的难度随之增加。尤其是转型速度的加快，往往导致了中国社会结构的优化与大量问题并存，社会的进步与社会的代价共存，社会的优化与社会的弊病重叠，社会协调与社会失衡同存，充满希望与饱含痛苦相伴。转型中的中国社会所具有的两重性和极端复杂性体现在中国社会生活的各个方面，城乡之间的差距和矛盾，利益格局的维护与调整，社会关系的疏离与再造，非正式制度的批判与反思，社会控制的分散与集中，价值观念的更新与接纳，生活方式的变迁与适应，文化模式的传承与重塑，社会心态的变异与社会承受能力的培育，等等。正是与这两种转换的相伴随，中国社会快速转型 30 年所取得的成就和进步举世瞩目，但也为此付出了沉重的代价。社会各个领域在得到不同程度优化的同时，也产生了大量的社会问题，人际关系的冷漠、城乡差距的悬殊以及社会三大部门之间的局部性不协调都在不同程度地发展蔓延，非常突出的失衡现象也屡见不鲜，在 GDP 数字直线攀升的同时，数字背后的隐忧也时刻威胁着中国社会的发展。转型、发展、对立、协调、冲突、整合等一直是中国转型社会研究中始终要去思考和回答的问题，在对立和冲突中寻求协调和整合的可能以及条件，在协调和整合之中洞察对立和冲突产生的缘由并规避之，正视并研究社会转型中的对立和冲突是为了更好地促进社会的协调整合以及发展，努力深究协调和整合的条件和机制是为了更好地妥善解决社会发展中的矛盾、对立及冲突。因此，转型社会的研究，应当自觉坚持马克思主义社会学方法论的指导，这对于把握中国社会学的转型研究具有根本性意义。

---

① 胡鞍钢：《中国独特的五年计划转型》，《开放时代》2013 年第 6 期。

第四节　现代性的"新"与"旧"

现代性自 17 世纪在欧洲出现以来，在世界范围内程度不同地影响了几百年社会历史的进程。社会学可以说是始终与现代性相伴而行的，尽管时而表现出理论的超前，时而又理论与时代齐头并进，时而又暂时滞后于现代性的步伐，但这场携手前行、永不停息的慢跑或者快跑，永远地保证了社会学的生机勃勃和勇往直前。"现代性造成的这种社会学永不停息、与时俱进的品格，意味着凡是踏进社会学门槛的人，都要有这种永不停息、与时俱进的相应品格，都要有这种与现代性进行永无止境赛跑的勇气和精神准备。这就是真正社会学人的命运。"① 社会学就是关于现代性历程在社会实践中展开的知识系统，一部社会学的理论史，也就是一部现代性的实践史②。但是，现代性的一路高歌猛进恰恰成为现代"社会性问题"或现代社会"问题性"的滥觞，也成为社会学最为纠结的议题乃至难题。

一　现代性的吊诡

现代性的形成及发展可追溯至欧洲 11 世纪意大利地中海沿岸的城市复兴，近代西方的兴起大约是在 15 世纪下半叶，其后的四五个世纪欧美列强主宰了现代世界的形塑，现代性的形成既关系着近代西方的兴起，也形塑了西方和非西方之间的关系乃至非西方世界的发展和命运。现代性是近代西方文明特性，起源于欧洲的现代性，通过欧洲人的海外探险、传教、海外贸易、殖民等活动，已传播到全世界。与此同时，西方也主导了现代世界秩序的形成，进而西方现代性也具有了世界史的意义。最为重要的是现代性传播到全世界之后导引了新的面向，即全球性和全球化。文明的扩张总是不断地与经济、政治和意识形态等方面的扩张结合在一起，现代性的扩张是一种新型文明的成型，这种扩张酿成了普遍世界范围的制度以及象征体系的发展。现代性文明的扩张同样也破

---

① 郑杭生、杨敏:《社会互构论:世界眼光下的中国特色社会学理论的新探索——当代中国"个人与社会关系研究"》，中国人民大学出版社 2010 年版，第 4 页。

② 黄家亮:《中国现代性的探寻与中国社会学的理论建构——以郑杭生社会学学术历程为例》，《西北师大学报》(社会科学版) 2012 年第 3 期。

坏了它所融入的社会的象征前提和文明前提，展开了新的选择和可能性。① 在这种持续的反应和互动中，现代性、第一现代性、第二现代性、自反性现代化、现代社会、正在现代化的社会、后现代的社会，一系列的社会理论彰显着这些社会巨大的差异，现代性"仍然在黑箱之中藏而不露"②。

"'现代性'这个词在 20 世纪确实揭示了其本质上所具有的世界历史性。当我们意识到因现代性而建立的各种制度并非凤毛麟角时，我们会越来越清楚地看到当今的生活正受到现代性的影响力所支配，而且这种影响力是任何人无论在世界的哪个角落都是无法逃避的。"③ 从欧洲中古末期到 19 世纪的"西方现代性"再到 20 世纪初以来的"全球现代性"，城市的复兴孕育了新经验和变迁经验，文艺复兴运动使人的尊严和地位得到肯定，确立了人文主义，海外探险及殖民地推动了世界分工系统的逐渐形成，资本主义推动了西方势力向外侵略扩张，也推动了科技和工业的发展，新教的改革调和了宗教生活和世俗的职业生活，拥有主权以及明确疆域的民族国家夯实了现代世界秩序的基础，民主革命敦促了政治现代性的实质要素，理性主义和乐观进步论构成启蒙运动的要素，试图将理性贯彻到社会生活的各个层面，最具"西方理性"特质的科学革命推动了现代性的全球形塑和推广，全球性内在于现代性之中。世界经济的分工、民族—国家系统的形成、全球军事秩序的生成、全球生态系统的协调、国际信息传播秩序的建立、国际文化交流的扩散，全球现代性成为一种趋势左右着当今世界的秩序。现代性的具体时空过程构成了社会学的情境遭遇，社会学的任何思考和想象内容、话语和表达方式都脱离不了这种时代性。对于社会学，现代性既是限制和障碍，也意味着启迪和更新。当代现代性面临的转机，催促社会学进行新的尝试，实现对传统的思维方式和知识建构方式的跨越。④

但是，现代性也导致了科学主义的泛滥、技术（工具）理性主义的

---

① ［以］S. N. 艾森斯塔特：《反思现代性》，旷新年、王爱松译，生活·读书·新知三联书店 2006 年版，第 21 页。

② ［英］安东尼·吉登斯：《现代性的后果》，田禾译，译林出版社 2011 年版，第 1 页。

③ ［英］安东尼·吉登斯：《社会理论与现代社会学》，文军、赵勇译，社会科学文献出版社 2003 年版，第 17 页。

④ 郑杭生：《中国特色社会学理论的探索：社会运行论 社会转型论 学科本土论 社会互构论》，中国人民大学出版社 2005 年版，第 777 页。

横行霸道以及启蒙精神和"启蒙心态"的分野，当殖民、剥削、战争、生态危机等在昭示"西方理性"的吊诡的同时，也昭示了现代性的吊诡，现代性是一把"双刃剑"。现代科技试图控制和改造自然，但到头来却毁坏了自然，想要控制环境却又彻底地破坏了环境，尤其是两次世界大战将现代性的阴暗面昭然若揭。西方的现代性无法跳出工业化、理性化、合法性等强调个体与社会、自然与社会、个体与自然对立而存在的思维逻辑，面对现代性发展的负面后果，现代性只能在解构与建构之间纠结并焦灼着。

二　现代性的跃迁

现代性是欧美社会历史发展的产物，工业资本主义的扩张成为经济上最为突出的表现，民族国家与自由民主成为政治理所当然的追求，张扬的理性绑架了文化的内涵，价值取向发生了秩序位移和深层重构，现代社会的气质被工商精神所独占。现代人的个体心态及其动机结构从传统脱出，在本质上发生了根本性转变，传统人的理念和根基被彻底消解和动摇，人的意义消解进了不可逆的现代性征程中，以至于"在历史上没有任何一个时代像当前这样，人对于自身如此地困惑不解"。对现代人来说，"世界不再是真实的、有机的'家园'，而是冷静计算的对象和工作进取的对象；世界不再是爱和冥思的对象，而是计算和工作的对象"。正如齐美尔所理解的那样，人的形而上学品质因现代人的形成而解体，人格概念被经验量化，人的本质被消解而无从勘定。①

社会学在反思现代性过程中的关键地位，源于它用最普遍化的方式反思现代社会生活，现代性是在人们反思性地运用知识的过程中被逐渐建构起来的。现代性的特征在于包括对反思性本身的反思的整体性反思。现代性的变革将社会学以一种嵌入的方式卷入现代性进程中，并且使现代性的变革成为社会学的基本主题。中国气派社会学理论直面现代性的发轫与扩张，直面人类社会从传统走向现代的整体变迁历程，理论的宏旨直接指向从旧式现代性迈向新型现代性的生动社会实践。

---

① 刘小枫：《现代性社会理论绪论——现代性与现代中国》，上海三联书店 1998 年版，第16—22 页。

自"现代"开启以来，人类踏上了自我解放的征程。但是，从更深层次上看，这是人类误入盎格鲁—撒克逊文化价值轨道的历史时期。按照这一文化价值的取向，如果人类不能赢得对自然的控制权，那么，人的自由和解放就是不可思议的。在这样的文化价值观引导下，人对征服和主宰自然赋予了前所未有的特殊意义：对自然的征服构成了人获得自由的前提，对自然的主宰被理解成人类解放工程的根基。征服和主宰自然的这种优先性渗入到现代社会生活的一切过程和一切方面，从人生的意义赋予、个人的才情旨趣的发扬、行动的合理性依据、生活情景的界定，到工具理性、生产性价值、技术性现实、社会积累和再生产过程，等等，无不隐喻了对资源控制权的争夺和运用的根本性意义。这一权力也因而腐蚀了现代社会，造成了一种不可逆转的世俗化和平庸化的生活趋向，致使以短期的、物质的、货币的手段验证和认可的价值形式被推上了至尊的地位。正因为如此，即使"现代"是以最彻底的方式对以往的传统规范和腐朽观念实行"反叛"和"无可挽回的断裂"，事实上，关于人类自由的价值理念本身从一开始就存在问题，注定了西方的现代性与传统性或陈旧性难解难分。我们把这种建立在自然和社会的双重代价基础之上的现代性，称为旧式现代性。

历史的启迪和催动，使关于新型现代性的探索成为当代社会的一种潮流和趋向。特别是在中国，在建设有中国特色的现代化过程中，改革开放、科教兴国、共建两个文明、走可持续发展的道路、西部开发和扶贫共富，以及新型工业化、全面建设小康社会等概念、思想和实践，强烈地透显出新型现代性的理念和初始内涵。我们认为，新型现代性必然是能够充分发挥本国特色和优势，包容吸纳西方现代性的一切优点的现代性，是能够促进两个文明的协同发展、全面改善生态环境系统，使社会与自然相携永存、使人类永久安全的现代性。简言之，所谓新型现代性，是指那种以人为本，人和自然共存、人和社会双赢，并把自然代价和社会代价减少到最低限度的现代性。使科学技术的现代性服务于人类解放的现代性，使现代性最终向人类自身解放的目标回归，这种自觉意识和由此而来的远大抱负，对中国社会转型加速期的实践是非常重要的。从社会转型加速期取得的巨大社会进步和付出的种种社会代价中，我们都能亲身体会到新型现代性的深刻意涵。①

人类在自我解放的征程中开启了"现代"，但是，现代的征程将人类摆在自由与解放的天平中考量，而这一问题的答案是在与自然的对话中找到的，征服与主宰成为面对自然最为凶残和合理的选择，生产性价值、技术性现实、工具理性等深深地烙印在现代社会生活的方方面面。对自然的征服成为人类获得自由的前提，而对自然的主宰成为人类解放的根基，"现代"以一种无法挽回的"断裂"和"反叛"造成了自然和社会的双重代价，旧式现代性定格在人对自然征服和主宰的深层意义上。历史一直在召唤和启迪着一种新型的现代性涌动，摒弃世俗而平庸化的生活取向，拒绝物质化、货币化的价值魔咒，追求人类解放的现代性逐步否定科学技术的现代性，人类安全恒久的现代性必然走向社会与自然的相携永存，最终回归人类自身的解放。这种新型现代性就是以人为本的，人、自然与社会双赢共存，并把自然和社会的代价减少到最低限度的现代性。

社会学植根于现代性之中，现代性被喻为是社会学从摇篮步入成年的时代性际遇，现代性展开的这一浩大历史进程，无时无刻不在敦促着社会学必须以积极的态度和独特的方式进行持续的关注和慎重的思考。在社会学的诞生、成长、危机以及当代重建进程中，一直都在不停地面对和回应着现代性带来的机遇与风险、希望与困境、迷惘与信心、冲突与和谐等的不确定，而且随着当代全球化浪潮的风起云涌，现代性从"旧式"向"新型"的跃迁，也是社会学对现代性情状急剧变化的最新思考和积极研判。新型现代性拓宽了现代性这一理论术语的内涵与外延，成为中国气派社会学理论对现代社会认识和思考的一个重要理论贡献。社会学视野中的现代性问题不可避免地依然要回归到个人与社会这一元问题上，新型现代性从个体与社会、社会与自然、个体与自然的关系层面重新审视现代性进程，以一种过程性和历史性的高度来反思个体与社会关系、人类社会与物质世界关系的这种变迁趋势，使科学技术的现代性更好地服务于人类解放的现代性，由单向控制、消极单赢、剥削掠夺走向良性互动、积极双赢、

---

① 郑杭生、杨敏：《社会互构论的提出——对社会学学术传统的审视和快速转型期经验现实的反思》，《郑杭生自选集》，学习出版社 2013 年版，第 171—175 页。《社会互构论的提出——对社会学学术传统的审视和快速转型期经验现实的反思》，《中国人民大学学报》2003 年第 4 期。

和谐共生，现代性的目标最终回归到迈向人类的自身解放。现代性从"旧"到"新"的这种跃迁表现出中国气派社会学理论强烈的理论自觉意识，也折射出社会运行学派构建中国气派社会学理论体系的远大抱负，同样也有助于深入推进当下中国社会加速转型的社会实践进程，在理论价值和现实层面都表现出深远的意义。

第五节　顶天立地与反思批判

霍克海默曾对传统理论与批判理论进行过开创性的讨论，他认为传统理论把理论当作一种对实在的描述、预测，乃至于控制，理论家是一个客观超然的旁观者，欲对社会生活获致一种客观的了解；而批判理论则是把社会理论当作一种批判，当作介入干预社会生活的一种力量，旨在改变社会，使其朝某个方向改变，理论及理论家都不可能是价值中立的，理论家同时是一位介入社会生活的行动者。可以说，中国气派社会学理论的建构正是运用建设性反思批判的精神在传统理论与批判理论之间搭建了沟通的桥梁，社会学理论应该坚守对人的理性或自反性深刻理解基础上的批判，人应该取用关于自身的信息和知识来合理化或理性化自身的行为，从而使社会学能够因势利导提供信息和知识给行为者，使人及其社会逐渐迈向理性化。

一　世界与本土的勾连贯通

吉登斯坦言："我们今天生活的世界，正处在美好图景与全球性灾难之间。我们甚至很难确信哪一种情况最有可能发生。这是现代性所遗留给我们的，同时也的确超出了 18 世纪和 19 世纪那些乐观的社会学创始者们的设想。因为在他们看来，现代性无论如何都会实现人道的和理性的社会秩序。但就当今社会的发展趋势来看，我们不得不视这些设想是不成熟和盲目的。"[①] 全球化进程是一个充满内在矛盾冲突的实践过程，它既包含同质性又包含异质性，既体现着集中性又体现着分散性，既包含着一体化又包含着分裂化。这种本质的矛盾反映到思想理论层面统统表现为各种学术取向、政治思潮、哲学倾向的差异与对立。今天，全球化思潮依然风起

---

① ［英］安东尼·吉登斯：《社会理论与现代社会学》，文军、赵勇译，社会科学文献出版社 2003 年版，第 18 页。

云涌，全球化成为当前最重要的发展趋势，自然而然地被纳入每一个学科，甚至被纳入每个人，构成其视野的重要组成部分。每个学科据此改造他们的一些传统理论概念以适应全球化的时代，社会学也不例外。

全球化并非单一的过程，全球化包括在地全球化和全球在地化两种过程，在地全球化是指地方文化传播到世界各地区，而全球在地化是指全球现象移植到某个地方来，在这种双向往来的过程中，移植的现象需要适应当地的风土民情，理论的建构亦不例外。全球化是大势所趋，我们不能自外于全球化，也不可能自绝于全球化。罗伯森运用"全球—在地化"（glocalize）来说明全球化的性质，他解释道："在我的视角中，从我所说的首要意义上理解的全球化是一个相对自主的过程。其主要动态包含着普遍性的特殊化和特殊性的普遍化这一双重性过程。普遍性的特殊化，被定义为普遍性这个问题在全球的具体化，已成为寻求全球性的原教旨的原因。换言之，目前非常快速全球化的阶段促使关注世界的'真正意义'的运动和寻求整体世界之意义的运动（和个人）的兴起。特殊性的普遍化，指的是对特殊的东西、对表面上越来越精致的认同展示方式的寻求具有全球普遍性。"① 全球化的理论、概念、话语镶嵌于生动鲜活的社会实践当中，并在社会学的研究对象中循环往复，在不断建构着全球化语境的同时，也在自反性地建构着自己的研究对象。全球化进程深刻地蕴含着文化的全球化，永远包含着全球的和本土的、世界的和民族的、全球化和在地化两种张力，这种张力催生了社会学的研究必须要兼具世界眼光和本土特质。

中国社会学的百十年发展轨迹曲折而艰辛，在这一漫长的发展历程中，一直在不断地思索本土化与国际化的问题，直到今天的中国社会学发展同样在探索一条本土化与国际化相结合的道路，这是百年轨迹在新的历史条件下的继续和传承。本土化重在强调中国社会学要立足中国社会实际，并从中国的学术传统汲取养料，去调查、研究、概括、总结中国社会急剧变化的社会事实，国际化重在强调中国社会学要自觉学习借鉴欧美社会学的精华，立足人类社会整体实践的高度，运用世界的眼光和全球的视野来解释中国社会并建构起富有中国气派的社会学理论。本土化与国际化

① ［美］罗兰·罗伯森：《全球化：社会理论和全球文化》，梁光严译，上海人民出版社2000年版，第255页。

的内外连通交融，就是要突破"边陲思维"，站在世界学术的前沿，运用自己的学术话语权来展开与国际社会学界的平等对话。郑杭生先生通俗地总结为"顶天立地"精神，"顶天"就是要有世界眼光，不断追逐国际学术前沿，而"立地"就是要求深入中国社会基层，扎根中国社会实践。"顶天立地"就是把本土化与国际化相结合，把全球化与在地化相结合，只有立足本土又超越本土的本土化，才能不断丰富和充实世界的眼光，也只有世界眼光才能不断激活本土经验的灵感，实现学术在世界与本土之间的勾连贯通。这样的学术视野在"实践结构论"中具体地体现为具有方法论意义的"两维视野"。

二　批判与建设的辩证统一

批判性是马克思主义的本质和精髓，以马克思主义为指导的中国气派社会学理论必然具有批判性。"批判的武器当然不能代替武器的批判，物质力量只能用物质力量来摧毁；但是理论一经掌握群众，也会变成物质力量。理论只要说服人，就能掌握群众；而理论只要彻底，就能说服人。所谓彻底，就是抓住事物的根本。但人的根本就是人本身。"[①] 不是不要批判的武器，也不是否认批判的武器的强大效用，但是它不能代替对现存社会秩序乃至维持这种秩序的制度的改造和打击。历史的经验告诉我们，批判现实、改造制度的武器，必须进行适合实际的选择，因为从五四至今的90 多年中，中国人饱尝选择的苦与痛。

在某种程度上，批判意味着一种未经证明的权力和支配，同时也预设了一种反抗和压制，预设了一个充满冲突的现代社会。而冲突对人类社会却是非常自然的。只是在这种偏离趋势伴随着对抗、二元对立时，才导致了许多问题。[②] 当我们在进入知识经济社会、信息社会的门口徘徊时，我们需要去面对这种内在的冲突、权力和反抗，现在是我们需要更多的亚洲文化，比如东亚文化传统，而不是欧洲精神的时候了。[③] 既然批判的武器在理论和实践中并没有失去批判力，既然历史尚未终结，现实世界仍未彻

---

① 《马克思恩格斯选集》第 1 卷，人民出版社 1972 年版，第 9 页。

② 韩相震、郑杭生、黄平、苏国勋：《第三条道路的可能性》，《社会学研究》2004 年第 3 期。

③ 韩相震、郑杭生、黄平、苏国勋：《关于"第三条道路"》，《社会学研究》2004 年第 3 期。

底实现人的解放，我们就应该勇敢果断、理直气壮地拿起批判的武器，直面批判的对象，对现实世界进行理性的解剖、分析和批判。这种看似无情的批判正是对人类自身的莫大关怀，对人类历史最有情的奉献。因为这种批判正是将人类社会引导到更高层次的公正、文明、和谐的必由之路。

　　所谓"建设性反思批判精神"，是指我们社会学对社会现象的分析研究要有这样一种精神或态度，即通过反思批判这样一种理性思维活动，实事求是地肯定该肯定的东西，否定该否定的东西，并根据这种分析提出积极的建设性的改进意见和方案，以增促社会进步，减少社会代价。这种建设性的反思批判精神，是肯定和否定的辩证统一，它既不赞同"否定一切"的颠覆性或毁灭性的变味批判，又不赞同"肯定一切"的无反思批判的盲从态度。这里，反思和批判并用，是想强调两者的某种相对区别，反思主要是对我们人和人类自己的反思、检讨；批判主要是对社会现实的批判、审视。人和人类，社会现实，既有真善美的一面，又有假恶丑的一面，需要通过反思批判，来发扬光大前者，抑制减缩后者。①

　　建设性反思批判就是在批判与反思的张力中实现对社会现实的审视批判和对人类自身反思检讨的统一，是肯定和否定的辩证统一，是一种否定之否定的社会学方法论追求。对于社会学来讲，就是要抓住人这个根本。所谓人的根本就是人的解放。一种理论或学说只要能在一定程度上为人的解放指明方向，它就能被人们所接受，并变为一种改变世界的物质力量。对于已经背负了几千年思想重负的人类来说，只有冲破思想上的重重阻挠，才能向前迈进一步，哪怕是极微小的一步。因此，在理论越来越受到轻视，人们变得越来越务实的今天，为了能真正地务实，我们仍然需要拿起"批判的武器"。建设性的反思批判精神在人、理性、历史、意识形态四个维度上展开批判的理路。用建设性反思批判精神看待人，现在的人是正在走向重新崛起的当代个人；用建设性反思批判精神看待理性，现在的理性是常绿常新的理性；用建设性反思批判精神看待历史，看到的是现代

――――――――――

① 郑杭生：《论建设性反思批判精神》，《华中师范大学学报》（人文社会科学版）2008 年第 1 期。

性的历史进程中对于"旧式"的终结扬弃以及"新型"的反省启幕；用建设性反思批判精神看待意识形态，看到的是意识形态论争在一定范围内的硝烟弥漫，我们必须要在意识形态的立场上坚持科学性与价值性的统一。

伴随着 19、20、21 三个世纪的学术舞步，我们从"大写建构"的片面性走到"大写解构"的极端，一直走到了"大写互构"的建设性。中国的社会学需要客观真实地反映中国特色社会主义这一新型社会主义的成长和崛起，自觉且智慧地运用建设性反思批判精神，全面把握中国社会快速转型的正反两方面经验，研判中国社会快速转型发展中同时并存的社会问题凸显与社会结构优化、社会发展不平衡与社会协调发展、社会不公平与社会公正、社会发展代价与社会快速发展，等等，积极参与社会各层次的制度创新，正确地引导社会的心态以及社会的思潮，进而走向真正的意义共同。

郑杭生先生提出的建设性反思批判精神"形在批判，意在建设"，这也是笔者在本论文中对于"批判"的基本立场和用意所在。中国新型社会主义成长的最大实践决定了中国气派社会学理论的来源、产生和发展，中国气派社会学理论的最终目的必然要服务于中国新型社会主义的成长实践，中国气派社会学理论对于中国社会发展以及社会建设的实践具有能动的反作用，在推进中国特色社会主义这种新型社会主义的伟大征程中，将批判的武器和武器的批判结合起来，自觉地进行理论的反思批判和实践的批判反思，最终实现人的全面解放。

第六节　价值迷思与学术话语

韦伯之所以诉诸"价值中立"这一概念，是为了彻底把社会科学从为当权者服务的桎梏下解放出来，是为了强调研究者有权利和义务来独立解决问题，而不考虑所得出的结论对国家事务有利还是有害①。实际上社会科学的研究或学术话语及语言，都是社会实践发生发展的产物，其必然会对社会实践产生或多或少的影响，只是成熟的具有方法论指导的社会科

---

　　① ［美］刘易斯·A. 科塞：《社会思想名家》，石人译，上海人民出版社 2007 年版，第 10 页。

学研究应该从政策制定者的巨掌中解放出来，摆脱政治意识形态的任意宰割摆布，不应成为政策制定者价值模糊的吹鼓手。社会科学的研究应坚持普适且朴实的价值取向，研究者不应成为彻头彻尾的价值虚无主义者。

中国气派社会学理论并不讳言理论的价值取向，反而强调明确的价值选择与判断，坚持认为健康科学发展的社会一定是良性运行和协调发展的社会，构建科学发展、和谐美好的社会就需要与时俱进地不断调整和完善社会运行的机制。社会运行的根本机制从某种程度上说就是个人与社会之间的互构共变机制，要更好地促进社会的良性运行与协调发展，就必须建立、调整、改善和健全个人与个人间、个人与群体间、群体与群体间、个人与国家间、社会与国家间、个人与自然间、社会与自然间的互构谐变关系，只有这样，才能奠定构建和谐社会的坚实基础，促进植根本土的中国特色社会学理论的研究和阐发，形成有中国气派的社会学学派①。

一　价值无涉与价值关联

"从某种意义上说，社会学使人不安的特性就来源于它在社会变迁的实践管理方面的特殊地位。社会学正处在诊断治疗（diagnosis）和病症预测（prognosis）的张力地带；而且这是我们在过去几年中大量讨论的另一个领域，它使我们能最终弄清社会学能够及应该承担怎样的角色。"② 对于西方社会学一直存在争议的 "价值中立" 这一著名方法论原则，能否成为中国包括社会学在内的社会科学的方法论原则，前后展开过几次争鸣与对话③。郑杭生先生旗帜鲜明地指出 "价值中立" 是一个在国外学术界存有严重分歧、毁誉参半、仍难一致的争论问题，是一个总体上包含着根本缺陷但又有局部合理性的西方社会学方法论原则，是一个在本质上与马克思主义相左但又有部分一致的实证主义性质的理论命题。价值究竟是无

---

① 郑杭生、杨敏：《社会互构论的提出——对社会学学术传统的审视和快速转型期经验现实的反思》，《郑杭生自选集》，学习出版社 2013 年版，第 200 页。

② ［英］安东尼·吉登斯：《社会理论与现代社会学》，文军、赵勇译，社会科学文献出版社 2003 年版，第 18 页。

③ 这些争鸣与对话主要集中在：戴盛中：《社会学理论研究也能 "充分发挥人的主观能动作用"？》，载《中国社会科学》1988 年第 4 期，郑杭生、李强：《主观能动性、主观偏见、"价值无涉"——答戴盛中同志》，载《中国社会科学》1989 年第 3 期；李金：《为 "价值中立" 辩护》，载《社会科学研究》1994 年第 4 期，郑杭生：《究竟如何看待 "价值中立"？——回应〈为 "价值中立" 辩护〉一文对我观点的批评》，载《社会科学研究》2000 年第 1 期。

涉还是关联，很大程度上取决于主体价值的选择。在中国气派社会学理论的探索中，对于价值无涉或价值中立并没有表现出毫无取舍的顶礼膜拜，而是明确做出了辩证解读，并将这一反思批判的理论成果自觉地运用到中国社会历史与现实的思考和研究中。

> 把韦伯所说的"价值无涉"当作不言而喻的真理接受下来，并把科学精神归结为"价值无涉"的精神，我认为这是不确切的、似是而非的。"价值无涉"确实包含着强调客观性的合理因素，但这种纯粹客观主义的观点不仅是事实上做不到，而且本身还包含着不可克服的逻辑矛盾。因为要把"价值无涉"真正贯彻到底，那就要不涉及一切价值，就要对一切价值保持中立，那也就意味着必须放弃"价值无涉"这种价值观本身。但是持上述意见的人却一方面坚持在研究问题时不应有任何价值，同时又坚持一种地地道道的价值——"价值无涉"的价值，这不是逻辑上、理论上的自相矛盾吗？事实上，在认识和实践的各个阶段，研究者不管意识到与否，都是不能完全摆脱一切价值观的。问题是在选择哪一种价值观。我认为正确的行之有效的与科学精神统一的价值观就是"实事求是"，无论是选择问题，还是理解问题（韦伯把理解的领域留给"价值无涉"，而把选择的领域留给了"价值相关"，并没有摆脱自相矛盾），无论是发现问题，还是解决问题，都是离不开实事求是的。这样理直气壮地公开承认不能完全摆脱价值观，提倡与科学精神一致的实事求是的态度，反对一切主观随意与科学精神相背的价值观，本身就是实事求是的态度，就是理论上一贯的立场。这岂不比实际上做不到，又包含逻辑矛盾的"价值无涉"好得多吗？我认为，把科学性和价值性统一于实事求是，将有利于中国社会学的健康成长。①

在社会学几百年的发展中，实证主义范式与人文主义范式始终处于相互竞长争高当中，可以说凭借科学技术的发展而不断完善的实证主义范式一直占据着主流地位，很多研究者坚持"只有当社会世界能够用数学语

---

① 郑杭生：《要研究转型中的中国社会和成长中的中国社会学》，《本土特质与世界眼光》，北京大学出版社 2006 年版，103—104 页。

言来表示时，它的各个部分之间的确切关系才能得到证实。只有当资料可以通过可信的计量工具用数量来加以表示时，不同研究者的研究结果才能直接地加以比较。没有量化，社会学就只能停留在印象主义的臆想和未经证实的见解这样一种水平上"①。但是，实证主义对自然科学顶礼膜拜的这种一意孤行，完全忽略并轻视了自然世界与社会世界的根本性区别，同时也将社会学的人文属性拒于千里之外。随着社会学知识的不断积累和演进，关于社会学知识的价值争论在逐渐淡出当代社会学的理论视域，或者说，与实证主义范式及其理论体系直接关联的价值中立或价值无涉的"正统立场"在慢慢撤出社会学知识的价值争论。用吉登斯的话说，就是"社会学，并没有按照人们所说的自然科学那种方式来积累知识"②，"激进主义政治"、"第三条道路"等社会理论，都成为吉登斯对社会学知识的价值争论所持立场的最好注解。

自 20 世纪 90 年代以来，全球化的澎湃汹涌掀起一次次巨浪，全球范围内不同国家、不同族群之间的文化接触交流更加频繁，同时也不断衍生出激烈的竞争甚至带来剧烈的冲突，人类进入一个不安全、不确定、不安宁的风险与日俱增的时代。全球范围内每一种文化时刻都在面临新文化的挑战，每一种文化要在这个多元文化竞争的时代取得胜利并永葆生机活力，就必须要能够适应随时都在更新变革的社会环境，能够尽可能满足社会发展变迁的各种需要，能够在需求生存的征程中不断自我更新自我超越。全球化浪潮在加剧世界范围内文化交流冲突的同时，也催促了世界社会学知识场域的分化，中国社会学的命运也同样必须去应对这种分化，必须对全球化自身以及全球化进程做出价值的回应、判断、阐发。

二　左右言他与话语有权

在西方坚船利炮的冲击下，晚清以来的中国社会发展轨迹被彻底改变，随之中国知识分子的思维方式也发生了根本转变。那时中国的绝大多数知识分子将目光紧紧盯在中国社会历史的断裂处，丝毫没有看到在鸦片

---

①　[英] M. 哈拉兰博斯：《社会学基础》，孟还、卢汉龙、费涓洪译，上海社会科学院出版社 1986 年版，第 60—61 页。

②　[英] 安东尼·吉登斯：《民族—国家与暴力》，胡宗泽等译，生活·读书·新知三联书店 2000 年版，第 14 页。

战争前后中国社会历史的内在脉络。① 知识分子的这种断裂性思维自然而然地将中国视为传统、落后、愚昧，而义无反顾地将西方视为现代、先进、文明，这种思维的结果理所当然地就彻底摈弃了中国的历史文化传统。在这种断裂思维模式的支配和主导下，中国的出路只能是效法西方、以西为师、以西方为圭臬，也只有这样才能使中国社会从愚昧不断向文明转变，从传统向现代逐渐迈进。现代化的进程实际上是在不断地否定传统、批判传统、甚至在彻底地打击并破坏着中国文化传统，因此，正是在这种历史境遇下，社会学来到中国并生根落户，从一开始便带有"舶来品"的性格及品性，也正是在这种时代和社会的双重境遇中开始了本土化的艰难历程。

中国知识分子的心态变迁是随着西方的冲击在近代真正开始的，知识分子似乎一直以来都很难运用自己的理性来客观地审视中西古今之间的关系，对于中国的社会历史以及现实文化，他们总是在纠结中徘徊，在犹豫中挣扎，"媚外"与"崇洋"的心理一直在作祟，在行动上呈现出来的是愈演愈烈、三十年不衰的"留洋潮"，再加上体制化的推波助澜，社会成见公然形成，"留洋"的才有学问、才是大学问，而"本土"的注定难登大雅之堂。留洋的海归骨子里眼睛向外，一味地不论个人德性的"自己人瞧不起自己人"。一个学术上跟着西洋走的"在押"的精神囚徒状况，隐蔽在体制化"政绩"的"学术繁荣"中。② 自我的贬损和自我的卑贱带来的话语权的丧失以及集体失语造成学术积累根基的丧失，我们总是在顾左右而言他，丢却的不只是文本，更重要的是思想以及信心。没有了创造的意志和决心，哪来创造的能力和动力，学术的海洋里海潮不断，沙滩依旧，我们还得在海潮后面亦步亦趋。

中国社会学人在自己的社会学园地中辛勤耕作、除莠剔草、自我收获，费孝通在重新审视和反思中华民族历史文化的基础上，明确提出了文化自觉理论，强烈呼吁并提醒人们应看到中国历史的连续性，中国社会学走出危机有赖于文化自觉，中华民族的伟大复兴也有赖于文化自觉。中国社会学的文化自觉就是要重新认识、解读和接续中国悠久的历史文化传

---

① ［日］沟口雄三：《中国的冲击》，王瑞根译，生活·读书·新知三联书店2011年版，第73页。

② 张志扬：《检讨三代学人学术积累传承的前提》（http://www.sociology2010.cass.cn/news/489124.htm），2012 – 5 – 21。

统,在接续中国历史文化传统的基础上吸纳消化有利于社会学发展的思想资源和方法论思想,为社会学的繁荣发展培土保墒,既要深入挖掘中国社会学传统,也要弘扬中国历史文化传统,更要将二者融会于中国社会转型发展的社会实践中。

郑杭生先生曾指出,社会科学表面上是一个认识论问题,实际上是立场问题,这里的立场指的是民族的立场。这个立场可以判明当代中国在东西方比较当中、在全球关系当中处于什么样的位置,更决定着我们对未来寄予什么样的希望。近一百年来,尤其是"西学东渐"以来,中国的经验被西方中心的话语贬斥到西方理论的注释里去了。所有论文的理论都来源于孕育于西方,而经验材料却来源于中国,中国经验材料成为西方理论证明其正确与否的一个注释。① 摆脱这种削中国社会现实之足,适西方理论之履的被动扭曲的窘境,坚守社会学学术阵地的学术独立性是中国气派社会学理论建构的题中应有之意。学术独立不仅仅是指研究对象由域外转向本土,或者是以本土材料来填充外来体系或框架,真正意义上的学术独立,是要能够立足本土历史与现状在学术理论和研究方法上有所创建与发明。②

中国气派社会学理论在实践并推进社会学本土化的进程中,走上了一条从不自觉到自觉的探索之路,在这条路上立主自己的学术话语权,并坚守着自己的学术阵地。"学术话语权是指在学术领域中说话权利和说话权力的统一,话语资格和话语权威的统一,也就是'权'的主体方面与客体方面的统一。权利重在强调行动者作为主体所具有的话语自由,而权力重在强调主体作为权威话语者对客体的多方面影响。创造更新权、意义赋予权和学术自主权是作为'权利'的学术话语权的具体形式和类型,而指引导向权、鉴定评判权、行动支配权等是作为'权力'的学术话语权的主要类型。"③ 学术话语权在对社会发展的引领、社会现象的解释、社会实践的建构、判断标准的制定和学术规则的设置等社会生活的方方面面发挥着重要的实际作用。中国气派社会学理论的探索扎根于对丰富多彩的

① 郑杭生、徐晓军、彭扬帆:《社会建设与社会管理中的理论深化与实践创新——访中国人民大学郑杭生教授》,《社会主义研究》2013 年第 3 期。

② 桑兵、关晓红:《先因后创与不破不立:近代中国学术流派研究》,生活·读书·新知三联书店 2007 年版,第 481 页。

③ 郑杭生:《学术话语权与中国社会学发展》,《中国社会科学》2011 年第 2 期。

中国经验进行系统深入的调查研究之中，将分散凌乱的经验材料提升为较为系统的理论观点，为中国社会建设和社会管理的伟大实践提供足够的学理支撑。同时，正是这种理论建构与调查实践经验双向的建塑，中国气派社会学理论获得了支持学科自身发展最为重要的鲜活经验，有力地提升了中国社会学的主体性，把握住了中国社会学实现理论自觉、赢得学术话语权的时代契机。

　　霍布斯鲍姆曾说，假定19世纪以来的历史研究有一个中心主题的话，那就是民族国家，所谓历史就是主体的历史，而这个主体就是国家，在这个意义上，没有国家就没有历史。尽管21世纪全球化浪潮的席卷，技术革新带来的生活系统地球村化，但也同样无法消解现代性历程中民族国家的近世叙事。讨论这个时代的知识体制和话语问题，也就是在讨论一种新型的政治合法性问题。① "中国"不是一个外在于我们的存在，也不是一个外在于特定历史主体的客体，中国总是和特定时代的人们的思想和行动紧密相关的。在世界舆论领域和话语权方面，西方一些国家常常以理论探讨和学术研究的名义，运用西方话语体系推销其所谓的"普世价值"观。他们的根本用意就在于通过这种美丽的"陷阱"来弱化国家主权，甚至用西方话语左右和控制学术资源、学术导向，千方百计地破坏社会主义话语体系。中国社会学应积极研判和应对这种严峻挑战，创新中国特色社会学学术话语体系，增强与世界社会学对话的能力，提升应对西方社会学话语权干扰和学术殖民的素养。中国社会学当然应以中国社会为本位，以中国悠久的历史文化传统为积淀，在挖掘和弘扬传统思想文化资源的基础上，积极稳妥地扩展社会学的生存和发展空间，力推社会学理论范式的转型，在探究中国现代性成长的征程中，以主体性、连续性的理性思维来找寻真正属于社会学的自我更新、扩展、创造及超越之路。将古今中外的各种文明要素纳入到当代中国的具体实践，融会贯通古今中外社会学话语体系，在传承、分析、批判、反思的基础上进行社会学理论及方法的整合与超越。要对时下及将来的中国道路、中国经验、中国梦想、中国制度、中国理论有正确科学的解读，立足时代潮头和社会前沿构建和打造具有中国特色、中国风格、中国气派的社会学话语体系。

---

　　①　汪晖：《现代中国思想的兴起》，生活·读书·新知三联书店2008年版，第21页。

历史和时代给我们中国哲学社会科学界提出了要求，即更好地掌握和提升学术话语权，并在理论自觉基础上达致学术话语权的制高点。这是包括中国社会学在内的哲学社会科学从世界学术格局边陲走向中心的一条必由之路。为此，我们对中国社会学百余年的历程进行了建设性的反思，获得了重要的启示：凡是在学术话语权上有所创造更新的，大体有三方面：首先，有正确路径。这就是"立足现实、开发传统、借鉴国外、创造特色"。处理好其中包含的三种关系，即社会学与中国社会现实的关系、社会学与中国传统学术的关系、社会学与国外主要是欧美社会学的关系。其次，有广阔视野，即立足本土，超越本土；看重传统，超越传统；汲取西方，超越西方；把握时代潮流，坚持与时俱进。最后，有理论自觉：虽处边陲，不甘边陲；主动担当创新责任，而非被动地亦步亦趋；力争成为理论创新者，而不甘只做西方理论的捎客。中国社会转型的广度、深度，是历史上前所未有的，这样的现实条件促使我们在新历史条件下继承并超越前辈社会学家的学术遗产。

今年，中国社会学界还提出了"再评判、再认识、再提炼"是中国社会学在"理论自觉"阶段的基本功的命题，论证了只有把上述三个方面结合起来，真正做到"借鉴西方，跳出西方"，不断进行"再评判"；做到"开发传统，超于传统"，不断进行"再认识"；做到"提炼现实，高于现实"，不断进行"再提炼"，我们才能真正创新我们的学术话语，创造我们的学术特色，也才能形成为数众多的真正的中国学派。只有敢于和善于"再评判、再认识、再提炼"，在不断做好这些方面基本功的同时，不断增强实际功力，扎扎实实提高理论自觉水平，使自己在学术上、理论上更加成熟，对社会建设与社会管理、新型城镇化发挥更大作用，最后涌现出一批具有自己话语权的社会学的名家，甚至是社会学的大师。[①]

历史的发展和时代的脉动要求中国社会学界必须更好地掌握和提升学术话语权，学术话语权的提升必然要建立在建设性反思批判的理论自觉基

---

① 郑杭生：《把握学术话语权是学术话语体系建设的关键》，《中国社会科学报》2014 年 1 月 17 日。

础之上，既要坚持"立足现实、开发传统、借鉴国外、创造特色"的基本路径，也要坚持"立足本土，超越本土；汲取西方，超越西方"的广阔视野，更要坚持"注重传统，超越传统；虽处边陲，不甘边陲"的自觉意识，在继承社会学前辈学术遗产的基础上，实现中国社会学的创新和超越。在中国社会学的"理论自觉"阶段，只有对中西关系进行再评判，对今古关系进行再认识，对理实关系进行再提炼，才能真正实现我们学术话语的创新，才能创造我们的学术特色，才能把握真正的学术话语权。

学术话语权是学术话语体系建设的关键所在，要使建构的学术话语体系铿锵有力，就必须要拥有学术话语权，没有学术话语权的学术话语体系是苍白无力的。中国这样一个巨型国家在信息化和全球化时代，"权力"的制高点在于"话语权"，面向人类美好的未来，中国应该成为主动掌握"话语权"的文明国家，中国社会学界应该肩负起用理性的声音说话和表达的责任。

第五章

中国气派社会学理论的解释范式

　　"范式"一词在社会科学研究中被广泛地使用着，"解释范式"、"理论范式"、"研究范式"等，不一而足。美国科学史家库恩（Thomas Kuhn）于 1959 年在《必要的张力》一文中首次使用"范式"，后来范式的含义又得到进一步的扩展，"研究范式是科学家共同体所共有的信念及共有的'模型'或'框架'，因而某一个科学家的研究取向不是研究范式，而只有众多的科学家大致都具有这样的研究取向，并且对这种研究取向形成了一种信念及'模型'或'框架'，研究范式才正式形成"[1]。在《科学革命的结构》中详细阐述了"范式"与"科学社群"两个核心概念的密切联系，强调"范式"就是一套为某一科学社群成员所共享的信念、价值、理论、定律、技术等科学知识的成长，并不是许多发现和发明逐渐累积的过程，而是一连串革命性的巨变，不是量的增加而是质的改变。这就是库恩所谓的"科学革命"，亦即范式的转换。库恩一再强调范式之转换并非取决于经验证据，而是取决于信仰的转变以及说服、辩论，"由一个范式换到另一个范式，是一种不能强迫的信仰转变过程"，至于使信仰转变的关键则是"说服技巧的问题，在不可能有证明的情况下进行辩论的问题"[2]。社会学功能论大师默顿曾大力提倡范式及中程理论，他认为范式就是将某一有限领域或某种分析方法的一些假定、概念、问题与发现加以整理排比，使未来之经验研究者有所凭借。这是一种最低限度的理论结构或最初步的理论模型，但却是目前社会学领域最可行的理论结构。主

---

　　① ［美］T. S. 库恩：《科学革命的结构》，李宝恒、纪树立译，上海科学技术出版社 1980 年版。

　　② Thomas Kuhn, *The Structure of Scientific Revolution*, Chicago：University of Chicago Press, 1970, p. 152.

张根据范式从事经验研究，进而建立其他所谓的中程理论。

范式是一种理论视野和方法规则，是一种观点见解和理论思考的根基与灵魂，范式的变革是更为深刻的革命性的变革，范式的创新与转换必将带动整个社会学理论视域、理论形态的变革与创新。以郑杭生先生领衔的社会运行学派致力于中国气派社会学理论的建构与发展，经过三十多年的探索，先后提出了"社会运行论"、"社会转型论"、"学科本土论"、"社会互构论"以及"实践结构论"，这"五论"之间并行统合地建构起了中国气派社会学理论这一自成体系的理论群知识，并且通过理论知识的不断自我反思以及实践性检验，逐渐形成了具有自己特色和特点的理论解释范式，为中国社会学赢得世界性的社会学学术话语权做出了巨大的努力。

中国气派社会学理论的探索历程及发展轨迹，都全面而详细地记载在已出版发行的《郑杭生社会学学术历程》（以下简称《历程》）① 中。2005 年《历程》（三卷本）的出版，在社会学界掀起了一股研讨热潮，被誉为"中国社会学界的一个大事件，也是一个标志性事件，它意味着作为一种研究理路和学术思潮，'中国特色社会学理论探索与构建'已真正兴起、成型和确立，并向当代中国和现代世界展现自己的理想和风貌"②。2010 年《历程》再添新篇，进一步深化并推进了中国气派社会学理论的建构。实际上，对于中国气派社会学理论体系的理论要旨及思想精髓的理解和把握不是一朝一夕的事情，对于中国气派社会学理论的认识和看法在社会学界表现出两种比较鲜明的态度，一是质疑，一是认可，学界的质疑和认可又从某些层面促进了理论的进一步深化。不管是持疑者还是认可者，都从学理或实践等方面对这一理论进行了有益的思考、争论与进一步挖掘拓展。中国气派社会学理论已在中国的具体社会实践中发挥了已有的价值，而且这种价值也在随着社会实践的不断发展而愈加突显并得到

---

① 《郑杭生社会学学术历程》共四卷五本，分别为《郑杭生社会学学术历程之一·中国特色社会学理论的探索：社会运行论 社会转型论 学科本土论 社会互构论》、《郑杭生社会学学术历程之二·中国特色社会学理论的应用：当代中国社会的热点问题》、《郑杭生社会学学术历程之三·中国特色社会学理论的拓展：当代中国社会学的前沿问题》，此三卷由中国人民大学出版社于 2005 年 3 月出版。《郑杭生社会学学术历程之四·中国特色社会学理论的深化（上下卷）："实践结构论"的提出与"理论自觉"的轨迹》由中国人民大学出版社于 2010 年 7 月出版。据悉，第五卷正在编撰中。

② 杨敏：《社会学的时代感、实践感与全球视野——郑杭生与"中国特色社会学理论"的兴起》，《甘肃社会科学》2006 年第 5 期。

检验，中国气派社会学理论无疑已成为中国社会学重建以来的一种社会学理论建构的显著标识。当下对于中国气派社会学理论解释范式的探究，无疑是理论接受实践逻辑和理论逻辑双重检验并寻求深化发展的内在要求。

中国气派社会学理论的解释范式从"五论"延展而来，"五论"相互建塑却又自成一体，共同推动着中国气派社会学理论走向成熟，并支撑起社会运行学派的理论大厦。无论社会运行论被表述为中国气派社会学理论的"核心"、"主体"、"基础"、"基石"等，还是从"社会运行学派"的称谓中不难看出社会运行论在整个理论架构中的重要地位，也正如郑杭生先生所说："在我们看来，有中国特色社会学的视角，首先就是社会运行的视角。"① 当然，社会运行无疑成为中国气派社会学理论的首要范式。直面现代性在中国社会的狂飙突进而引发的经济体制转轨和社会结构转型，转型成为中国气派社会学理论面向本土最为重要的解释范式。中国社会学的恢复重建以至今天的自省、自信和自强，建构起社会学学科的知识根基，追求社会学研究本土特色的建构与超越，是中国气派社会学理论范式自觉的基本表现之一。扎根个人与社会的关系问题这一社会学基本问题的元理论研究，高扬社会互构的现代命题，社会互构论成为彰显中国社会学学术话语权的现代话语，也成为最具解释力的社会学范式。"实践结构社会学理论二维视野下的双侧分析"成为中国社会学理论自觉推向深入的最新表达，实践结构论重回经典的社会范域，面向全球和本土的两维展开社会学的理论创新，实现了中国气派社会学理论的进一步升华。

第一节 运行：社会发展的理论主轴

"社会运行论"源于郑杭生先生自 20 世纪 80 年代开始确定的以"社会运行"为主导观念的社会学定义，"社会运行"以自觉的理论意识展开了对社会学理论和实践的批判性反思，形成了具有中国本土特质的、民族特色的独有思想风格和话语体系，打破了长期以来被西方社会学理论和话语霸权垄断的社会学局面，中国社会学理论的构建进入"运行"时期。社会运行论的理论自觉和学术创新，加强了社会学的自主性，占据了当代

---

① 郑杭生、李迎生：《中国社会学史新编》，高等教育出版社 2000 年版，第 38 页。也见郑杭生：《中国社会学百年轨迹》，《东南学术》1999 年第 5 期。

中国社会学的学术高地，达到了一定的学术制高点，是中国社会科学学术创新的重要成果之一，正是在此理论的奠基之上形成了社会运行学派。正如杨敏所说："社会运行论已经构成了中国社会学的一种框架性和永久性的知识资源，或者说成为一股思潮、凝为一种学术传统、吸引众多学子、聚为一个理论流派。"①

一　社会运行：类型、条件、机制

运行意指周而复始地运转，社会运行指的是社会有机体自身的运动、变化和发展，常常表现为社会各种要素和社会多层次子系统之间的交互作用及其功能的发挥。社会是由不同要素和子系统构成的有机整体，在较为理想的运行状态下，各个子系统和不同要素在各自发挥功能的同时，彼此之间又交互影响且协调互补，从而使社会在动态的发展中实现平衡与秩序。社会有机体的整体运行状况总是通过微观层面的社会子系统、社会要素的能动状态及相互关系体现出来，社会的运行包含着纵向和横向两个方面的实质性意义，纵向的社会运行就是社会变迁与发展，横向的社会运行是指在社会发展的某个阶段上社会系统诸要素之间的相互作用及转化。

社会运行论基于综合性原则、协调性原则和满足需要的原则，将社会的运行区分为良性运行、中性运行、恶性运行三种类型，三种类型分别对应着协调发展、模糊发展、畸形发展的三种形态。这里的社会指的是现代社会，在当代中国，既包括"快速转型中的中国社会"，也包括"全球化过程中的世界社会"。特定的社会运行状态总是由具体的条件和机制决定的，社会学的使命便是科学地探索社会良性运行与协调发展的条件和机制，使得社会尽可能地处于良性运行与协调发展的状态之中。

作为学科的社会学的独特研究对象，在我们看来，就是社会运行和发展，特别是社会良性运行和协调发展的条件和机制。据此，我们对社会学下这样的定义：社会学是关于社会的良性运行和协调发展的条件和机制的综合性具体社会科学。为了简便，我们把这个定义代表的观点浓缩，称为"社会运行论"。

社会学不是别的，正是一门研究社会良性运行和协调发展的条件

---

① 杨敏：《社会互构论：从差异走向认同的追求》，《江苏社会科学》2006 年第 1 期。

和机制的综合性具体社会科学。我们现在要建立的社会学就是以我国社会主义社会的良性运行和协调发展的条件和机制为自己的研究对象的。所谓从社会学角度看问题，正是从社会良性运行和协调发展的角度看问题。①

社会运行的基础是物质资料的生产和人类自身的生产，两种生产的本质统一性共同构成人自身的存在方式。一定数量、质量的人口和必要的资源环境是实现两种生产的前提，物质资料的生产活动所决定的生产方式是人类社会生活的起点。社会的运行离不开社会的内外部条件，人口的数量、质量及结构，自然与人文地理环境以及环境中的资源，经济条件，文化及社会心理条件等，构成了推动社会运行的基本条件，时间以及空间上的交错重叠决定着社会运行的外部条件。

美国社会学家罗斯曾经根据社会秩序的形成过程，将社会秩序区分为自然秩序和人工秩序，据此，社会运行的机制可分为自发机制和人为机制。自发机制的形成过程是自然的，而人为机制的形成过程同样是受到社会实践检验的自然选择过程。不管是自发机制还是人为机制，都蕴含在社会运行机制体系的层次性中，对社会运行机制体系的层次性探索是社会运行范式的重要标识之一。社会运行机制构成为一个有机联系的系统，包含着五个既相对独立、又相互联系的二级机制，分别为动力机制、整合机制、激励机制、控制机制和保障机制。动力机制重在为社会运行提供不竭且适度的动力；整合机制主要是协调社会有机整体中不同个体及群体的社会利益；激励机制的功能在于激发社会发展的活力；控制机制重在控制社会运行的方向和速度，确保社会良好的秩序；保障机制侧重于维护社会安全地运行。社会运行机制的研究是一种观察社会的新角度，也是一种新的研究方式，对于当代中国社会的良性运行和协调发展具有理论和实践的双重意义。

二　秩序和发展：社会运行的核心追问

如亚历山大所言："正是个体的自主性使'秩序'成为问题。正是这

---

①　郑杭生：《社会学概论新修》第四版，中国人民大学出版社 2013 年版，第 4、8 页。

种秩序问题使得社会学成为可能。"① 社会秩序何以可能及持续一直是社会学的核心追问，同样也是社会运行论的核心追问。社会学是一门关于现代社会良性运行和协调发展的条件和机制的综合性具体社会科学，社会学的研究对象是社会良性运行和协调发展的条件和机制，这是社会运行论的核心思想，这一核心思想是郑杭生先生从 20 世纪 80 年代中后期就已开始思考、提出并不断推进的。对社会学研究对象这一新的界定，揭示了全部社会学研究的共同理论特质，融会了以往现代性发展阶段上不同社会学的具体内容，容纳了个人行动与社会结构、个人自由与社会秩序等社会学关于"行动"与"秩序"所展开的全部讨论的内容。

社会学产生于早期现代性的过程中，工业革命后民族国家及社会面临的社会运行困境，恰恰成为古典社会学家致力研究和做出回答的问题，而社会运行论在具体而特定民族国家的分析框架之外，展开了自己的思想逻辑和理论思维。社会学从一开始，社会学家们就已将社会运行和发展规律性纳入关注的重要主题，在当代全球化的社会情景中，现代性同样挑战着民族国家以及本土社会的传统运行机制，对于社会良性运行和协调发展的条件与机制的研究，依然是当代社会学所关注的焦点问题，对于社会秩序乃至全球秩序的思考和研究依然是当代社会学的核心命题。

现代性是全部社会学理论陈述发生的前提，也是社会运行论展开的理论视域和理论预设。在社会运行论的视域范围内，现代社会更多地体现为一种发展的历程，一种从传统不断向现代转变的过程，而不仅仅是一种社会形态。社会学的理论建构就是对这个持续展开过程进行的理性思考、学术表达和理论反思，在积极应对现代性进程，在对社会生活进行社会学思考和想象的基础上，成就了社会运行论的理论形态，社会运行论也在现代性的新征程中不断更新自己的思考和想象。从某种意义上说，社会运行是社会发展的当然基础，社会运行的目的也是为了推进社会的发展，建设一个更加美好的社会。社会发展可以视为是社会运行的目的，它昭示着社会运行的未来景象。因此，社会发展就成了社会运行的逻辑必然，研究社会运行必然要回答社会发展，探索社会发展的道路与途径。

对于社会良性运行和协调发展的规律性探索和研究，既与中国历史上

---

① ［美］杰弗里·亚历山大：《社会学二十讲：二战以来的理论发展》，贾春增、董天民等译，华夏出版社 2000 年版，第 9 页。

的学术传统密切相关，也具有浓厚的当代中国社会的本土特色。在 20 世纪 80 年代中期逐渐形成的社会运行论，标示着重建时期的当代中国社会学研究进入了意识自觉阶段，社会运行论可以视为"文化大革命"结束后社会学界对中国社会运行历程的一种自觉反思。社会运行论提供了解释中国社会学发展过程和研究内容的逻辑线索，提出的社会良性运行与协调发展是社会和谐的一种社会学言说和表达，现已从单纯的学术语言变成了大众语言，也成为了政策话语。对于当代中国社会良性运行与协调发展的思考和探索，已成为当代中国社会学的学术灵魂。

第二节　转型:现代性的本土脉动

社会学最初是从学科建设角度来使用"转型"这个概念的。1985 年，郑杭生教授在《人民日报（海外版）》上发表了《马克思主义社会学的两种形态》一文，明确提出当今社会学应当从"革命批判型"向"维护建设型"转型，最初的转型概念尚未涉及社会变迁的内容。[1]"社会转型"现已成为中国社会学的主流传统和关键题材，已成为一个深具思想魅力的学术范式。对中国社会转型过程中出现的种种问题的思考和研究，是中国社会学安身立命的根基。

一　广义转型论的实质内涵

"社会转型"着力于我们时代社会生活的现代性变迁，是对"现代性"所指称的人类历史宏大变迁的另类表达，"社会转型"与"现代性"都是对人类社会生活中发生的同一伟大历史进程展开的理论陈述和表达。社会转型的研究是一个实质性的主题，体现和贯穿在社会学研究的概念、命题、范式及理论架构中。自重建以来的中国社会学对社会转型研究已形成自己的经验观察和理论构建，对于当代中国社会学，社会转型研究强调的是现代性变迁、成长和更新过程的本土特质、本土道路、本土经验，这些研究汇聚成了中国社会学中的"广义转型论"探索，构成了中国社会学研究的理论、方法、学术传统和学科发展的正源。

---

① 李强：《中国高校哲学社会科学发展报告（1978—2008）社会学》，广西师范大学出版社 2008 年版，第 24 页。

　　社会转型论正式成形于 20 世纪 80 年代中期，并在其后至今的发展历程中逐渐走向了完善。从理论的提出到持续的学术论争，"转型"已成为社会科学通用的学术话语，成了普通民众理解与解释社会发展与变迁的生活话语，在影响着官方政策话语体系的同时，也指导着整个社会经济的发展。在现代性和全球性逐渐体系化的进程中，社会生活也一步步走向现代、更新现代并拥抱全球，这是社会转型的内在机理。作为中国气派社会学理论重要组成部分的社会转型论确指的是广义转型论，指的是社会在由传统向现代、更新现代的转型，是从农业的、乡村的、封闭的传统型社会向工业的、城镇的、开放的现代型社会的转型，是关于人类生活和组织模式从传统走向现代，并从现代迈向更加现代和更新现代过程的社会学研究。这完全区别于狭义转型论，即特别针对东欧诸国、苏联以及东亚等所谓"前共产主义国家"的"转型国家"进行的研究，主要体现在"布达佩斯学派"或"新布达佩斯学派"的研究中。

　　广义转型论对中国社会的转型过程进行了社会学的描述和阐释。从总体上说，中国社会转型是从 1840 年鸦片战争正式开始的，"这一过程到目前为止已大致经历了三个阶段，即 1840 年至 1949 年为第一阶段；1949 年至 1978 年为第二阶段；1978 年至今为第三阶段，三个阶段分别可称之为社会转型低速期、中速期和加速期"①。三个阶段的划分基本概括了中国社会转型的基本历程，首先是外族入侵的殖民化过程激化了社会矛盾并恶化了国内社会运行状态，外源型现代化在内忧外患的历史境遇下被迫起步；其次是新中国成立后，现代化道路在沮碍和抗拒中的艰辛探索，以及冷战影响下的内向型发展；最后是 1978 年以来的改革开放，社会转型进入加速期。社会转型论是从中国近代历史变迁的实际进程出发，总结中国数千年历史发展轨迹而得出的结论，转型社会的基本特征就是从传统转向现代，从一种此前较稳定的状态转变为另一种较稳定的新型状态，这种新型状态具有相对较高的目标性价值。

二　"度"与"势"：转型实证研究的基本骨架
　　当代中国社会的运行趋势总体而言属于中性运行、模糊发展并逐步向

---

① 郑杭生：《当代中国农村社会转型的实证研究》，中国人民大学出版社 1996 年版，第 7 页。

良性运行、协调发展迈进，这种运行态势表明中国社会正处于深刻的转变之中，这种转变不仅是社会运行状态的转化，而且也是社会运行性质的转换，即中国社会正处于由传统向现代、更新现代的转型当中。

社会转型论从两个方面对当代中国社会转型进行了深入探讨，提出了"转型度"和"转型势"这两个研究社会转型的基本范畴，这两个基本范畴构成了社会转型研究的基本骨架，成为评价、指导国家或地区、社会或地区社会转型的依据，成为实证研究的基本线索。社会转型度反映社会转型的整体状况，包括速度、广度、深度、难度和向度五个方面。其中，转型速度衡量社会转型整体的快慢程度；转型广度主要衡量社会转型所涉及的社会领域的范围；转型深度主要衡量在经济、政治、文化、价值系统、社会生活等领域向纵深发展的程度，以及在社会结构各层次之间转型推进的程度；转型难度是对转型深入过程中促进因素和阻碍因素的衡量；转型向度指的是符合转型主体实际情况的道路选择，反映的是社会转型成功率的大小。

社会转型势指的是一个国家或地区、社会或社区转型的能力、态势及其发展趋势的不平衡性，转型势是社会转型度变化的内在动力和根源，包含着转型域、转型势位、转型势级三个相互联系的概念。转型域既是地理空间的概念，又是对人类生产及活动领域的划分；转型势位是转型域之间不平衡性的实际差距；转型势级则是在相应势位状态下，社会转型域中所有社会转型能力的综合表现。

"度"与"势"这一新型的社会转型论的框架与方法，能够对现代社会生活所隐匿的真实性进行深入分析和研究，对社会转型现象的深层结构和过程继续描述和反思。"社会转型论"通过大量的经验研究，运用深入透彻的理论分析，描述并刻画了当代中国社会的变迁，尤其是社会快速转型期的社会景象。

三　转型范式的理解及应用

社会转型论运用社会学的视角对中国社会转型的过程进行了经典刻画，也形成了独具特色的转型范式。转型论视野中的中国社会是被动转型与主动转型的统一，是经济体制转轨所引起的社会结构转型和经济全球化背景下的中国社会转型双轮驱动的结果，涉及个人与社会、国家与社会、经济与社会等重大社会关系的转型，也涉及从以平等为主到以公平为主的重大竞争的观念转型，阶层机构的转型形成了社会的底层，转型也催生了人口、环境、犯罪、腐败、贫富差距等大量的社会问题，中国社会的快速转型总是在社会进步和社会代价的相互交织中推进，在应对人类共同面临的"人类困境"的同时，还在不断应对中国特殊问题的挑战。"在市场经济陌生人世界建立社会共同体的挑战、在价值观开放多元的时代促进意义共同体的挑战、在社会分化加剧情势下落实公平正义的挑战、在社会重心下移的情况下大力改善民生的挑战、在发展主体总体布局上理顺三大部门关系的挑战"①，这些都是在社会快速转型期，中国社会所表现出来的特殊挑战，能否大力改善民生问题是当前中国社会转型中最为切实而严峻的挑战。

在"现实困境"与"未来威胁"的双重焦虑中，中国社会的转型依然蹒跚前行，既为中国社会学提供了足够的经验素材，也为中国社会学理论的提炼升华提供了时代机遇。当下的中国社会转型又面临着新的命题，即从社会成员的"无感增长"到"有感发展"，如何来破解这一命题，既要深刻反思传统的发展方式，也要在发展理念以及具体体制机制方面进行全方位的创新。"理念上要摒弃旧式现代性及其相对应的发展主义意识形态，管理体制上要将治标管理与治本管理相结合，刚性管理与柔性管理相结合，社会服务与社会管理相结合，社区管理与社会管理相结合，政府主导与多方参与相结合，科学精神与人文关怀相结合，提高社会管理的科学化水平。机制上要构建收入分配的合理调整机制、创新政绩考核机制、民生资源整合机制和民生事业的社会参与机制。"②

社会的转型步伐尚未放慢，转型的问题层出不穷，转型的动力依然不竭，转型的命题常变常新，在从传统到现代的转型之路上，中国气派社会学理论体系中的社会转型论与中国社会的转型实践齐驱并进，转型的范式越加成熟，构建起当代中国社会学关于中国社会转型的知识体系。

第三节　学科:社会学理论本土化建构的知识根基

作为一门具有特定知识体系的学问，社会学理论对于社会学学科来说

---

① 郑杭生:《社会学视野下的"中国经验"》,《郑杭生自选集》,学习出版社 2013 年版,第 322—327 页。

② 郑杭生、黄家亮:《从社会成员"无感增长"转向"有感发展"——中国社会转型新命题及其破解》,《社会科学家》2012 年第 1 期。

至关重要。换句话说，没有理论的学科是站不住的，也是无法进行传播和承传的，理论是支撑学科的基本骨架，也是这门学科区别于其他学科的根本标志。社会学学科系统内在地包含着三个子系统：首先是社会学理论系统，主要包括社会学原理、社会学史，甚至包括比较社会学以及社会未来学等；其次是社会学应用系统，主要包括众多的分支学科群，比如文化社会学、经济社会学、政治社会学、人口社会学等，社会生活的多个方面孕育出多个分支社会学；最后是社会学方法系统，高度体现出社会学研究是一个方法论、具体方法和操作技术的有机统一。当社会学离开它的出生地欧洲，传播至世界各地时，各国各地社会学都普遍地面临一个本土化问题。在欧洲社会学传统中，社会学主要研究社会结构和社会运动变化规律，尤其是工业社会的结构特征及社会问题，这一传统的研究主题同样也是中国社会学的重要研究内容之一，但在中国的社会学研究中，这一内容又会体现出怎样的特点和特色，这需要本土化的理论做出回答。

"学科本土论"也称为"社会学本土化理论"，是郑杭生等人通过研究社会学本土化和中国化而形成的较系统的一个理论，在历史时空的架构中运用自己独到的理论逻辑建构出世界和中国的社会学本土化历程，体现出了论与史的一体化特点。

一　学科起点的差异和起步的相似

社会学源起于西方，这是无可争议的事实，作为学科的社会学在欧洲、美国和中国虽有着截然不同的起点，但作为学科的起步方式却有着惊人的相似之处。法国哲学家孔德于1838年在他的《实证哲学教程》第4卷首次使用了"社会学"一词。孔德在创立社会学之初认为："人类对于各种自然现象——机械的、无机的、有机的，都已有专门的学科分别进行研究，即天文学、物理学、化学、生物学等。这些学科，依据其研究对象的逐渐复杂而依次精深。同自然现象相比，人类社会组织最复杂，研究社会现象的学科也最精深。因此，社会学是最晚出的一门学科，应当是建立在其他学科基础之上，并且要充分利用其研究成果的'科学之王后'。"[①]尽管作为实证主义哲学家的孔德首先使用了社会学这一术语，但他并没有

---

① 阎明：《一门学科与一个时代：社会学在中国》，清华大学出版社2004年版，第1页。

使社会学获得区别于其他学科的专业性，成为一门独立的学科。社会学在欧洲真正成为一门独立的学科是由法国社会学家迪尔凯姆实现的，他最先在法国大学里开设了社会学课程，在波尔多大学创建了法国第一个教育学和社会学系，并创办了《社会学年鉴》，奠定了年鉴学派的基业。

在 19 世纪后半叶，社会学从欧洲传入美国，美国社会学以在大学讲坛上介绍著名欧洲社会学家的著作和思想为起点。1874 年，W. G. 萨姆纳率先在耶鲁大学以斯宾塞著作为教材讲授社会进化论，这是美国大学中最早开设的社会学课程。美国社会学的正规教育始于 1889 年，斯莫尔在科尔比大学开设了社会学课程，同时，吉丁斯在布莱恩马尔大学也开设了社会学课程。1892 年，斯莫尔在芝加哥大学创建了世界上第一个社会学系，还在 1895 年创办了世界上第一本社会学专业杂志，即《美国社会学杂志》，又在 1905 年创办了美国社会学学会，即美国社会学协会的前身。其后，美国社会学逐渐制度化建设的成就，标志着美国社会学已进入了发展的新阶段，而不再是单纯地吸收和传播欧洲社会学。到 20 世纪 30 年代中期，芝加哥学派一枝独秀的局面结束，独具特色的社会学研究中心先后在哈佛大学、哥伦比亚大学建成，从此美国社会学也开始百花齐放。美国社会学在经历了帕森斯和默顿之后，出现了多元发展的局面。

学术建制对一个学科的专业化发展具有奠基性作用。在中国，较早传授西方人文社会科学知识的变法维新人士康有为于 1891 年春在广州设立"长兴学舍"，后改名为"万木草堂"，第一个把"群学"列入教学课程。严复翻译斯宾塞的《群学肄言》是西方社会学传入中国的起点，后来，中国人采用日本学者的译法将"群学"改名为"社会学"。1906 年，京师法政学堂开设了社会学课程，京师大学堂于 1910 年也开设了社会学课程，章太炎的门生康心孚是第一位在大学讲授社会学课程的中国学者。1913 年，美国人葛学溥在上海私立沪江大学创建社会学系。陶孟和是中国第一位用社会学方法分析中国社会并出版社会学专著的人，是中国第一家社会调查机构——中华教育文化基金董事会社会调查部（后改名为北平社会调查所）的主持人，于 1915 年撰写的京城人力车夫调查可能是中国学者写的最早的调查报告。中国最早的社会学团体是 1922 年留美社会学家余天休创建的，取名为中国社会学会，同时还出版了《社会学杂志》。1928 年 10 月，东南社会学会成立，孙本文等人出版了会刊，直接推动了全国性社会学团体的成立。1930 年 2 月，孙本文等人在上海成立了全国性的社会学学术团体——中国社会学社，孙本文当选为中国社会学社的正理事。孙本文对中国社会学学科的制度化建设起了决定性的推动作用，在某种意义上，孙本文在 20 世纪上半叶的中国社会学中所扮演的角色以及所发挥的作用，比肩于美国社会学发展中的斯莫尔。中国社会学在 20 世纪 80 年代重建时费孝通所扮演的角色也与此相当。[①]

中国社会学研究会的成立，标志着中国社会学恢复和重建的开始。中国社会学研究会正式成立于 1979 年 3 月 18 日，第一任会长由费孝通担任。费孝通提出的"五脏六腑"为中国社会学恢复和重建指明了方向和具体操作规程，"五脏"指的是学会、研究所、学系、图书资料中心和书刊出版部，而"六腑"指的是与之对应的包括社会学概论、社会调查方法、社会心理学、经济社会学、比较社会学和西方社会学理论在内的六门课程，"五脏六腑"奠定了中国社会学恢复和重建的基础。各地社会学会的相继成立逐渐壮大了社会学的发展力量，1980 年中国社会科学院社会学研究所的成立，开启了社会学研究院所专业队伍建设的序幕。1980 年夏，恢复重建后第一个社会学系在上海大学文学院成立，20 世纪 80 年代北京大学、中国人民大学、中山大学等高校相继成立社会学系，到目前全国拥有社会学系或社会工作系及专业的高校达 200 多所，这些都标志着社会学学科真正发展并成熟起来，"社会学"正成为"显学"。

作为知识实践的社会学，在发生的时空结构上存在着明显的差异，在欧洲、美国和中国的发生发展存在着先后次序，呈现源发地与传播地等主次依附逻辑。但是，不管是在欧洲、美洲还是亚洲的中国，不管是主动的本土化进程还是被动的本土化进程，作为学科的社会学，其学科体系的建立及完善都在"五脏"俱全上迈出了相似的步伐，即研究系所的建立，社会学课程的开设，社会学社团组织的兴办，安身立命的学术成果生产及产出，以及致力于社会学知识生产及创新的万千学子学者队伍。

二　世界社会学格局中的"本土化"

世界社会学格局中的本土化过程实际上是一个解放学术思想的过程，主要强调包括中国在内的绝大多数发展中国家的社会学界，自觉主动地探索社会学的本国化和本土化，提出适合本国实际具有本土特色的社会学理

---

① 周晓虹：《孙本文与 20 世纪上半叶的中国社会学》，《社会学研究》2012 年第 3 期。

论，培育并形成自己的学术流派，改变一直以来对欧美社会学在学术上的依赖关系，提高自己在世界社会学界的学术地位。"二战"以来，社会学世界格局的中心被欧美社会学长期占据，尤其在较长一段时间内美国社会学掌控着世界社会学的学术格局，表现出一种强势的学术霸权。所以，打破这种垄断局面，迈向自觉自信自强的本土化成为世界各国社会学界的重要任务之一。

作为学术概念的"本土化"又可称为"本国化"、"本地化"或"民族化"，在第二次世界大战后被正式引入社会学领域，社会学本土化自此逐步成为一场世界性的学术运动。社会学本土化作为一种学术取向和学术活动，其目的在于将外来社会学的合理成分与本国社会的具体实际结合起来，实现社会学对本土社会的认识和应用，进而形成具有本土特色的社会学理论及方法。在这场声势浩大的社会学本土化运动中，社会学者们在简单移植、套用欧美社会学的同时，也积极地反对脱离本国或本地区社会现实、历史文化传统的做法，努力将解决本国或本地区社会问题与构建具有本土特色的社会学理论和方法紧密地联系在一起。世界各国社会学本土化因时因地而异，但总表现出一致性特征，在起点上具有反思性，在功能上具有整合性，在空间上具有世界性，在内容上具有多面性。①

在中国社会学本土化的进程中，怎样来处理开放性和主体性的关系一直是社会学家思考的关键问题，开放性涉及的是怎样对待和借鉴国外社会学主要是西方社会学的问题，而主体性主要涉及的是社会学的本土化或中国化的问题。坚持开放性，但要拒绝彻底的西方化，要批判地借鉴和吸收外来社会学的合理成分，加强社会学知识的跨国跨文化交流，加快社会学知识的跨文化传播，增进不同地域范围内和不同文化背景下的社会学者在社会学理论及方法上的交流和共识，实现不同文化之间的彼此认可和相互建塑。而坚持主体性，就是要增强主体意识，主动将社会学学术研究与本土社会实际紧密结合起来，增进社会学对本土社会的认识力和解释力，并将社会学知识应用于本国的社会实践发展，形成具有本土特色的社会学理论及方法，在建构本土特色的同时，更要超越本土特色，破除边陲思维，提升在世界社会学格局中的势位。

---

① 郑杭生：《郑杭生社会学学术历程之一·中国特色社会学理论的探索：社会运行论 社会转型论 学科本土论 社会互构论》，中国人民大学出版社 2005 年版，第 333 页。

三 本土化运动中的社会学“中国化”

一般意义上的社会学理论是普适性与特殊性的统一，这一点恰恰成为社会学需要本土化、中国化的理论根据。社会学中国化就是要采用欧美社会学的方法，根据欧美社会学家的学理，不断发掘和整理中国传统的社会思想以及社会制度，紧密结合当时中国社会实际状况，综合形成系统而有组织的中国化社会学，这是早期中国社会学家对社会学中国化的理解。中国社会学家许世廉于 1925 年在分析当时中国社会学教学和研究中存在的问题时，倡导要建设“本国社会学”。其后的 1931 年 2 月，孙本文在中国社会学社的第一次年会上明确使用了社会学的“中国化”概念，提出“建设一种中国化的社会学”为今后中国社会学的四大“基本工作”之一，强调中国社会学界“今后之急务”就是社会学中国化。孙本文这次年会上的演讲算得上是亚洲乃至世界社会学史上正式地、明确地倡导社会学本土化的最早范例，标志着社会学本土化运动在中国的正式开始。[1] 此后的十多年里，中国社会学开展了轰轰烈烈的本土化运动，取得了引人注目的成绩。费孝通先生当时提出“差序格局”的概念来说明和解释中国社会结构格局，表现出很强的中国特色。后来又明确地从社会学视角，提出应该把与社会运行机制结合起来，对精神现象开展不同于自然科学的研究。同时，社会学的研究方向要充分考虑人文方面的需要，研究一些关于“人”、“群体”、“文化”、“历史”等基本问题，为社会学的学科建设奠定更为坚实的认识基础。[2]

社会学的理论架构及其知识体系是在欧美文化中生成壮大的，对于非欧美的国家和地区来说，社会学则是地道的舶来品。然而舶来的社会学并不一定能与本土社会文化有效匹配，所以引进之后大多存在一个本土化的问题。同时，在国际体系中，由于中心国家对知识生产主导位置的占据，使得边缘国家常常陷入一种知识生产上的依附性地位，“本土化”成为边缘国家从自发到自觉地一种行动。社会学本土化不是一个新问题，甚至说是一个老问题，但是，有必要运用新的视角对社会学本土化进行新的解

---

① 郑杭生：《社会学中国化的几个问题》，《郑杭生自选集》，学习出版社 2013 年版，第 151—152 页。

② 费孝通：《试探扩展社会学的传统界限》，《中国社会学统计年鉴（1999—2002）》，社会科学文献出版社 2003 年版，第 5 页。

释。当我们在阅读西方社会学理论方面的经典文献时发现，植根于解释欧美等西方社会的理论既有普适性、普遍性的一面，也有非普适性、特殊性的一面。西方社会学理论在中国是否存在完全"普适性"的问题一直在挑战着每一位中国的社会学学者，社会学中国化的核心就是要建立关于中国社会的"中层理论"[①]。中国社会实践的结构性巨变进一步呼唤着中国社会学的本土化和在地化，中国社会历史的巨变成为社会学中国化本土化的动力源泉。立足世界社会学的变迁发展以及世界各国社会学本土化的宏阔视野，考察、评价并展望中国社会学的百十年发展进程，中国气派社会学的建构一直是中国社会学本土化过程的恒久主题，中国气派社会学理论与方法的构建是中国社会学发展的重中之重，立足本土化，迈向国际化，拥抱全球化是中国社会学发展的必然趋势和选择。据此，郑杭生先生认为中国社会学要健康稳定发展就必须要不断地总结自己的发展历程，总结百年中国社会学的发展轨迹，坚持"立足现实，开发传统，借鉴国外，创造特色"的本土论法则，并以此来引导中国社会学的理论推进和理论建树，同时对中国社会学发展史上的学派建树、经验命题、理论成果进行梳理，重新思考和明确中国社会学在世界社会学格局中的地位，这就是"社会学本土论"或学科本土论，只有社会学的本土化才能使中国社会学成为一门有根的学问，才能实现中国社会学的"理论自觉"。

第四节　互构：个人与社会关系的现代话语

社会互构论是关于个人与社会这两大行动主体间互构共变关系的社会学理论，"社会互构"是这一理论的核心概念和范式。社会互构论立足于个人与社会这一元问题和基本问题，从社会学基本理论和方法两个维度上，对两大社会行动主体的互构共变关系展开了具体分析和阐释，同时对当代中国社会转型过程中的个人与社会关系的现实经验及社会事实进行了深入思考和研究。在这个"社会互构"的时代，"互构"业已成为最具中国气派的现代社会学学术话语。

---

① 李强：《中国高校哲学社会科学发展报告（1978—2008）：社会学》，广西师范大学出版社2008年版，第497页。

一　社会互构的理论基点

"个人"和"社会"作为最基本的社会行为主体，是社会学知识对象的元事实，是具有元意义的根本性事实，在社会学的思考和研究中具有逻辑的先在地位，是展开社会学理论建构和社会学经验研究的根本性事实基础，是社会学知识体系的逻辑原点。"个人"与"社会"这两大元事实之间的关系问题在社会学研究中具有逻辑先在性，而且嵌入社会学理论研究与经验研究的各个环节之中。

个人是社会的终极单元，社会则是个人的存在方式，众多的个人构成了社会共同体，而众多个人之间的关系形成了社会。个人与社会具有人类生活共同体相互关联的二重性，个人与社会互构关系的历史演变促成了人类生活共同体的发展。个人与社会作为人类生活共同体的二重属性和表征，两者之间不可分割、互为前提、互为存在的条件，体现了对立中统一和在统一中对立的辩证关系。互构共变是当代中国个人与社会关系的基本特征，在当代中国社会的快速转型进程中，社会关系主体之间的互构共变关系将个人与社会置于一种相互对应、作用、关联的过程性当中，并以共时共变的形式表现出来。社会互构论就是对当代中国个人与社会的关系在经济、政治、文化、社会等生活中的理论提炼，是对个人与社会关系在行为方式、生活模式、社会组织形式以及社会结构中的真实表现和变化趋势的学术表达。在现代性扩散的中国社会具体转型中，中国社会学总是在把握中国社会的特殊性与西方普遍性的两极间建构个人与社会关系的本土特点，旧式现代性向新型现代性的迈进凸显出当代中国社会时空过程的具体性，这种具体性的理论探索和逻辑阐释显得尤为必要和关键。社会互构论将理论的基点放置在"个人与社会关系"这一元问题上，找到了整合、超越社会理论经典二元对立的终极根源，表现出明显的"实践式"思维回归的特点，成为"互构"这一概念最为革命性的意义所在。

社会互构论的理论预设涉及以下六个基本方面：

第一，人与自然的关系，是人类自身的各种关系和纽带的基础。

第二，社会是个人的存在方式；众多个人的行动关联即为社会；个人与社会的关系是互构共变的关系。

第三，"个人"、"社会"、"自然"是现代人类生活的基本要素，也是生活实践中的给定又未给定的多重性事实、现象和意义。

第四，现代社会生活的终极主体是"个人"，个人主体间的行动关联构建并更新着社会行动的秩序和结构；社会行动的秩序和结构则维护、保障和促进着个人主体性的积极发挥和不断提升。

第五，个人与社会的关系问题是社会学研究的基本问题、主题与核心，社会学由此构成一种描述、理解、分析、阐释和反思的开放性知识系统，提供有关社会与自然、个人与社会的关系理论与策略。

第六，社会学家对社会生活经验现实的体验和感悟，使社会学理论得以构成、推进、更新；社会学对于变化和发展着的社会生活实践的描述、理解、分析、阐释和反思，因此成为可能。

上述六条，是社会互构论的理论预设前提，也是对现代社会生活实践的互构共变进行观察分析的基础。①

作为社会学知识对象的社会事实，是社会行为主体相互建构的产物，体现着精神性主观存在与物质性客观存在的统一。社会事实既具有客观物理属性，也有主观心智结构的特征，对于社会事实的这种二分理解，使得社会事实的关联性理解成为可能，对立的二元本身意味着彼此之间不可分割的关系和条件。现代性扩散发展的过程将个人与社会关系的"问题性"意义彻底凸显出来，社会学正是因现代性过程的个人与社会的关系问题而兴起，个人与社会的关系问题是现代社会一切问题的根源。

社会互构论的本体论和方法论预设，既确立了个人与社会之间的共时性和共变性的互构关系，也排除了在个人与社会之间做出非此即彼的选择性陈述的必要，社会互构论的整个理论前提和基础就此形成，社会行为主体之间互构共变的关系主要围绕着社会关系、社会行动和社会实践等核心范畴而展开。互构论视野中的社会关系既包括人与人之间的关系，也包括人与自然的关系乃至社会与自然之间的关系，既涵盖了经济、文化、政治、民族、阶级、集团、秩序、结构、变迁等宏观层面的关系范畴，也涵括了小群体和人际互动等微观层面关系范畴。互构论视野中的社会行动强调个人不仅仅是个人自身，同时也意味着社会，人的行动本身就是社会性

---

① 郑杭生、杨敏：《社会互构论：世界眼光下的中国特色社会学理论的新探索——当代中国"个人与社会关系研究"》，中国人民大学出版社 2010 年版，第 532 页。

的，社会行动是其自身性和社会性的关联体，是人性和社会性的关系结构体，行动的时间性和空间性统一于社会行动当中，构成行动的时空性，社会行动的时空性对应着社会的时空结构，社会行动的展开过程是行动者与时空结构互构的过程。互构论视野中的社会实践强调多重意义的统一，其核心内涵就是社会互构谐变的过程，既是行动主体间交互建构的过程，也是社会行动意义的"效应"过程，也可以说是主观行动意义赋予向外在行动意义转变的实践化过程，还可以说是实践意义的生成、往复调适、反思性监控的行动延展过程。①

二　社会互构的逻辑理路

　　社会互构论既是关于社会行动主体之间互构共变关系的社会学知识系统，也是社会行动主体间多元互构、并立共变关系的社会学现代话语体系。互构最为核心的表征是社会关系主体之间相互建塑和型构的关系。社会关系主体在互构过程中发生着共时性和共变性的变化，换句话说，共变社会关系的主体在互构过程中总要表现为相应性变化状态，相应性是共变的基本特征。这种共时和共变并不是完全一致或一一对应，而是在整个过程中蕴含着差异和冲突，正向谐变或逆向冲突都是同一共变过程的不同方面，但同时也强调逆向冲突的研究也是实现正向谐变的必经之途。

　　社会事实是社会行为主体之间互构共变关系的结果，关于社会事实或社会现象的概念体系和知识结构奠定了社会学的理论基础。个人、社会、自然、关系、行动、结构、实践、利益、意义、个人化、个人分化、个人丛化、互构、共变、协变、互构域等构成了社会互构论的基本范畴。社会互构论围绕着当代中国社会转型期的互构主体、互构内容、互构框架、互构形式、互构条件、互构机制等展开了社会互构的逻辑理路。

　　社会互构的主体是多元的，个人、集体、社会、国家等都是处于"互构关系"中的行动者，"个人"不是"自我相关"的独立存在，个人以"个人间性"为自我存在和活动的方式，个人与集体、集体与集体、社会与国家、国家与国家的"间性"，都是"个人间性"的具体表现和展

---

　　①　郑杭生、杨敏：《社会互构论：世界眼光下的中国特色社会学理论的新探索——当代中国"个人与社会关系研究"》，中国人民大学出版社 2010 年版，第 536 页。

开，"个人间性"是"社会互构"的原型和理论依据。①

社会互构的内容既有包括社会关系主体之间关系的不确定性和或然性，也包括社会关系主体之间的因果必然性。社会学互构论的研究内容最大限度地涵括了因果性、时序性、不可逆性现象，同样，对于不确定性、非意图性、非预期性的现象也给予急切关注。

社会互构的框架集中体现在旧式现代性与新型现代性这对具有框架意义的范畴中。社会互构论在批判地反思西方价值观主导的旧式现代性及其沉重代价的基础上，探索了中国社会转型过程的新型现代性实践，确立个人与社会、社会与自然之间的同构互生、互构共变为新型现代性的基本关系，社会与自然、社会与个人互构、共变、共生、双赢，"互构共生"是现代社会的基本特质和深刻内涵。

社会互构的形式是一种理论性与经验性紧密结合的一体化形式。个人与社会是人类生活的两重属性，互构与共变是它们之间的基本关系，这是社会互构的基本前提。对同一社会实践过程不同侧面的理论概括最终都通过主体与客体、行动与结构、主观与客观、微观与宏观、个体与整体等关系范畴体现出来。社会互构论的研究，既彰显了人文研究与实证研究并重的价值取向，也体现了理论研究与经验研究相结合的方法准则，是理论性研究和经验性研究的统一体。

社会互构的类型一般根据社会互构共变的"向度"和"量级"来进行区分，表现为三种基本类型。一是正向谐变，强调变化的相应、偕同、共时性，以及一致、协调与和谐等。二是逆向冲突，随着不和谐的向度和量级的扩展和升级，互构的各方在变化过程中朝着差异、分歧、不认同等趋向发展。三是悖向同变，也称为"正向—反向同变"，强调一个变化过程中同时存在着正向和反向这两种并立、同行而悖逆的运动趋向。

社会互构的条件强调互构发生的现实性情境，主要包括多元性主体在一定时空情境下的参与，互构参与者主体性资格的认可，互构实践运作过程相关的意义、结构、权力、机会等资源。社会互构的机制是指互构实践过程推进的综合创新机制，包括互构过程的一般机制和具体的"互构域机制"，前者包含有情性调节机制、智性逻辑机制、意志驱动机制、实践

---

①　郑杭生、杨敏：《社会互构论：世界眼光下的中国特色社会学理论的新探索——当代中国"个人与社会关系研究"》，中国人民大学出版社 2010 年版，第 562 页。

反思机制等；后者表现为"社会与国家的互构"的法理机制、解释机制，"国家与利益群体的互构"的结构性机制、体制性机制等。

"社会互构论从根本观点上说，得益于马克思主义的思想和辩证法。"[1] 在我国新型社会主义建设背景下，社会互构论作为对当下"个人与社会"关系的理论回应和反思，强调"个人与社会"的问题既是社会学的元问题，又是社会学的基本问题，元问题强调这一问题的逻辑层面，而基本问题则是强调这一问题的现实层面，这种反思做到了逻辑与现实的相统一。从逻辑上说，"一元"本身无法"互构"否定了结构性，"多元"便成为"互构"的逻辑前提，"社会互构"在预设了"多元"的前提下，强调多元行动者之间的交互性建塑以及型构。与此同时，"多元"在某种意义上也意味着互构主体的多样性，主体可以是不同的个人或个体，也可以是群体、国家或社会等不同类型的集体，互构过程中任何一方的行动都可能对他方的行动意义产生影响。"多元互构"体现的正是现代社会生活的基本特征，也是对当代中国社会实践及其发展趋向最具中国气派的理论表达。

社会互构论以个人与社会的关系为基础，不断审视旧式现代性的展开过程和实质，形成了对新型现代性趋向的逐渐自觉，现代性推进的时代面向为社会学展现了正逢其时的历史机缘，敦促着人们对时代和生活展开具体而微的思考，在世界多极化和多元化趋势日益加强的背景下，平等互惠、协商对话、并存互构、强弱双赢已成为当今时代的主要特征和主流价值。社会互构论正是对这一时代脉象的把握，从哲学层面和社会学元问题层面下沉，形成了独具特色的社会学范式，一系列专业性学术术语的运用，以浓厚的学术性展开了社会互构的逻辑理路，形成了极富特色的学术话语，这些话语对现代性给予了宏大细致、广阔深入的精细刻画和认真反省，逼近现代社会的真貌，成为解释和阐释当代现代性变迁及中国社会转型的最为有力的学术话语。

三　社会互构的实践映射

中国社会转型期的个人与社会关系的经验现实问题，依然是当代中国

---

[1]　郑杭生、杨敏：《社会互构论的提出——对社会学学术传统的审视和快速转型期经验现实的反思》，《中国人民大学学报》2003 年第 4 期。

社会学的基本问题，"社会互构"就是对当代中国社会转型期个人与社会关系在经验现实基础上凝练的基本理论概括。社会互构论认为，在社会学中一直存在的"个人与社会"之间的二元张力与差异区别是消解不了的，二元不可能变为一元，社会学的关键是要正确认识和揭示二者之间的关系。个人与社会之间存在着互相建构的关系，个人与社会在具体的行动过程中表达着各自不同的诉求，个人与社会之间既对立冲突又协调整合的关系演变过程，共同推动了人类生活共同体的发展。社会运行学派"五论"中的社会互构论，是中国社会学在摆脱简单移植西方社会学，力图建设具有本民族特色社会学理论的一种可贵探索。社会互构论并不排斥对西方社会学理论的研究，恰恰同西方社会学的前沿理论展开对话和理论的借鉴，在对话中质疑，在批判中借鉴，在研究和评论西方社会学的思想观点中建构起了自己的理论体系。

社会学理论的优与劣可以用解释力来进行判断。有解释力或解释力强的理论，能够为他人进行学术研究提供一项可供选择和操作的学术框架，正是这种学术框架为后人提供了一份宝贵的遗产，推动了研究的进行。在社会学的知识传统中，抽象概念的具体可感知性操作是理论具有说服力和解释力的前提。基于社会关系、社会行动和社会实践建构起来的社会互构论，是对社会学经典命题个人与社会关系问题在当代的最新言说，而且这一富有中国特色的话语体系彰显了中国社会学源源不断的生命力和创造力，并被学术界所接受、认可，并自觉地运用起来。同时，"社会互构"作为当代社会学最富时代特征和意义的社会学理论，以及具有中国气派的其余"四论"，同样印证了理论与时代、理论与社会、理论与实践互构的主题思想。中国气派社会学理论作为时代的思想产物，逐渐在接受社会实践检验的同时，也在推动和影响着社会实践具体领域的深化与发展。"社会转型"、"协调发展"、"良性运行"等话语体系已深入人心，成为学界、政界乃至社会大众的流行话语。社会运行论的思想越出社会学界影响到其他学科的发展，历史学者龚书铎教授主编的八卷本《中国社会学史》就是例证。社会互构论对社会学的经验实证研究产生了实际的影响，如潘鸿雁基于河北定州关于当代中国国家与家庭关系的研究，王道勇关于农民理论及农民市民化的研究等。社会互构的解释力及其前景正在年轻学者的努力下一步一步彰显出来。

第五节　实践：回归经典的社会范域

"对理论性理解局限性的批判性反思，其目的不是要贬低这种或那种形式的理论认识，像人们常常做的那样，用一种多少有点理想化的实践认识取而代之；而是使它摆脱它之产生所依赖的认识论及社会条件强加于它的偏向，从而为它奠定一个坚实的基础。这种反思与把大多数关于实践的话语引入歧途的正名意图无关，其目的只有一个，那就是揭示被理论认识隐含用到的实践理论，从而使一种对实践和实践认识方式的真正的科学认识成为可能。"① 实践结构论作为一种精心建构的知识体系或认识形式，涉及实践的根基以及整体框架，它以对特定时空形态下现代性的反思，回归到经典的社会学理论范域。

一　实践的结构性巨变

实践是在特定历史条件下展开并随着这些条件的变化而变化的历史过程，是一个充满矛盾和冲突的辩证过程。人类社会的矛盾正是在社会实践的历史变迁和演进发展中不断地生成、转化、解决，进而使得人类社会获得持续发展、不断重新建构的动力。当全球化和本土化不断地交织，原本属于地方性的常规问题转而成为一场复杂的全球性问题，当代世界及当代中国的社会变迁存在着较为普遍的八种趋势，即科技导引的社会信息化以及符码化、被催化的社会分化、日渐加深的社会两极化、愈加消极的社会分层、扩大化的社会风险、更为复杂的社会矛盾、深度腐蚀的社会信念等，在传统到现代的快进状态中，社会生活的症候更为复杂。

当代科学技术创新和应用引领的社会信息化、符码化、数字化和网络化，提供了使失谐因素被激活的结构性要件，易形成社会矛盾，引发社会动荡；社会"去集体化"和"去组织化"的趋势进一步发展，对社会分化形成了更强的催化作用；劳动与资本传统关系的破裂进一步推动了社会的两极化趋势，导致了新的二元分化现象；有形劳动社会地位的急剧下降，形成了社会分层的消极动力；经济活动性质

---

① ［法］皮埃尔·布迪厄：《实践感》，蒋梓骅译，译林出版社 2009 年版，第 36 页。

的转变促生了社会风险的扩大和加深，极大地销蚀社会的安全基础；财富分配和风险分配的双重压力，使得社会矛盾的根源更为深刻、复杂；生活世界与系统世界的不平衡关系，深度腐蚀了社会信念和价值观；各种因素和传统之间盘根错节的复杂关系，不断助推社会生活中的一些复杂症候。①

以上趋势既有当代社会生活的新动向，也有现代性进程中的变异性动向，都是社会实践发生结构性巨变的经验资料，社会实践逐渐被人为设计和规划的力量所左右，人为性因素对社会实践的彻底性渗透，熔铸了社会实践的结构性特征，实践结构成为一种固定的或定型的社会事实，内在于社会各构成部分之间，使其具有共同性和普遍性的联系，并存在于社会现实表层之下的深层根基中，具有跨时空性和自我再生产的机制。当现代性在全球推进时，人们不得不忧患于社会生活的失范以及病态，不得不焦虑于理性化带来的技术控制和符码操作，不得不去面对大规模全球化的风险宿命，不得不在交往沟通的困境中感受悖谬和危机。

实践总是不断地受到诸多社会事件本身产生的新知识的检验和改造，从而在结构上和内容上不断地改变着自己的特征。现代性处于不断成长的过程中，社会实践结构也处于从传统走向现代、迈向更加现代的过程中，当代中国的社会主义也正处于走向更新现代的成长过程中，当代中国社会主义的发展已经进入了中国特色社会主义这一前所未有的新型社会主义的实践过程中，全面、协调、可持续发展的科学发展观是新型实践的必然选择，民主法治、公平正义、诚信友爱、充满活力、安定有序、人与自然和谐相处的社会主义和谐社会，是新型实践的目标指向。这一前所未有的新实践需要我们不断地更新和拓展观念和理念，需要大胆地进行建设性反思的理论魄力和勇气，通过更新的社会实践锻造出更高层次的认同和共识。

在当前社会实践发生结构性巨变的这一历史进程中，有一种新的发展动向是值得关注的，当今的社会主义和资本主义已经由起初的简单对抗和冲突过渡到了彼此借鉴、相互吸取和上下融通。随着社会主义和资本主义的关系从"传统"走向"现代"，当代社会主义的实践和探索也进入了一

---

① 杨敏、郑杭生：《社会实践结构性巨变的若干新趋势——一种社会学分析的新视角》，《社会科学》2006 年第 10 期。

个从未有过的新境界，可称为"中国特色的新型社会主义"。这种社会主义和资本主义建立在恪守各自原则和底线基础上的互构，正是马克思主义社会学对于社会主义的维护建设性特征的一个重要体现，即追求的既定目标依然不变，但是完全可以根据目标选择推进手段，这也为当下中国社会主义的最新实践奠定了理论和方法论基础。正如郑杭生先生所说的那样："社会主义应当尽可能地学习、借鉴西方社会发展过程中的成功经验，不仅要使其为我所用，而且要将其吸纳到自身的体制系统中，成为社会主义制度的组成部分。在马克思主义社会学的当代形式中，目标的坚定性与手段的可选择性既是内在的逻辑，也是一种启示：不懂得学习和利用是缺乏基本的智慧，而只见手段忘记目标则是完全失去了头脑。"[①]

二　"二维视野"的方法论意义

"现代性全球化的长波进程和本土社会转型的特殊脉动"两股力量的共同作用，引发了当代社会实践结构性的巨变，这两股力量的相互扭合产生的显示效果，称为"二维效应"。对这两种力量、两个维度以及"二维效应"展开的社会学分析，则称为"双侧分析"，而将它们作为社会学的视角，即为"二维视野"。首先从历史的宏阔视野关注现代性的大时段和长趋势，关注现代性进程更为持久连绵的稳定性因素；其次聚焦本土社会的具体社会变迁以及转型过程，尤其是转型中潜藏社会动荡的不确定因素。研究这种结构性巨变及其二维效应的理论称为"实践结构的社会学理论及其二维视野和双侧分析"，"实践结构论"是其简称。

"二维视野"彰显出理论与实践的互构。以实践为基础的反思批判是一种积极的否定，实践结构论表现出中国气派社会学理论研究中的建构论风格。建构论反对单纯描述社会生活客观结构的描述性研究，主张社会结构本身就是人类根据自己的思想意愿建构的产物，业已形成的社会结构规定并制约着人们的思想结构，同时，人们的思想结构也在不断地支配着人的行动并改变着社会的客观结构。社会实践结构的变迁要求社会学的研究必须以积极的姿态去参与社会、研究社会，乃至重建社会，所以实践结构论二维视野中的后一维度侧重于多角度透视和分析当前社会变迁中的各类

---

① 杨敏、郑杭生：《社会实践结构性巨变时代的马克思主义社会学》，《社会科学研究》2007 年第 2 期。

现实情境及反应，在实践层面对具体社会政策和对策展开探讨，而前一维度注重对社会实践结构发生革命性巨变的理论逻辑探讨以及对实践感悟的理论提炼。

　　具体说来，这二维视野、双侧分析就是：第一，以现代性的长趋势和大尺度的历史视野，探查和追踪这一历史进程的持续经久、连绵不断的稳定性变化；第二，通过本土社会变迁的具体视域，把握转型过程中以快波频率交替进行的社会变动，这类变动往往隐现不定却能引发较大的社会震荡。这二维视野、双侧分析在研究中各有特点。前一维度以宏大的历史感，过滤掉了这一进程中的具体情节，以及偶然性的、局部性的和个人的故事，来展现贯穿现代性之中的大时段和总体性趋势，着意把握其中最坚韧不替的"顽强逻辑"。后一维度则更具有近距离的观察力，尤其是聚焦于当前社会变迁过程的各种现实反应和症状，通过多角度、多侧面的透视和分析，来解释发生在本土社会中的较为近期的事件和困扰。这种解释，在实践层面，更倾向于对具体社会政策和对策的讨论；而在理论层面，则为社会学理论的创新提供了新的契机。①

"二维视野"弥合了普遍性与特殊性的裂痕。现代性在全世界的推进历程，尽管是一个价值观走向多元化的过程，但并没有改变从特殊性走向普遍性这一规律。将中国社会命题的"特殊性"扩展到中国社会学研究和学术的"特殊性"是冒着风险的，甚至是误入歧途的，因为科学毕竟是超越地域、文化、民族乃至国家带有一般性的认识活动。"二维视野"将现代性蕴含着的普遍性与中国社会的特殊性都置于当代社会实践的洪流之中，以一种大尺度和大时段的宏阔历史视野展开思考和想象，对人类生活变迁中的多重复杂性予以考量。普遍性与特殊性、共性与多样性、世界性与地方性、全球性与本土性等随着现代性的变迁相互扭结在一起，每一次现代性的重大推进，社会现象的边界以及现实问题的焦点都会随之发生变化，每一种变化都为社会学的研究提供生动而具体的经验题材，社会学

---

① 郑杭生、杨敏：《社会实践结构性巨变对理论创新的积极作用———一种社会学分析的新视角》，《中国人民大学学报》2006 年第 6 期。

总是在两维的视野中展开自己的思考，并将这种思考以理论的方式集结，回馈到变动不居的社会实践当中，并产生具体而微的实践效果，实现社会学生命的逻辑，彰显出实践的意义。

第六章

中国气派社会学理论的自觉意义

郑杭生先生在谈到中国社会学的理论自觉时，强调应把"世界眼光中国气派兼具的中国社会学"作为追求的目标，而不是西方社会学某种理论的中国版。"自觉到我们的目标是世界眼光中国气派兼具的中国社会学，而不是西方社会学某种理论的中国版，是中国社会学界对自己的理论的反思，也是对别人的理论的反思结果，是对自己所教学、所研究的社会学理论和社会理论的自知之明。这是'理论自觉'的主要内容，是'理论自觉'的首要自觉。"①中国气派社会学理论的理论自觉，最初集中在20世纪80年代初对马克思主义社会学"两种类型"的探讨上。马克思主义社会学对资本主义社会是"革命批判型"的社会学，对我们自己建立起来的社会主义社会是"建设反思型"的社会学，② 这一划分为社会运行论的生成争得了学术的和现实的立足空间。在总结改革开放30年来中国社会学发展时，对事关中国社会学发展全局的科学性与价值性、经验性与理论性、传统性与现代性、建设性与批判性、本土性与国际性等重大问题进行了集中的建设性反思，进一步推动了"理论自觉"的新高度，标志着中国社会学的日趋成熟。2010年《社会互构论：世界眼光下的中国特色社会学理论的新探索——当代中国"个人与社会关系研究"》的出版，成为中国社会学"理论自觉"的标志性著作之一，社会互构论是中国社

---

① 郑杭生：《促进中国社会学的"理论自觉"——我们需要什么样的中国社会学?》，《江苏社会科学》2009年第5期。

② 在《郑杭生社会学学术历程之四·中国特色社会学理论的深化（上下卷）："实践结构论"的提出与"理论自觉"的轨迹》第4页中，郑杭生先生说："现在看来，把马克思主义社会学的第二种形态叫作'维护建设型形态'的社会学，不如把它叫作'建设反思型形态'的社会学来得好。"并做出详细论证。

会学"理论自觉"的标志性理论之一。① 打破西方对于学术话语的垄断，提出扎根本土的学术概念，创造富有本土特色的理论，言说彰显民族精神的学术话语，这是理论自觉的实质性内容。"在这里，所谓'述而不作'没有什么市场。'述而不作'也许当年孔子行——那时他有众多的弟子给他记录成书，但是今天不行——今天很难找到这样的弟子了。而且，自称学问本事很大，但没有事实证明，谁能相信？更重要的，学问、思想、理论是需要不断提炼、感悟的，只有结合实际多思、多写才能进行这样的提炼和感悟。"② 在《郑杭生社会学学术历程》中，可以说凝聚着中国气派社会学理论的建构历程及其理论精髓，也记录着中国特色社会学理论自觉的坚实脚步。

第一节　从概念的革命到革命的概念

　　笔者 20 多年来给自己设定的学术目标并锲而不舍地加以追求的，就是"对有中国特色的社会学理论有所贡献，对转型中的中国社会的认识有所深化"，以及通过这种追求，对实现"增促社会进步，减缩社会代价"的社会学深层理念有所推动。作为上述追求和探索的结果，笔者和与自己一起工作的学术群体，提出了社会运行论、社会转型论、具有新视角的社会学中国化理论和社会互构论等四个理论，并通过长期、持续的教学与科研活动，其中有的已经产生了一定的社会影响。所谓"中国特色社会学是有实实在在的内容的"，在我这里，就是上述四个理论也和其他一些中国特色社会学理论一样，是有实实在在的内容的。这些内容，可以从纵横两个方面——历史方面和逻辑方面来加以说明和把握。③

　　"对有中国特色的社会学理论有所贡献，对转型中的中国社会的认识有所深化"是郑杭生先生一直以来未曾改变的学术追求，也是他对于中国气派社会学理论建构的一个基本定位。时至今日，社会运行论、社会转

　　① 郑杭生：《郑杭生社会学学术历程之四·中国特色社会学理论的深化（上下卷）："实践结构论"的提出与"理论自觉"的轨迹》，中国人民大学出版社 2010 年版，自序，第 9 页。
　　② 同上书，第 16 页。
　　③ 郑杭生：《马克思主义与社会学》，《理论学刊》2003 年第 6 期。

型论、学科本土论（也称具有新视角的社会学中国化理论）、社会互构论和实践结构论"五论"的阶段性理论成果建构起了中国气派社会学理论的大厦。当笔者深入去研读中国气派社会学理论这些实实在在的内容，再去体味这些深刻的思想，最为印象深刻的莫过于既彰显传统文化特色又蕴含着社会学学理的"概念"。这些新概念所负载的思想源于社会现实，紧紧跟随社会现实，也积极地回应社会现实，当社会现实发生变化，反映社会现实的思想也要跟着变，以至于承载思想的概念也要跟着变。社会现实的生动变迁不断催生着新的概念的提出，新概念的提出总能带动思想领域的革命。当这些思想经过与社会现实无数次的交流碰撞，随着岁月的流逝，有的被淘汰，有的则沉淀生根，并持续带来革命性的概念，引领并推动着社会秩序的生成以及社会发展的趋势。

中国气派社会学理论是立足中国社会的实际，在对中国本土社会发展变迁的调查研究和概括总结的基础上凝练而成的，中国气派社会学理论的发展需要持续地研究中国社会史和中国社会思想史，并从悠久丰富的社会思想和优秀传统中吸取养料。[①] "运行"概念的提出，可以说是对中国悠久传统思想资源的一种有效挖掘。对于"秩序与进步"、"结构与过程"、"运行与发展"等关注是社会学的传统，追求秩序与规避动乱是中国突出的文化特征和趋向，在中国前辈社会思想家那里所聚焦的治乱兴衰，探讨治世的社会条件和运行机制，达到治世的途径和手段等，透视的恰恰是社会变迁轨迹的一种思考。"运行"开启了有中国气派社会学理论探索的大幕，而且"运行"带来的是根植理论基础上学派的发生及成长，成为从概念的革命到革命的概念的意义所在。"转型"同样也是带有革命性的概念，源于英文"social transformation"的"社会转型"，被翻译为"社会改造"、"社会改革"、"社会转变"等，对于这一概念的把握对接到社会学的视野中，成为具有特定含义的社会学术语，直接深化了对于当前时代社会变迁认识的深化。对于"转型"的认识带来了现实社会的革命，推动着中国社会的改革实践掀起一浪又一浪的高潮。由于社会大变动而得以确立学科地位的社会学，在社会从传统型向现代型社会转型的进程中其学科地位得到了进一步的提高。

---

① 郑杭生、王万俊：《二十世纪中国的社会学本土化》，党建读物出版社2000年版，第5页。

西方社会学理论的整合一直是个旷日持久的难题，从历史与现实的发展来看似乎也是个挥之不去的情结。直到吉登斯的结构化理论、布迪厄的场域—惯习理论等各种努力所取得的成果中，包含了丰富的创见与启发性，但在某种程度上又陷入了抽象的二元以及空洞的起点。"互构"带来了概念的革命，社会互构论就像很多人所了解的那样，写作方式的抽象，理论所涉及的关系术语的错综复杂，并非所有人都能够理解，但它在捕捉社会现实和把握社会变迁动态的基础上，对个人与社会关系这一永恒的主题进行了革命性的理论阐释和思想发明。"互构"这一最富时代特征的革命性概念直接反思西方"消解"的思维，立足对二元矛盾及其全面辩证关系的再认，采取个人与社会的关系问题这一表达方式，从根本上走出了西方社会学传统理论的形而上循环，将理论的视野定位于现实的个人与社会的关系及其过程，使社会学理论与思维的逻辑获得持续的知识增长点。对于社会学学术话语权的争取，突破"边陲思维"，在理论和现实的层面生发了许多革命的概念。对于中国社会学来说，就是要敢于打破西方的"文化霸权"，提炼出立足并反映中国现代性实践的学术话语，以实现对中国社会转型和发展实践的"发言权"和在世界学术格局中的平等"对话权"。理论自觉和学术话语权是相互推动的，中国社会学的理论自觉提升到一定程度，其对学术话语权的把握和争取就会到一定程度，对学术话语体系的构建也会达到一定的程度和高度。[1] 正如迈克尔·哈特所说："今天的革命应该有什么样的特征？我觉得从某种意义上来说、至少从总体上来说，这样的特征是为各个时代的革命所共有的：革命应该是这样一种社会变革，其结果是我们能力的提升，它不只是被动地允许我们去更有力地思考和行动，去延伸自我投入到人们共同的事业中来，它还积极地培养我们的这种能力，推进这种能力的发展。革命应该是这个样子的，其实历史中的很多革命就是这个样子的。"[2]

"解放旨趣"是社会学研究的基本旨意，指向透过自我反思和自我批判的机制，从历史的诸多制约中，寻找自我解放的途径。不同于自然科学的知识，社会学的知识本身具有意识启蒙的作用，往往会形成一股社会力

---

① 郑杭生：《学术话语权与中国社会学的发展》，《中国社会科学》2011年第2期。

② ［美］迈克尔·哈特、秦兰珺：《概念的革命与革命的概念》，《马克思主义与现实》2012年第1期。

量引导社会的变迁。中国气派社会学理论的建构在不断地自我反思与批判中，不断地实现理论上的自觉，这种自觉将社会学的理论与中国社会的实践紧密地结合在一起，推动了中国社会学的革命，也推动了中国快速转型中的社会革命。迈克尔·哈特说："我要问中国读者这样一个问题，我自己对这一问题也很感兴趣：中国的社会主义遗产和社会主义财富在今天是如何发挥作用的？中国的社会主义历史留下了巨大的财富，这笔财富在今天有怎样的社会性的生产力？"① 实际上中国气派社会学理论关于社会运行、社会转型、新型社会主义、理论自觉、学术话语权的独到论著就是对这种社会性生产力的最好注解。"某些事件一旦触发，某些行为一旦开始，就能够按照自己的逻辑传播开来，它们充满力量，同时也充满危险。认识到这一点很重要。革命运动需要力量，甚至是一种摧毁性的力量，我想这种力量是必要的，是有价值的。"② 这就是革命的概念的力量。

第二节　朝向主客体并置的范式转换

中国社会 30 年举世瞩目的变化以及由此而来的中国经验的独特意义，中国社会学研究单纯的"舶来"性质开始慢慢转变，中国社会学的边陲地位也开始慢慢改变。在欧美社会科学主导的世界格局中，中国的社会学研究逐渐从一个单纯的学术"消费领域"成长为一个"生产领域"，中国气派社会学理论体系的构建可视为其代表。近年来，中国学者呼吁学术自主性，呼唤学术话语权，力主构建中国特色学术话语体系等，彰显在有关中国的全球性学术想象中，我们已从"缺席"转向"在场"，这种在场将为我们赢得平等发言的权利、机会和空间。在全球化进程中，中国社会的转型及变迁带来的不仅是其自身地位的变化，同时还有从事中国社会学研究的多元化，使得中国社会学的研究以中国社会为"他者"的单纯客位立场开始改变，中国学者在中国社会学研究中逐渐确立了中国主体性。

一个立足本土，面向全球的中国社会学研究的可能立场和研究范式应该是多元主客体并置（juxtaposition of subjects and objects）③ 的，这种并置

---

① ［美］迈克尔·哈特、秦兰珺：《概念的革命与革命的概念》，《马克思主义与现实》2012 年第 1 期。

② 同上。

③ 周晓虹：《中国研究的可能立场与范式重构》，《社会学研究》2010 年第 2 期。

在于中国的社会学研究既有中国人也有非中国人参与其中，也在于研究者和被研究者本身就处在一种主客转换的位置当中，而且还在于不同的研究主体之间甚至研究主体与行动主体之间，随着全球化的推进和中国经验的意义提升，完全能够通过彼此间的理解而产生知识的共通性，进而达成某种共识。在当代中国社会学的研究中，社会学学者通过客位逐渐赢得走向主位的学术主体性，这与西方学者通过"他者化"从主位走向客位是一种理性的双向互动过程。多元的主客体并置为这种双向互动奠定了理性的社会基础，互动的双方在固守自己主体性立场的同时，总是通过天生具有的客位立场与自己的研究对象达成某种学术默契，主体间的相互联动不仅涉及不同的研究主体，同时也包括作为研究对象的中国社会现实及其不同层面的实践主体。

黄宗智曾就中国学术的自主性问题进行过深入的反思，他指出中国研究中长期存在着四个主要陷阱，即不加批判的运用、意识形态的运用、西方中心主义和文化主义[1]，提出要寻求中国学术的自主性，寻求中国学术的自主性就要变换或更换西方的理论范式。长期以来的学术移植和加工，使得中国的社会学研究一直沦于形而下的比较或仿真，主客体并置的立场范式改变了中国社会学所具有的"移植"和"加工"性格。[2] 中国气派社会学理论的建构就是将中国的社会大转型转化为可资发掘的学术资源，通过对现有社会学范式的创造性转化，不断地从中国经验中概括归纳出具有原创性的社会学理论范式。具体到当代社会学的世界格局中，必须要形成具有本土意义的世界眼光和国际视野，只有这样，方能实现在不同的研究主体之间，甚至在研究主体和研究客体之间真正的"视界融合"或"视域融合"，这就是中国气派社会学理论建构中主客体并置的意义所在。

第三节　从出场向在场的话语转向

"我并不觉得我们一定要忠实于马克思，我只是说，如果我们要忠实于马克思，我们就要超越马克思。因为今天的社会现实已经不同于他所认

① 黄宗智：《学术理论与中国近现代史研究——四个陷阱和一个问题》，《经验与理论：中国社会、经济与法律的实践历史研究》，中国人民大学出版社2007年版。
② 叶启政：《从社会学研究的既有性格论社会学研究中国化的方向与问题》，载杨国枢、文崇一主编《社会及行为科学研究的中国化》，中央研究院民族学研究所1982年版。

识的社会现实；并且，即便是马克思时代的社会现实，马克思也并非全都理解。"① 我们必须更新马克思的概念以及理论使它适应今天的社会现实，抓住社会现实的特征，这是马克思主义出场的根本要旨。同样，我们必须实现社会学话语从出场向在场的转向，这是中国社会现实以及中国社会学发展提出的时代命题。

在中国与西方、过去与现在的双重语境中，中国气派社会学理论扎扎实实地背靠过去，认认真真地面对当下的发展问题域。中国气派社会学理论的思想旨趣不是一种凝固不变的现成在场状态，而是一种不断在场的自觉状态。自恢复和重建以来的中国社会学，在研究取向上一直存在着追求社会学经验研究和轻视社会学理论建设的两种倾向。刻意追求的经验研究在学科发展的知识积累方面并没有得到根本性弥补，停留在简单描述、说明层次的经验研究并没有带来社会学理论和思想的提升。社会学的理论研究习惯于照抄照搬国外社会学的学术概念及术语，然后生搬硬套来解释中国的社会事实，不可避免地致使研究支离破碎，理论的研究没有总结出具有一般性的范畴和理论。要想建立起真正具有中国特色中国气派的、具有世界眼光和中国本土意义的社会学理论，中国社会学就必须要讲清楚社会学学科内一系列重要的概念范畴和理论，这正是中国气派社会学理论的建构从出场向在场话语转向的现实基础。社会运行学派致力于中国气派社会学理论的理论研究和应用研究，不断地丰富、发展和完善中国气派社会学理论体系，实现了中国社会学的理论自觉。

出场学视野中的中国气派社会学理论，在实践基础上展开自己的理论抱负，从实践出发最终又回到实践当中，并使自己的理论体系变为指导现实的武器，这是中国气派社会学理论的根本立场和天然本性。坚持中国社会学的发展方向并不断提升社会学学术话语权，需要坚持马克思主义社会学的立场并不断发展中国气派社会学理论，包括社会科学研究在内的伟大社会实践活动的展开，坚持马克思主义的指导是历史做出的选择。历史是过去社会实践的过程延续，而实践过程则是当下历史的现实展开，无论是社会历史还是社会实践，都是主体同客体在社会生活实践中相互作用的过程。中国气派社会学理论的出场学视域考察，对当下中国社会开展的总体

①　[美] 迈克尔·哈特、秦兰珺：《概念的革命与革命的概念》，《马克思主义与现实》2012 年第 1 期。

性研究以及建设性批判反思，从主客体并置的立场出发来研判和解释中国事实及中国经验，具有更加广阔的实践空间，并突显出更为重要的指导意义。不管是认识和思考处于复杂变迁中的当代转型中国，还是当下资本主义金融危机影响向全球的蔓延，或者是人类面临的前所未有的全球困境，中国气派社会学理论都将为我们探索危机的本质、内在逻辑以及问题的根源，提供最为现实而有力的建设反思立场。中国气派社会学理论从出场到在场的话语转向是对社会学实践性认识的正确态度，同时也是社会学理论自我反思的理论品质，这种立场自觉内在地包括理论的学习、选择、反思、应用以及不同层次的理论创新，中国社会实践的结构性巨变始终催促着中国气派社会学理论的建构和重构。

中国气派社会学理论走出二元对立的窠臼，辩证地分析问题和解决问题，将对社会生活的研究建基于实践的基础之上，强调主观与客观现实的具体的历史统一。在超越科学主义与人文主义两大社会学传统对立的同时，又尽可能充分地吸取了两大传统的合理之处。将科学主义精神和人文主义精神融会贯通于认识、改造和变革社会的实践中，实现科学性与价值性的有机统一，做到方法上的自觉。思想的解放、理论的自觉就是要破除一系列僵化的教条结论和观点，"与时俱进"地转换研究方法、研究视域乃至研究范式。中国气派社会学理论在科学主义社会学和人本主义社会学的两极间展开了自己的理论视野和学术胸怀，在对立统一的逻辑延展中实现了从相互排斥到相互统一的交融转化。从实践出发，在社会生活的主观与客观、主体与客体、微观与宏观、特殊与普遍的双向运动中把握社会现象的发展变化和辩证统一，既研究社会生活的客观规定性，认识思考探索社会结构运动变化的客观规律，又研究社会生活的主观能动性，理解把握人们在社会生活中的理想价值和意义追求，既坚持运用科学精神发现和揭示社会历史运动变化的规律，又坚持人文关怀和人文精神的双重价值取向。正是在纵横捭阖、奔流不息的社会实践性巨变中，中国气派社会学理论的建构立足社会实践，从实践出发最终又复归实践，实现了出场向在场的话语转向。

中国气派社会学理论从出场向在场的话语转向，既要简单地描述、反映和概括现成在场状态，还要预测、谋划和探索可能性在场的未来。"任何想成为某种政治运动的意识形态或一个国家的官方信条的理论，都应当具有适合于思想单纯的人的简洁性和适合于喜欢探其细微末节的人的耐人寻味性。"① 毫无疑问，中国气派社会学理论蕴含了这种品质。在中国气派社会学理论那里，承继马克思主义对现代性的批判，认为现代性的首要特征是商品化，资本主义社会把所有的社会关系化约为商品，而这种商品已不仅仅是客体对象，而是由主体性与客体对象之间种种被扭曲的关系。在今天这个现代性带来的愈加全球商品符号化"物"的时代里，人们正在"逻辑性地从一个商品走向另一个商品"②，生活在疲劳、焦虑、离奇、混乱、层化、碎片化的个体化社会中，缺乏本体性安全的个体生活完全被符码所操控。人类如何在新一轮现代性的征伐中继续拿起马克思主义批判的武器，找回自我并重构崭新的自我，这是中国气派社会学理论需要继续回答的问题。

第四节　理论回到实践与行动指向未来

中国社会学以科学精神而实，以人文精神而兴，只有科学精神与人文精神并举，才能立于学科之林，才能为中国社会的进步发展做出思想理论和应用对策上的战略性贡献。中国社会学之所以必须保持这种学术风格与思想品质，其根本还是中国社会的本性使然。③ 中国本土化社会学理论的建构是经由西方启蒙精神的激发作用之后，劣势边陲地区对优势主流文化进行的一种回转对话。这种本土化的努力作为一种社会行动，其特质是"文化"的，也因各地区文化传统的不同而有差异。本土化的社会学意义具有历史性，它针对长期以来为西方思考和认知模式所垄断的知识体系从事颠覆的知性工作，源于弱势"区域"而发的一种具有全球性意义的书写与阅读方式，同时兼具解构与重构的双重工作，使人们在更大的行动实践空间有更好的机会开展更为宽阔和富有意义的想象、理解、体验和感受。

社会学理论必须回到实践，回到日常生活，充分利用社会学的想象力去感受生活，关注社会现实，回到真实的实践是社会学的最终归宿。而现

---

① ［法］雷蒙·阿隆：《社会学主要思潮》，葛志强、胡秉诚、王沪宁译，华夏出版社 2000 年版，第 94 页。

② ［法］让·鲍德里亚：《消费社会》，刘成富、全志钢译，南京大学出版社 2008 年版，第 3 页。

③ 刘少杰：《拓展中国社会学新境界》，《社会》2006 年第 2 期。

实往往是用符号暴力的幻觉遮掩生活中真实的苦难，以致人们在误读误识的情况下参与了社会的再生产，那么，我们要复归现实的唯一途径就是回到实践、回到生活、回到历史，去了解真实的情景。回到实践的主张并不完全否定真正普遍科学的理想，而是强调对现有的社会科学应该进行反思，揭示其非纯粹"普适"和完全"客观"的现实。对于实践中的任何社会科学知识体系，都必须充分地反思其背后必然存在的具有特殊性的问题意识。理论回到实践，就是要不断地"立足现实，提炼现实"。这种现实就是中国社会转型的实践、当下正在进行的社会建设、社会治理的创新实践以及更为宏远的"中国梦"，这些最为生动的社会实践为社会学理论的生发提供了前所未有的历史契机和社会舞台，为社会学的长足发展源源不断地输送宝贵的现实资源。在这个巨大的社会舞台上，中国社会学要自觉运用这些宝贵的现实资源去创新自己的理论，不断凝练并建构自己的学术话语体系，为中国社会建设的伟大实践提供社会学的学理支撑，为世界社会学增添中国社会学独具特色的创造。

　　社会学一旦缺乏理论的想象和反思，就难以在现代知识体系中站稳脚跟，势必会丧失社会学的主体功能，伴随着对既定现实的无原则肯定，社会学的根基必然虚化，社会学的想象力会自然枯竭。[1] 中国气派的社会学理论就是要为中国社会学重新注入活力，没有强劲有力的社会学理论，就没有强劲有力的社会学，要复兴社会学，就必须复兴其理论。人们习惯于将社会学大师在认识社会和解释社会事实时所表现出来的想象力、穿透力、观察力以及批判力称为社会学的学科意识，意即经由一代代社会学大家沉淀并积累起来的学术素养和学养传承，以及强烈的社会关怀情愫，这是社会学的生存之根。

　　"社会学累了。它必须复活，或说重新注入活力。"[2] 这种活力就源于实践。真正严肃的社会理论的努力，就在于是否能够面对社会学理论日益深刻的危机，而能否面对这种危机，根本上取决于能否充分面对社会实践结构巨变的经验研究和理论超越。对社会学者而言，真正有价值的经验研究和理论沉思，只能形成于对社会事实的不断挖掘以及与各种理论的不断

---

　　①　郑杭生主编：《中国社会学30年（1978—2008）》，中国社会科学出版社2008年版，第97页。

　　②　［美］杰弗里·C. 亚历山大：《社会学的理论逻辑（第一卷）：实证主义、预设与当前的争论》，于晓、唐少杰、蒋和明译，商务印书馆2008年版，导言。

对话中。不同理论的思想价值、范式适用性甚至局限及谬误，只有研究者回到实践，从不同立场、不同视角在对相关问题的探讨中才可能真正显现。

　　社会学的本质性精神追求是关注现在、指向未来的。中国社会学植根于中国的现代性过程，中国气派社会学理论成长于具有鲜明特色的本土基本经验事实之中。在这个当代社会重构、个人重塑、个人与社会关系重建的现代性重大转折的特殊时期，在这个旧式现代性步入没落、新型现代性勃然兴起的加速转型的独特历史时期，中国气派社会学抓住了新的成长机缘，顺应时代、社会和学术的要求，开拓了新的理论社会学研究的学理空间，提高了中国社会学界的主体性、自觉性和敏锐性。如社会转型论以实现良性运行的现代社会为其追求目标，并在理论体系和实证研究两方面加以努力。而社会互构论则以个体与社会、社会与自然的"互构共生"为其理论追求目标。实际上，两者的终极追求即"现代社会"与"互构共生"是重叠的：现代社会的实质内涵即为个体与社会、社会与自然的共生双赢、持续发展。①

　　将中国社会置于全球化背景下，持续地对社会事实做出甄别，在与国际学术界形成有效对话的基础上，对已有概念及其理论进行反思，这都是立足本土社会研究的学者的重要工作。对社会延续性及断裂性的认识和甄别，需要实践历程的展开以及功能属性的显现，需要研究者对社会事实及其逻辑的持续发现，需要对意义的持续探索。社会学不仅要对普通人参与社会生活的意义框架进行理解和领会，还要在由专业概念组成的新意义框架内对原有的意义框架进行重构。社会学理论与日常知识之间呈现出双向交互的辩证特点，普通人的日常概念参与到社会学的知识型构过程，社会学知识渗透到日常生活中，社会学自身成为它所研究的对象的一部分，其原创性思想和发现最终嵌入并不同程度地消失于与日常生活的结合中。

　　中国气派社会学理论的建构就是立足于中国现代性的实践，以建设性反思批判精神研判西方的现代性理论，以草根精神深入到中国社会的最基层，但却以高度的理论自觉意识站在世界学术最前沿，不断地构建本土特色，不断地超越本土特色，争取中国社会学的学术话语权，不断地建构起

---

　　① 王道勇：《现代性延展与社会转型——从概念体系角度考察社会转型论与社会互构论的统合性》，《学习与实践》2007 年第 2 期。

有中国特色、中国气派的社会学话语体系。正是这种执着，在不断地社会学中国化的征程中，跳出西方理论的牢笼，开始社会学的中国话语；正是这种坚守，推动了当代中国社会学从不太成熟走向较为成熟，从较为成熟不断走向更加成熟；正是这种追求，持续地为中国特色社会主义这一新型社会主义的事业保驾护航。

结论与讨论

中国气派社会学理论的探索与构建历经 30 余年，依然在路上，对于社会运行学派"五论"的研究同样也没有尽头，只是本文在自觉与批判两个维度的尝试性研究至此需要得出一个较为明确的结论了。通过对中国气派社会学理论的时代背景、思想溯源、逻辑延展、关键议题、解释范式、自觉意义的探讨，可以看到具有中国特色社会学理论的建构，实现了理论本身的自觉与自信，彰显出了社会学的中国气派，拥有了自己的学术话语权，由自成一体的理论体系而奠基的社会运行学派也从自醒走向了自强，不断地启育后人，熔铸新论，中国气派社会学学术话语体系的构建依然是一个未尽的话题。

第一节　基本的结论

中国气派社会学理论的建构历程，是一个循序渐进的理论探索、应用、拓展、深化的过程，有其自身发展的历史传承、梯次推进和有机统一的内在逻辑。"五论"都是从不同的方面对中国社会发展以及中国社会学发展的学理思考和概括，是立足中国社会现实的，因而具有较强的理论解释力。作为当代中国社会学理论的探索成果，中国气派社会学理论的提出与传播，已经对学术界、日常生活话语、社会政策制定以及社会发展的主导观念，产生了较为深远的影响，而且这种影响一直持续并不断扩展。

第一，社会学的发展是社会学学者、社会学学术、社会学学派、社会学学界等多元社会行动主体在中国社会实践结构性巨变的历史舞台上相互形塑、同构共生的结果。中国气派社会学理论的建构是社会运行学派创始人郑杭生及其领衔的社会运行学派，在中国社会学恢复重建后，植根中国社会艰辛曲折的历史以及当今波澜壮阔的改革实践，致力于"对有中国特色的社会学理论有所贡献、对转型中的中国社会的认识有所深化"的理论建树。既推动了中国社会学的理论自觉和学科自觉，也影响和推动了中国现代性转型的社会实践进程。

郑杭生先生领衔的社会运行学派一直以来执着地坚守在构建中国气派社会学理论的学术前沿，自觉地担当起发展中国社会学的责任，"五论"是其远大抱负最为集中的体现。当代中国社会学的发展依然需要这样一种理论自觉，也需要这样一种学术坚守。今天的社会学研究依然需要以有中国特色社会主义社会良性运行和协调发展的条件与机制为对象，以马克思主义为指导，以伟大的新型社会主义实践为立足点，将理论和实践结合起来，既重视社会学的经验研究，也重视社会学的理论研究，既重视社会学的宏观研究，也重视社会学的微观研究，以开放的心态和思路积极融入社会学世界格局，表达社会学的中国话语。正如他所说："青年社会学学者要站住脚，三样东西不可缺：方向要正确，人品要高尚，学问要扎实。"方向的正确是中国气派社会学理论的立论之基，前后近30年的不断思索和实践，学者的创造力和时代的推力以及社会的拉力不断互动，不断胶合，不断互构，直接促就了中国气派社会学理论体系的生成，也直接推动了当代中国社会学运行学派的成长壮大，建构了有中国特色的社会学学术话语体系，增强了中国社会学学术话语权。

"世界社会学如果没有中国这'半个世界'的社会史和社会思想史，就是最大的遗憾。继往开来，认真下功夫挖掘、整理中华民族源远流长、蕴藏丰富的社会思想的历史遗产，予以科学的解释，并奉献于世界，使人类社会思想发展史逐步趋向完备，是中国社会学者责无旁贷的使命。"[1]中国气派社会学理论的建构注重吸取几千年中国历史丰富的社会思想，特别是关于社会治乱兴衰的思想，以此来观察和思考现实的中国社会，并对西方传入的社会学进行了富有中国特色的解释。在郑重理解和把握历史脉络的基础上，对传统进行了持续的开发，并在开发传统的基础上有效地借鉴国外，保证了中国社会学特色理论的创造。

任何一种社会学理论都或隐或显地具有其自身的理论追求与终极目标，中国气派社会学理论也不例外。中国气派社会学理论的建构并不是

---

[1]　张琢：《社会学之国学寻踪》，《社会学研究》1995年第4期。

关起门来做"专门"而"纯粹"的特色研究，而是在国际学术前沿的导引下展开社会学元理论的思考，对经典社会学命题进行"元问题"式的探索；不是为了"特色"而"特色"展开的理论研究，也不是为了专门与西方对话而进行的理论研究，而是在学术的前沿议题下，为了理论研究的需要展开与国际学界的必要对话；研究的思路上力求站在国际学术前沿，也要求扎根中国本土社会，在积极关注并借鉴西方学界研究成果的同时，深入挖掘中国传统思想并吸收国内同人的学术见地和思想。这种博采众家之长又自成一家之言的中国气派社会学理论体系具有极强的内在统合性，各论既自成体系，又浑然一体。正是这种思想上的实践性和开放性，才使得中国气派社会学理论的探索在主题、设问、视野等方面始终保持着前瞻性，进而使理论的建构与创新获得了持久的动力。

第二，中国气派社会学理论建构是一个不断"在自觉中批判"和"在批判中自觉"的理论创新过程。理论的批判是理论自觉的重要路径，理论自觉是理论批判的最终走向，没有批判的自觉难以确立理论升华再造的根基，没有自觉的批判可能归于牢骚和肤浅，只有在不停地自觉中反思批判，方能实现批判反思中的理论自觉。任何理论的创建总是要植根于人类社会发展的历史情境、鲜活现实和自洽逻辑过程中。理论的自觉是在对于历史和现实双重维度和双面性格的不断批判中得以实现的，而对于理论的批判进一步敦促了理论更好地处理历史与现实最为关键的时序关节，更好地引导和指导现实社会实践的良性循环。社会运行学派的"五论"正是建基于历史、现实、理论多维互构基础之上的社会学理论体系，紧接中国现实社会的"地气"，彰显出了富有中国风格、中国特质的社会学"底气"。

"社会学必须被看作是具有颠覆的品质，这种颠覆或批判的品质，并不表示社会学在知识上是一种声名狼藉的事业（它也不应当如此），相反，它之所以具有这种品质，是由于它所处理的是一些跟我们每一个人都切身相关的问题，这些问题是社会中重大冲突和争论的对象。……这并不是说社会学家在直接倡导革命，在我看来，这是一种相当罕见的情形，正确的理解应当是，社会学研究必然要揭露当今世界所必须面对的基本社会问题。事实上，每个人对这些问题都具有一定程度的认识，只不过社会学研究可以将他们带入更深层次的核心。"① 社会学研究的是可以实际观察到的社会题材，它依赖于经验研究，并尝试提出理论和一般框架以解释这些事实，而社会学理论便是社会学家对这些基本社会问题思考和解释的提炼与升华，在理论生成发展的过程中无不伴随着带有革命性质的批判以及带有批判性质的革命，正是这种批判促成了中国气派社会学理论的理论自觉和自信。

第三，中国气派社会学理论是社会学本土化的阶段性产物。中国气派社会学理论既是社会学本土化的标志性理论，也进一步推动了中国社会学的本土化和在地化，推进中国气派社会学理论的发展繁荣成为社会学本土化的内在要求和基本论题。中国气派社会学理论的发生发展扎根于中国悠久的历史文化和鲜活的本土社会实践之中，有着深厚的文化底蕴和历史厚度，也达到了应有的现实高度。正视和挖掘中国悠久传统历史文化的深厚资源，对接当前现代性转型的社会事实，推进中国本土社会学理论的新生，构建和创新适合中国社会现实的社会学学术话语体系，助力中华民族伟大复兴的中国梦，是社会学学科在当今时代义不容辞的责任和使命。

真正的社会学应当而且必须是实践的社会学。实践是社会学的本色品质，是社会学获得真实感受和深切把握真实社会生活的根本方式。中国气派社会学理论一直坚守着理论应有的实践性和价值性。社会学自身的产生、积累、延续、传承和拓展就是现代社会实践不断推进的产物，现代经济、政治、文化、生活等社会实践的持续展开，为社会学提供了学术的、理论的、知识的宏阔视野、现实素材和有机养分，使得这一学科的学术性和科学性成为可能。正是通过学术的实践过程或实践的学术形态，社会学的学科独立性成为可能并持续。时代在呼唤社会学观念的变革，社会在要求社会学理论的创新，中国社会学学界应当以宽容的理论胸怀、广阔的理论视野、崭新的理论观念、深邃的理论思维，创造植根于中国社会现实、回答中国社会问题的新理论。② 八年前郑先生的言论在今天依然振聋发聩，中国气派社会学的理论建构就是要直面中国社会更为快速转型的现实，将研究的理论基础、问题预设以及解释框架转化为本土化理论建构的

---

① ［英］安东尼·吉登斯：《批判的社会学导论》，郭忠华译，上海译文出版社 2007 年版，第 2 页。

② 郑杭生：《关于加强社会学理论研究的几点思考》，《河北学刊》2006 年第 5 期。

思想元素，使其既符合世界学科共同体的规范，又彻底满足应用社会学的研究，进而建构起中国社会学的学术命题、问题意识、研究范式、理论规范等。中国气派社会学理论体系的构建需要继续发挥社会运行学派同人的社会学想象力，为当前中国社会新一轮的社会治理体制创新以及中华民族复兴的中国梦贡献社会学应有的力量。

第四，社会运行学派是中国社会学重建以来第一个目标明确的本土化社会学理论体系的社会学学派，是一个兼具"本土特质与世界眼光"的当代社会学学派。在中国社会学重建后的30余年探索中，社会运行学派始终立足中国社会转型的本土实践，面向现代性长波推进的全球世界，秉承建设性反思批判精神，强调中国社会学的学术话语权，不断地坚持理论自觉，更提出理论自强，沿着中国气派社会学理论体系的创建之路留下了坚实的学术轨迹。自觉清晰的学派意识，顶天立地的学派实践，自由论争的学派成长环境，宽松融洽的学派氛围，推动了持续的学派创新。

自20世纪80年代初，"社会运行论"这个被誉为"中国社会学重建以来第一个目标明确的本土化社会学理论体系"的问世，开启了中国气派社会学理论的探索与构建的时代大幕。随着其后"社会转型论"、"学科本土论"、"社会互构论"以及"实践结构论"的相继形成，郑杭生先生致力"对有中国特色的社会学理论有所贡献、对转型中的中国社会的认识有所深化"的宏伟蓝图基本绘就，"综合创新、话语有权、建设学派、走向世界"的中国特色社会学的学派创新观得以践行，以"社会运行论"而得名的"社会运行学派"从奠基走向成长，并一步步迈向成熟。

学派的形成及成长并非易事，对于学派的考察应当注重学派人员和主张的构成，尤其是围绕核心逐层外扩的松散梯次结构，进而把握该学派的内涵与外延。郑杭生先生指出，学派的形成及成长的关键在于一个学术团队能够自觉地、创造性地贯彻、运用学派提出的主导观点以及核心理念，与此同时，并在实践检验的基础上从理论上进一步深化、拓展、推进这些观点及理念。中国气派社会学理论是社会运行学派致力于构建的"五论"的总称，肇始于社会运行论的理论奠基，而在其后不断探索、拓展、应用、深化而提出的社会转型论、学科本土论、社会互构论、实践结构论等富有本土特色却又超越本土特色的本土化理论，正是这些理论支撑起了社会运行学派的一方天地，在与国际社会学界的交流对话中赢得了中国社会学的学术话语权。

第二节　进一步的讨论

在今天中国的学术界，各学科学派意识逐渐觉醒并清晰起来，国内社会科学界具有学派意识的学者也渐次增多，并进行了较为广泛的学派实践，社会学社会运行学派成为其中一支闪耀的力量。社会运行学派在 30 多年的探索发展中，社会运行学派进行了卓有成效的学术探索，经历了从拓荒开源到建基立业的扎扎实实的发展轨迹，学派坚持"草根立地、前沿顶天"的精神和建设性批判反思精神，毅然决然地坚守着自己的学术阵地，并实现了学派壮大的愿景。

第一，中国特色、中国气派社会学学术话语体系的创新，实际上是要进一步让中国传统文化走进中国当代发生了结构性巨变的社会实践，借鉴西方一切优秀文化成果服务于中国社会现实，实现中国社会学学术话语自主创新，更好地为中国社会实践提供充足的理论解释力，进而向世界传播中国理念、中国经验的重大理论与实践问题。

中国社会学学术话语体系的建构是基于中国社会鲜活的伟大改革实践，在现代性全球推进与本土社会快速转型的双重驱动下，在正确解决中国社会问题的具体实践中形成、丰富和完善的。在 2013 年的全国宣传思想工作会议上，习近平总书记提出宣传阐释"中国特色"要着重"四个讲清楚"，即"讲清楚每个国家和民族的历史传统、文化积淀、基本国情不同，其发展道路必然有着自己的特色；讲清楚中华文化积淀着中华民族最深沉的精神追求，是中华民族生生不息、发展壮大的丰厚滋养；讲清楚中华优秀传统文化是中华民族的突出优势，是我们最深厚的文化软实力；讲清楚中国特色社会主义植根于中华文化沃土、反映中国人民意愿、适应中国和时代发展进步要求，有着深厚历史渊源和广泛现实基础"①。"四个讲清楚"从根本立场和方向上解决了构建中国社会学学术话语体系的历史渊源和文化根基问题，就是要着力于传承和弘扬中国传统文化精髓。传承和弘扬中国传统思想文化，是中国气派社会学理论以及中国特色社会学话语体系始终倡导并践行的一项重要任务。理论自觉与文化禀赋总是相辅

---

① 《习近平出席全国宣传思想工作会议并发表重要讲话》（http://www.china.com.cn/news/politics/2013-08/20/content_29776139_2.htm），2013-8-20。

相成的，有人说，理论自觉锻造了郑杭生社会学研究的学理自性，而文化禀赋则奠定了其学理自性的核心价值。① 将"增促社会进步，减缩社会代价"作为社会学的核心理念，可以说是中国气派社会学理论构建伊始便已明确的理论主旨，因为社会的哪怕一点点进步也会伴有大小不同的社会代价。现代性在全球推进的历史，就是一部在不断取得社会进步的同时，却又在不断付出社会代价的历史。社会学的一个重要任务就是在研究如何推动社会取得不断进步的同时，研究怎样才能把社会代价减少到最低的限度。这正是社会运行学派"五论"需要从宏观走向微观、从理念走向实践、从理论叙事走向政策应对、从经验提炼走向锻造经验的新一轮挑战。

第二，形成真正的社会学中国学派是顺利推进社会学中国化的有效机制。只有通过社会学的本土化，中国的社会学才能不断发展壮大，只有形成社会学的本土学派，才能更好地保证社会学本土化的顺利推进。

郑杭生先生领衔的学术团队依循着"立足现实、弘扬传统、借鉴国外、创造特色"思路，坚持不懈地致力于当代中国气派社会学理论的构建以及社会学中国学派的创建工作，社会运行学派正是在这种本土化的过程中从自发到自觉而形成的本土社会学学派。社会运行学派经历了一个从"成长"到"长成"的成长过程，而且，中国社会学社会运行学派正处于继续成长、愈加成熟的过程中。中国特色气派社会学话语体系的构建总是与中国当代社会学的理论自觉以及社会学学派的自醒一脉相承的，这就需要夯实中国社会学"理论自觉"阶段的基本功，中西关系的再评判、今古关系的再认识、理实关系（理论与现实、理论与实践）的再提炼，这些基本功课在构建中国特色、中国气派社会学学术话语体系的过程中同样需要继续努力，"借鉴西方，跳出西方"，对中西关系进行"再评判"，"开发传统，超越传统"，对今古关系进行"再认识"，"提炼现实，高于现实"，对理实关系进行"再提炼"，继续创新社会学学术话语，创造社会学学术特色，形成真正的社会学中国学派，在社会学的世界格局中让社会学说"中国话"。这一切同样是社会运行学派当代发展的未尽话题和重要议题。

---

① 李娜、胡翼鹏：《论郑杭生关于社会学研究的理论自觉与文化禀赋》，《学术论坛》2013年第8期。

附录一

围绕本课题公开发表的学术论文

论文 1　社会运行学派的学术轨迹与学派实践
——兼论郑杭生先生的学派情怀

在今天中国的学术界，各学科学派意识逐渐觉醒并清晰起来，国内社会科学界具有学派意识的学者也渐次增多，并进行了较为广泛的学派实践，社会学社会运行学派就是其中一支闪耀的力量。社会运行学派是对中国人民大学郑杭生教授及其领导的学术群体 30 余年来所构思及倡导的社会学理论及研究方法的一种称呼，在 30 多年的发展中，社会运行学派经历了怎样的发展轨迹，进行了怎样的学术探索，学派又是如何运行、如何坚守自己的学术阵地，并实现学派壮大的愿景，对于其他学派的成长有何启示，这正是笔者试图要回答的问题。

一　社会运行学派的学术自觉与学派意识

"学派"是一种非常常见而且非常普遍的学术继承和思想创新的共同体模式，关于"学派"的研究是哲学人文社会学科的任务①，更是当代哲学社会科学发展繁荣的必然要求。一个学派的形成过程，是这门学科自身的发展过程，也是一门学科自身结构的重要内容。不论从一个国家来看一门学科，还是从世界范围来看一门学科，如果没有形成几个学派，这门学科就缺乏支撑力量，也缺乏共同语言的凝聚力，不宜形成百花齐放、百家

---

① 韩彩英、李春涛：《论学派意识与学术生态现实——从国内哲学界学派的境遇及地方高校学科建设的路径抉择看》，《晋阳学刊》2012 年第 1 期。

争鸣，通过争论与对话推进学科进步的局面①。

中国早期社会学的发展，在坚持社会学中国化的旗帜下，形成了特色鲜明的几个学派，以梁漱溟、晏阳初为代表的乡村建设学派，以孙本文为集大成者的综合学派，以吴文藻、费孝通为代表的社区学派，还有马克思主义学派，等等。中国社会学在沉寂了 20 多年后，在 1979 年"补课"的指引下，通过引进西方社会学理论这种最主要的补课方式，才逐渐进入了加速发展进程。尤其是对恢复重建后的中国社会学的"进口替代战略"② 的反思，促进了中国当代社会学的学术自觉，并形成了较为清晰的学派意识，并展开了具体的学派实践，社会运行学派也是在这样的社会背景下应运而生的。

社会运行学派的创始人郑杭生先生在进入社会学堂伊始，就具有明确的学派意识和学派自觉。他说，谈到学术群体或学术共同体，就不能不涉及学派问题。学派的形成必须具备学术共同体这个硬件，以及基本上一致的学术观点这个软件，一种学术观点特别是其中的根本观点应变成学术共同体的共同观点。一个学术共同体要有生命力，第一是要有基本一致的学术观点，正如他在 1998 年自序中所说："一种学术观点，只有成为学术共同体的共同观点时，才会有旺盛的生命力。"第二是要有活跃的学术气氛。关于学派的内部关系，他曾写过这样一个关于学派支撑的题词："习思勤精，范式遂现；疑辩勉诚，学派自成"，就是说，一个学派的成长，成员之间应不断学习、思考、勤奋、求精，经常质疑、辩论、互勉、坦诚，这样才能求同存异，真正形成基本一致的共同观点，逐步形成学派③。

背靠中国社会学发展的历史际遇，立足中国社会现实本土实践，中国学术界"多一点学派，少一点宗派"是郑先生的一贯主张，学派只有靠正常的学术争鸣才能促进。学派应该抓住和体现时代的精神，这是学派的灵魂、学派的生命，否则所谓"学派"就只是徒具形式而无实际内容的空壳。真正的学派是理论自觉的高层次形式——理论自觉成为一个学术共

---

① 叶嘉国、风笑天：《我国社会学"学派"的现状与展望——以此谈谈我国社会学存在的几个问题》，《学术界》2000 年第 1 期。

② 同上。

③ 郑杭生：《郑杭生社会学学术历程之一·中国特色社会学理论的探索——社会运行论 社会转型论 学科本土论 社会互构论》，中国人民大学出版社 2005 年版，第 5 页。

同体的共识①。社会运行学派的学术自觉明确提出了要构建中国特色社会学，或曰中国气派、中国风格的社会学。正如社会运行学派创始人郑杭生先生所说："中国特色社会学，或曰中国气派、中国风格的社会学，并不是一句套话，更不是一句空话，而是一种符合社会学历史和现实的提法，是有根有据的，有实实在在的内容的。"② 如果说费孝通积极倡导了中国特色的社会学研究取向，那么郑杭生则是将中国特色的社会学进行了多角度、全方位的透视与探索，并试图构建起中国特色的社会学框架③。郑先生的社会学探索累积了丰硕的成果，包括社会学学术文章四百余篇，社会学专著、教材、译著等六十余部，精致博雅、恢宏厚重的《郑杭生社会学学术历程》全书共四卷五册（还有尚未编纂完成的第五卷），432 万字，共涉及 24 个专题，全书前后跨越 25 年，是郑杭生学术思想的集中呈现，也是中国社会学社会运行学派最重要的社会学理论成果之一，既是对中国社会转型和发展实践百科全书式的理论再现和建构，也是社会运行学派的学术承载。正如陆益龙教授所讲，郑杭生在中国特色社会学理论的创建过程中，实际上已经形成了一个学派。有至少一位以上的学术代表人物、有自己独立的、系统的理论观点和体系、有一定规模且有较大影响的学术成果、有一个高效的机构和团队为依托，当我们从学派构成要素的这几个方面来看，郑杭生的社会学学术探索已形成了一个学派，这个学派可以说是"社会学中国新学派"④。

二　社会运行学派的学术脉动与发展轨迹

从 1979 年社会学恢复重建以来，社会运行学派经过 30 多年的探索，经历了奠基、形成、成长、成熟的发展轨迹，30 多年来，社会运行学派时刻把握时代脉动并做出学术回应，既发展了自己，也见证了中国社会学的发展历程。这一成长历程可在下面的简表中窥其一斑。

---

① 郑杭生、李潇潇：《理论自觉与中国的学术话语权——访著名社会学家郑杭生教授》，《中国社会科学报》2010 年 9 月 9 日。

② 郑杭生：《马克思主义与社会学》，《理论学刊》2003 年第 6 期。

③ 龚长宇：《社会学中国化进程中的里程碑式人物》，《湖南师范大学社会科学学报》2001 年第 2 期。

④ 陆益龙：《从文化自觉迈向理论自觉——郑杭生对中国社会学及理论的贡献》，《甘肃社会科学》2012 年第 3 期。

社会运行学派的学术脉动与发展轨迹（自制）

发展轨迹	标志性事件	学派主要学术成果	学派理论支点
奠基时期 （1979—1984）	1984 年 10 月，筹建中国人民大学社会学研究所	《现代资产阶级理论社会学批判》（合译）（1981）； 《从伦敦几处纪念地看马克思和他的学说》（1983）	运行论主导观念的形成
形成时期 （1985—1999）	1985 年 7 月 29日，《马克思主义社会学的两种形态》发表于《光明日报》	《社会学对象问题莂探》（1987）； 《社会学概论新编》（1987）； 《社会运行论导论》（1993）； 《转型中的中国和中国社会的转型》（1996）； 《二十世纪中国的社会学》（1999）	社会运行论的提出 社会转型论的提出
成长时期 （2000—2005）	2005 年 3 月，《郑杭生社会学学术历程》（三卷本）正式出版	《中国社会学史新编》（2000）； 《二十世纪中国的社会学本土化》（2000）； 《社会学概论新修》（2003）； 《中国特色社会学理论的探索》（2005）； 《中国特色社会学理论的拓展》（2005）； 《中国特色社会学理论的应用》（2005）	学科本土论的提出与发展 社会运行论的拓展及应用 社会转型论的拓展及应用 社会互构论雏形
成熟时期 （2006—至今）	2012 年 2 月 29日，郑杭生教授从教 50 周年学术研讨会暨北京郑杭生社会发展基金会成立大会	《中国社会转型与社区制度创新——实践结构论及其应用》（2008）； 《社会互构论：世界眼光下的中国特色社会学理论的新探索》（2010）； 《中国特色社会学理论的深化》（2010）； 《中国人民大学中国社会发展研究报告》（系列报告）； 《中国特色和谐社区建设系列实地调查研究报告》（系列丛书）； 《当代中国城市发展实地调查研究》（系列丛书）	实践结构论的提出及应用 社会互构论的深入探索 理论自觉与学术话语权 "三再"基本功

（一）社会运行学派的奠基时期（1979—1984）

任何学派的形成必然离不开学术积累和积淀的过程以及学术发生的学术平台搭建。社会运行学派社会运行论的主导观念奠基于 20 世纪 80 年代初期，1981 年 11 月至 1983 年 12 月，郑杭生先生在英国布里斯托尔大学以访问学者的身份进修社会学和现代西方哲学，在英国留学期间，主要基于两个方面的考察和思考，具有中国特色的社会学新观点开始奠基。一方面总结新中国成立以来不同时期的社会运行状况，特别是"文革"的教训；另一方面开发中国历史上治乱兴衰的学术传统，以及考察和分析从古典到现代的西方社会学学术传统和潮流及中国早期社会学学术传统。郑杭生先生于 1983 年晋升为哲学副教授，1985 年晋升为哲学社会学教授，1984 年年初创建现代西方哲学教研室，1984 年创建中国人民大学社会学研究所，这些都为社会学运行学派学术平台的搭建奠定了坚实基础。

（二）社会运行学派的形成时期（1985—1999）

社会学运行学派的形成也不是一帆风顺的，是在无数次的激烈论战和争鸣中逐渐形成并发展起来的。1985 年 7 月 29 日，郑杭生在《光明日报》发表《马克思主义社会学的两种形态》一文，第一次明确提出"社会学是关于社会运行和社会发展的条件和机制，特别是关于社会良性运行和协调发展的条件和机制的综合性具体社会科学"。在这篇文章中，郑杭生还首次提出了马克思主义社会学的两种形态即"革命批判性形态"和"维护建设性形态"观点，产生了很大的影响。这可视为社会运行学派形成时期的标志性事件，标志着社会运行学派学术真正自觉。

当然，任何学派的成长都不可能是一帆风顺的，有时甚至是艰难曲折的，学派总是在质疑的眼光和批判的声讨中不断地论证和丰富自己，经过无数次的学术论战和学术争鸣，其主要理念、思想、观点、理论体系才得以形成，并得到学界的承认和认可。社会运行学派的成长也不例外，在这一时期，郑杭生先生共经历两次大的学术论战。第一次论战源起于 1987 年 10 月 1 日上海的《社会科学报》刊登《评郑杭生的社会学构想》，直到 1990 年郑杭生的长篇答复文章《关于我的社会学定义——序董驹翔主编的〈社会学〉·答我的一些批评者》。论战的焦点在社会学能不能成为"价值中立"的社会学、对社会学的定义有没有新意和创新之处等方面，郑杭生先生做了 10 个方面的答复，并对自己的观点作了进一步论证。第二次论战集中在 1996 年谭明方有关社会学基本问题、社会学对象和 1999 年罗教讲有关社会学学术规范的争论，郑杭生先生也通过 3 篇文章做了集中回应。通过这两次论战，社会运行学派从学术批评和反批评中进行学习和探索，促成了社会运行学派的形成，学派提出的"社会运行论"得到了进一步阐发和学界的认可，"社会转型论"也系统生成，"社会转型"、"转型期"等词语也进入政治生活和社会生活。

（三）社会运行学派的成长时期（2000—2005）

自 2000 年之后，社会运行学派对"学科本土论"进行了积极的探索，《二十世纪中国的社会学》、《中国社会学史新编》以及《二十世纪中国的社会学本土化》分别从历史和理论两方面，梳理和总结了 20 世纪中国社会学的真实面貌以及本土化进程，奠定了学科本土论的基本内涵。这一时期，社会互构论围绕个人与社会的互构共变关系，对当代中国快速转型实践进行了理论提炼和学术表达，社会运行论和社会转型论在不同领域都得到了拓展与应用。

2005 年 3 月，由中国人民大学出版社正式出版发行的《郑杭生社会学学术历程》（三卷本）标志着由社会运行论、社会转型论、学科本土论和社会互构论组成的中国特色社会学理论逐渐走向成熟，成为中国目前第一个完整、系统的有中国特色的社会学理论体系，也标志着社会运行学派正式成长起来，社会运行学派真正形成。这不仅仅是社会运行学派的喜事，更是中国社会学界的盛事，社会学界诸多学者纷纷评介、述评①。

（四）社会学运行学派的成熟时期（2006—至今）

2006 年之后的社会运行学派在理论创建上更是迈向成熟，大放异彩，集结在《中国社会转型与社区制度创新——实践结构论及其应用》（2008）、《社会互构论：世界眼光下的中国特色社会学理论的新探索》（2010）等著述中的"实践结构论"和"社会互构论"为中国特色社会学理论再添华章。在中国社会学恢复重建 30 周年之际，郑杭生先生受到费老"文化自觉"的启发，在对中国社会学发展历程进行深入总结和反思的基础上，明确提出和阐发了中国社会学"理论自觉"的概念和命题，强调要自觉致力于创建兼具世界眼光和中国气派的社会学，得到社会学界的广泛认可和积极响应，也启发了社会科学领域其他学科的自觉意识。尤其是对于学术话语权的研判，把握住了学术话语体系建设的关键，提升了中国社会学的主体性。同时还提出了"再评判、再认

---

① 评介、书评文章可集中参见《社会运行学派成长历程——郑杭生社会学思想述评文选》，中国人民大学出版社 2013 年版。

识、再提炼"是中国社会学"理论自觉阶段"基本功等命题。

在这一时期，社会运行学派的论战尽管没有 20 世纪 90 年代的两次论战那么激烈，但是在新型现代性与新型社会主义的问题上，郑杭生先生对西方社会理论中对当前我国理论界颇有影响的"狭义转型论"和"公民社会理论"进行了深入批判。正是在这种学术论辩中，社会运行学派的中国马克思主义社会学理论逐渐完善，也提升了中国社会学在国际学术界的学术话语权。因为郑杭生教授始终立足中国社会实践结构的剧烈变迁，以高度的理论自觉意识致力于中国特色社会学理论的构建，故而引领社会运行学派不断走向成熟。

2012 年 2 月 29 日，郑杭生教授从教 50 周年学术研讨会暨北京郑杭生社会发展基金会成立大会在中国人民大学逸夫会议中心隆重举行，云集中国社会学学界 70 余位专家学者，得到 98 家高校、科研院所等兄弟单位的大力支持，完全有理由相信，社会运行学派已然成熟。2012 年 10 月 18 日，郑杭生先生获得首届费孝通学术成就奖，其对于社会学学科发展以及学派建设的贡献得到首肯。郑杭生及其学派已经构建起以"社会运行论"为基石，"社会转型论"、"学科本土论"、"社会互构论"、"实践结构论"各论相济支撑的学术大厦，已经成为有中国特色的"社会运行学派"①。当然，社会运行学派的成熟，只是标志中国社会学又进入了一个强调"理论自觉"的新阶段，社会运行学派依然在成长中，依然在路上，依然需要学界更多地关注和支持。

三　社会运行学派的学术生态与学派环境

一个学派的成长运行不可避免地要受到来自社会、政治、经济、文化等因素的影响，社会运行学派也不例外，必须在学派学术与社会实践之间营建一种良好的学术生态。同时，也要求社会运行学派本身要建立一个充满活力的自主结构，适时调整和完善自己的学术机制，创造富有浓烈学术气氛的学派环境。

---

① 董翔薇、董驹翔：《理论自觉与中国社会学学派的成长——郑杭生的社会运行学派及其贡献》，《甘肃社会科学》2012 年第 3 期。

（一）社会运行学派的外部学术生态

1. 以社会学系、研究中心为学术基地

大学系、所、研究中心是社会运行学派的扎根基地，也是社会运行学派走向世界的起点。1984 年，中国人民大学组建社会学研究所，1987 年成立社会学系，2001 年挂牌成立中国人民大学社会学理论与方法研究中心（教育部人文社会科学百所重点研究基地），中国人民大学社会学从无到有，从小到大，从弱到强，可以说中国人民大学社会学系的发展史，也是一部社会运行学派的发展史，学派创始人郑杭生先生先后担任所长、系主任、研究中心主任，任中国社会学会荣誉会长等职。毫无疑问，中国人民大学社会学理论与方法研究中心是社会运行学派的学术基地，现已成为社会学理论与方法领域的重要学术研究和信息交流中心，是社会学高级人才的培养基地。

2. 以学术网站、学术刊物、学术著述为舆论领地

"社会学视野"网站于 2007 年 3 月开通，这是一个立足人大、面向全国的多功能学术网站，目前已成为社会学研究者学习交流最好的学术平台，也是社会运行学派的重要舆论领地。学术刊物是凝聚学术队伍的重要平台，培育学术流派的重要阵地。2013 年 3 月 23 日，《社会学评论》在京举行首发式，被誉为是"我国社会学领域新的航母"，现已公开出版发行三年，反响巨大，为社会运行学派的壮大增添了新的舆论领地，在社会运行学派的崛起和发展中发挥了重要支撑作用。另一本学术期刊《社会建设》也于 2014 年 9 月创刊，继续推动在理论自觉、自信的基础上创新中国风格、中国气派的社会建设话语体系。

丛书、专著、系列教材等大量学术著述的出版发行，既发布了学派的理论观点、学术成果，又更好地展示了学派的风貌，以此为舆论领地进行学术交流，加强了国际间的合作，促进了社会运行学派的成熟。社会运行学派的核心理论及思想集中体现在四卷五册的《郑杭生社会学学术历程》中，也体现在系列丛书著作中，已连续 13 年出版的《中国人民大学中国社会发展研究报告》"走向"系列，连续出版的"中国特色和谐社区建设系列调查研究报告"、"当代中国城市社会发展实地调查研究系列丛书"、"面向 21 世纪社会学系列教材"、"社会学文库"等，尤其是《中国社会学史新编》、《二十世纪中国的社会学本土化》等多部学术论著被翻译为

英文、韩文等多种文字出版，提升了中国社会学的国际影响力。

3. 以学术会议、学术讲座为沟通桥梁

参加或举办国际、国内学术会议，不仅有利于增进学术交流，扩大学术对话，发展壮大学术队伍，而且有利于加强国际国内学术合作。由中国人民大学社会学理论与方法研究中心、中国人民大学社会学系牵头举办的学术会议呈常态化、规模化、高端化、国际化发展。自 2005 年始，"中国特色社会学——历史·现状·未来"、"中国社会体制改革三十年"、"新形势下城市社区建设与制度创新"、"新形势下社会学理论创新暨中国—东盟经济社会发展"、"社会转型与中国社会学理论自觉"等全国学术研讨会连续举办。自 2011 年始的"中国社会发展高层论坛"已连续举办四届，并将持续下去。

此外，郑杭生先生作为中国资深理论代表团成员成功访问俄罗斯、朝鲜、印度等，先后赴美国、意大利、日本、韩国等大学参加各种国际会议。学派其他研究人员也赴美国、意大利、日本等国参加学术会议，这些都扩大了社会运行学派的影响力，为社会运行学派的发展壮大提供了机会，同时也为吸引众多外国社会学大师来华交流搭起了桥梁。先后邀请约瑟夫·奈、Arthur Mol、Bruce G. Carruthers、赵鼎新等国内外诸多大师走进中国人民大学社会学系开坛讲学，开拓了学术视野。

（二）社会运行学派的内部学术环境

1. "草根立地、前沿顶天"的学术纲领

学术纲领的有效性是社会运行学派的生命力所在。郑杭生先生从事社会学研究 30 多年来，一直把"对有中国特色的社会学理论有所贡献，对转型中国社会的认识有所深化"设定为自己的学术目标，这也是社会运行学派一直坚守的"草根立地、前沿顶天"学术纲领的目标指向，通过锲而不舍地学术追求，以期践行"增促社会进步，减缩社会代价"的社会学深层理念。

一方面，社会运行学派坚持理论自觉，不断给自己的理论纲领注入新鲜血液，确保理论的青春活力。社会运行学派坚持"顶天立地"做学问，强调既要有学科发展的前沿意识，又要有深入实际的草根情怀，既要有世界眼光，更要有本土特质，既要"构建本土特色"，又要"超越本土特色"。作为社会运行学派共同理论旨趣的中国特色社会学理论，"五论"

立足中国社会现实，从现实中来又回到现实中去，对中国社会的发展进行了多维度、多层次的社会学想象与思考，在不断地建构和反思中，推进和实现了中国社会学的理论创新。

另一方面，社会运行学派直面中国正在"巨变"的社会实践，不失时机地调整自己的研究纲领，积极走向"田野"，设计并实施了两个系列的调查，对"基层社区建设经验"和"地方城市发展经验"进行系统调研。正是在此基础上，"以中国为中心"、以"中国经验"为依据的理论提炼，建立起了具有中国气派的学术话语，从而打破了被西方长期垄断的学术话语权，逐渐确立起自己的主体性，从世界学术的边陲逐渐走向中心，从"失语"转向"言说"与"对话"。

2. "群而不党、和而不同"的学派氛围

在社会运行学派的学术梯队内部，老中青年龄结构合理，学术兴趣广泛，学术力量雄厚，这是社会运行学派的硬实力，致力于中国特色社会学理论的持续探索和构建，这是社会运行学派软实力得以形成和发展壮大的前提。郑杭生先生为"中国特色社会学的学派氛围"题词为"多学少宗，良性互动，思想活跃，氛围融融"，这与"群而不党，和而不同"① 不谋而合，有异曲同工之妙。这种学派氛围的营造没有停留在题词上，而是深深地体现在学派发展的具体细节中。建立生动活泼、振奋向上、心理相容、自由探讨、相互尊重、真诚合作这样具有浓烈创造气氛的学派内部文化环境，是一个学派成长壮大的必要条件。社会运行学派正是以中国特色社会学的发展为共同目标，在郑先生的领导下，目标上统一、智力上互补、精神上和谐，合作中有竞争，竞争中有合作，学派成员能在一个温馨的集体里进行富有成效的工作，这一切造就了社会运行学派独特的内部文化环境和学派氛围。在学派内部，郑杭生先生大师风范的"承前启后、铺路搭桥、扶弱益强、正名提位"定位，强调"习思勤精，范式遂现，疑辩勉诚，学派自成"的学派支撑，同时也强调中国特色社会学的学者素质"方向正确，人品高尚，学问扎实，身体健康"和中国特色社会学的团队精神"个人勤奋，团队合作，教学相长，青蓝互补"。

---

① "群而不党，和而不同"是冯仕政教授在《群而不党、和而不同——郑杭生先生的学术作风及其时代意义》一文中评价郑先生的学术作风，笔者甚为赞同，故引用于此。

四　社会运行学派的理论抱负与学派创新

"这30年来，构建中国特色、中国风格、中国气派的社会学理论体系，的确是我内心的学术抱负，也是我一直为之努力的目标。"[①] 社会运行学派在郑杭生先生的带领下，正是有了这样明确的理论抱负和学术目标，所以才不断地发展和推广了中国特色社会学理论体系，或曰中国气派、中国风格的社会学理论，使其成为中国目前第一个完整、系统的社会学理论。"五论"既是郑先生本人社会学思想的集中表达，也是以郑先生为灵魂的社会运行学派的学术皈依。[②] 社会运行学派的发展历程表明，理论自觉是中国社会学形成学派、提升地位和话语权的必由之路。郑杭生对"理论自觉"概念和命题的明确阐述，表明他和社会运行学派的"理论自觉"意识更明确、更强烈、更主动、更坚实，也标志着中国社会学进入了强调"理论自觉"的新阶段。[③]

社会运行学派始终立足世界社会学格局，时刻反思自己所处的学术境遇，不断追求新的理论建构，更追求理论自强。郑杭生先生明确指出，"在欧美社会学作为强势社会学，而包括中国在内的发展中国家的社会学作为弱势社会学这样的世界社会学格局下，在中国社会学界增强主体意识，弱化'边陲思维'仍是一项长期的任务"[④]。正是这种清醒的学术意识和学术自觉，才催生了"五论"的提出和论证，这都是"理论自觉"的一个个轨迹点、支撑点。这些理论都是运用世界的学术眼光，立足中国社会现实、开发中国传统学术资源、借鉴国外社会学理论前沿，对自己进行反思、对别人加以审视，从而提炼自己特色的结果。[⑤] 社会运行学派坚

[①]　杨敏：《中国社会学的理论自觉与社会学的本土化和中国化——访中国人民大学一级教授郑杭生》，《马克思主义研究》2014年第12期。

[②]　胡翼鹏：《根植历史变迁、熔铸传统思想——郑杭生社会学理论的文化底蕴》，《社会运行学派成长历程——郑杭生社会学思想述评文选》，中国人民大学出版社2013年版，第321页。

[③]　奂平清：《"理论自觉"与中国社会学的发展——以郑杭生及其社会运行学派为例》，《西北师大学报（社会科学版）》2012年第3期。

[④]　郑杭生：《也谈社会学基本问题——兼答对我的社会学观点的某些批评》，《社会学研究》2001年第3期。

[⑤]　郑杭生：《"理论自觉"简要历程和今后深化的几点思考》，载郑杭生等《社会转型与中国社会学的理论自觉》，中国人民大学出版社2011年版，第1页。

守自己的学术阵地，不断推进学派创新，在新时期更是提出了理论自强，强调中国社会学学术话语权的提升不单纯是一个理论建构的问题，还有一个"势位提升"的问题，要使建构出来的理论真正发挥影响力，而影响力的发挥主要取决于理论的彻底性、理论的可接受性以及国家实力的提升。①

五　社会运行学派的学术取向与现实关怀

一个学派不是光靠评论才能形成、才能成长的。学派的形成、成长主要奠基在一个学术团队能够自觉地、创造性地贯彻、运用这些主导观点、核心理念上，并反过来在实践检验的基础上进一步在理论上深化、拓展、推进它们。② 社会运行学派坚持科学和人文并举的学术取向，表现在强烈的对现实社会的理论关怀，更是表现在对现实生活的人文关怀。翻开《郑杭生社会学学术历程》，在那些记忆留痕且生动鲜活的 151 张照片里，在那些恳切又语重心长的文字里，我们感受到的不仅是一位学者的学术担当，更是一个学派的人文情怀。郑杭生先生题写并收入《历程》的"书评、评论、他序"等文字共计 64 篇之多，那里承载着的不仅是一个长者的殷殷期盼，更是一个学派的成长经历。

2012 年 2 月 29 日，北京郑杭生社会发展基金会正式成立，该基金会秉承"关爱社会，致知践行；促进学术，推陈出新"的宗旨，旨在促进社会良性运行和协调发展，推动社会学进步。同时，也成为社会运行学派参与学术、参与社会的前沿阵地。已开展三届的"青年学术论坛"学者项目受助学者 90 人，社会学学子项目（博士、硕士）受助学生 64 人，这一善举为中国社会学的后继发展扬帆助力。"幼苗甘霖——从小就有好书"慈善项目、"幼苗甘霖——冬天读书有温炉"慈善项目让我们看到学派的社会责任担当，更让我们看到了社会运行学派的学派风范。

---

① 郑杭生、黄家亮：《"中国故事"期待学术话语支撑——以中国社会学为例》，《人民论坛政论双周刊》总第 363 期，2012 - 4 - 23。
② 郑杭生：《前言》，载《社会运行学派成长历程——郑杭生社会学思想述评文选》，中国人民大学出版社 2013 年版，第 3 页。

六　结语

社会学的中国理论学派，是中国社会学的支撑点，这样的学派越多，表明中国社会学的力量越雄厚、水平越高超，越有生命力和创造力。[1] 社会运行学派作为中国社会学重建以来第一个目标明确的本土化社会学理论体系的社会学学派，是一个兼具"本土特质与世界眼光"的社会学学派，在"综合创新，话语有权，建设学派，走向世界"的学派创新观指引下，在"习思勤精，范式遂现，疑辩勉诚，学派自成"的学派支撑下，秉承建设性反思批判精神，不断地坚持理论自觉，夯实理论自觉阶段的基本功，经过了一个从"成长"到"长成"的学派成长过程，而且，中国社会学社会运行学派依然在继续成长过程中。

2014 年 11 月 9 日晚 9 时，我国新时期社会学学科的重要奠基人、社会运行学派的开启者郑杭生先生与世长辞，这一刻永远定格在社会运行学派成熟壮大的历程中。作为中国社会学的一面旗帜，他一生秉持的学派情怀及学派创建，成为中国新时期社会学学科建设和学术发展取之不尽的智慧宝藏，他生前所言今天依然振聋发聩，提醒着社会学界的各路精英继续努力，"学派是学术发展的最实质性的平台。有无学派，特别是有无著名的学派，是一个学科是否繁荣、是否有活力、是否成熟、是否有社会影响力以及国际影响力的重要标志之一"[2]。先生的离去，是社会运行学派的最大损失，更是中国社会学界的重大损失，相信在先生学派情怀和学派宏旨的感召下，社会运行学派后人承继学统，宏张学脉，社会运行学派的事业还将继续发扬，大放异彩。

（原载《甘肃社会科学》2015 年第 3 期）

---

[1]　郑杭生：《"理论自觉"简要历程和今后深化的几点思考》，载郑杭生等《社会转型与中国社会学的理论自觉》，中国人民大学出版社 2011 年版，第 4 页。

[2]　郑杭生：《学会、学派、学术——在 2014 年中国社会学会武汉学术年会开幕式上的致辞》（http://www.sociologyol.org/yanjiubankuai/tuijianyuedu/tuijianyueduliebiao/2014－07－19/18416.html），2014－7－19。

论文 2　出场学视域下的马克思主义社会学再诠释

与实证社会学的理论追求和发展轨迹不同，马克思主义社会学发端之初就形成了自己的理论构架和传统，为后来的社会学研究留下了宝贵的思想遗产，并直接影响到社会学的整体发展历程。在"马克思主义低潮综合征"的围城境况中，尽管马克思主义社会学研究取得了一定的进展，但其依然是当代中国理论社会学研究的薄弱环节。和社会学的实证研究相比，马克思主义社会学研究在社会生活总体性的反思批判研究、理论社会学范式革命的方法论研究等方面有着不可替代的地位和作用，本文就是笔者尝试运用"出场学"的视域进行的探索性解读。

一　马克思主义社会学出场的历史语境

"出场学"视域即从出场问题角度研究马克思主义社会学时代和空间的在场可能性。在瞬息万变的社会历史中，我们总是处于并发现自己已经处于伽达默尔言说的处境中，因而我们总想并不懈努力地在阐明这种处境。对马克思主义社会学的研究必须要将其置于中国社会学研究的具体处境中，运用出场学的视域对时代巨变中的社会发展与社会问题做出解答，从历史语境出发阐明时代的处境。历史并不呈现为平滑渐进的过程，她倾向于在合适且适当的时机取得飞跃性的进展，这种飞跃式的进展将人类载入时代腾挪巨变的画卷，人类总是在尽力抓住时代赐予的飞跃性机遇，进而脱颖而出赢得历史性的优势。任何学术的话语必须兼顾时空的差异性，翻开人类近现代以来的画卷，历史洪流铸就的两次"大航海时代"成为我们今天叙述的最为宏阔的历史语境。

（一）第一次大航海时代的回声

开始于 15 世纪的第一次大航海时代，将人类的足迹从黄色的陆地转移到了蓝色的海洋，人类面向海洋讨生活，开启了西方进入"资本主义曙光"的大幕，而这一次影响了世界几百年历史沧桑的时代大幕拉开后再无法关上。西方世界血腥的航海在追逐欧洲商品经济的发展和新兴资本主义原始积累的过程，开启了人类社会现代性的历程。19 世纪前的几个世纪，西方出现了孕育西方社会学的六大社会力量，即政治革命、工业革命、资本主义的兴起、城市化、宗教改革以及科学的成长①，在这些力量的汇集下，社会学作为时代剧变的产儿应运而生。19 世纪 40 年代，伴随着工业革命或机器大工业生产而来的资本主义自由竞争时代，直接催生了马克思主义社会学的形成。马克思指出 19 世纪的一个伟大社会事实在于："一方面产生了以往人类历史上任何一个时代都不能想象的工业和科学的力量；而另一方面却显露出衰颓的征兆，这种衰颓远远超过罗马帝国末期那一切载诸史册的可怕情景……现代工业和科学为一方与现代贫困和衰颓为另一方的这种对抗，我们时代的生产力与社会关系之间的这种对抗，是显而易见的、不可避免的和毋庸争辩的事实。"② 作为一个社会学家，他运用缜密的逻辑思维、辩证的批判方式，将社会范畴作为分析的对象，坚持为社会正义而斗争的立场，直言不讳地将对现存东西的解释和对应当存在东西的判断联系在一起，建构起马克思主义社会学的理论大厦。马克思主义社会学以强烈的人文精神展开自己的理论视野，以辩证分析的批判原则对待不断发展变化的社会现象，把无产阶级作为自己的实践主体，将人类的解放作为自己的理论追求，主张不仅要批判旧世界，更要建设一个新世界。马克思主义的革命批判型社会学直面资本主义社会的剥削、腐朽、不平等，站在批判的立场上对商品化的现代性资本主义制度表达了强烈的不满和谴责，将批判的矛头直指异化劳动对人自身的剥夺、病态的社会关系及结构体系、阶级不平等社会的再生产机制等，明确提出劳动是实践的首要范畴③，无产阶级应通过革命的方式来彻底变革资本主义，改变人类

① Ritzer, G., *Sociological Theory* (*Fourth Edition*) . New York: The McGraw – Hill Companies, Inc. , pp. 6 – 9. 1996, 49.

② 《马克思恩格斯文集》第 2 卷，人民出版社 2009 年版，第 579—580 页。

③ ［英］布莱恩·特纳：《社会理论指南》，李康译，上海人民出版社 2003 年版，第 44 页。

劳动的现状，为人类的彻底解放铺平道路，最终实现整个人类的自我回归。

（二） 第二次大航海时代的呼唤

已经开始的第二次大航海时代，人类的目标不再是浩瀚的海洋，而是更为辽阔的太空。人类这次的梦想必将冲破地球引力的束缚，以浩瀚太空作为未来家园，这或许也将开启从旧式现代性向新型现代性迈进的历程。来自生物技术和航天领域的信息革命，为马克思主义社会学的出场提供了历史性机遇。人类在旧式现代性进程中对于地球的灾难性攫取，尽管一次又一次彰显了人类至高无上的理性与智慧，但同时，歧义丛生、充满疑虑的现代性问题域也在毫不留情地讽刺着人类肆无忌惮的侥幸。当人类面临新一轮地球资源警报的持续响起、人类生存风险的成倍加码、局部战争威胁的时刻挑战、东西方文化与文明的较量冲突、国际公平正义秩序实现的遥遥无期、民主法治进程的艰难险阻、生态环境文明建设或明或暗的挑战、全球和谐的漫漫长夜，面向太空的足迹能否摆脱像第一次航海时代的命运，时代的境遇和社会实践结构的巨变呼唤马克思主义社会学的出场。第二次大航海时代将原本就错综复杂的人与人、人与自然、人与社会之间的关系变得更为扑朔迷离，历史和时代赋予人类的理性智慧将再次面临生存与发展最为焦灼的考验。在从旧式现代性迈向新型现代性的进程中，马克思主义社会学对于资本现代性最为深刻的批判立场及范式将再次彰显持久的生命力。

二 马克思主义社会学的出场路径

人们总是无法根除必然抽象之理论与必然具体之历史间的张力，所以，"无论多么富有洞察力的思想家，都不能保证以一百年后所谓正确的方式阐述这些问题。一百年的演进不断产生新的经验现实，这意味着先前的理论抽象必须被修改"①。马克思主义社会学总是在世界历史不同时期随着不同社会历史语境的大变迁而不断地更新着自己的出场路径和出场形

---

① ［美］伊曼纽尔·沃勒斯坦：《否思社会科学——19世纪范式的局限》，刘琦岩、叶萌芽译，生活·读书·新知三联书店2008年版，第179页。

态。出场学视域必然要对现实在场状态进行不断地超越，不断地紧随时代步伐选择出场路径方式和形式样态，不仅要反映和概括此时此地现成的在场状态，而且要筹划探索现在以及未来一切在场的可能和如何可能，在链接当下与未来的重大社会实践舞台上不断批判反思出场路径形态和在场立场范式。对于社会历史发展的前景以及重大社会实践问题的建设性反思批判，是马克思主义社会学出场的基本路径，对马克思主义社会学经典文本的再解读、对现代性的再反思、与当今时代思潮的再对话以及对重大社会实践问题的再评判是马克思主义社会学出场的有效路径，对于巨变时代的理解和把握成为马克思主义社会学出场的内在要求。

（一）　对经典文本的社会学再解读

马克思主义社会学出场的第一要务是对马克思主义社会学的经典文本做出新的解读。一方面，马克思以宏大的历史视野，剖析了市场竞争、资本积累中的经济必然性，强调社会经济形态的发展是一种自然历史过程，强调经济领域对其他社会领域的绝对支配，阐述了现代社会进步的动力渊源。另一方面，马克思也对资本主义及其市场经济给予了深刻批判，揭示了资本主义社会的异化劳动本质，指出人的异化既是社会异化的结果，也是使社会异化再生产的基础。马克思"将批判的视角直指现代资本主义的生产方式，现代社会的秘密深藏于资本主义社会之中，理性逻辑的形而上学秘密深藏于资本逻辑之中。因而，资本现代性的揭秘与批判乃是现代性问题的揭秘与批判的核心所在"①。马克思既看到了现代性过程中市场经济及其竞争发展的必然趋势，也看到了这一过程造成的财富积累和贫困积累以及两大工业阶级的分化对立，从而阐发了人类解放的目标。可以说，马克思主义社会学经典文本为我们把握现代性推进中的时代内涵提供了如何避免理论和方法的一维性、单向性的研究典范。走出文本、超越文本，对接现代性狂飙突进的时代境遇的理解和解读，成为马克思主义社会学出场的必然要求。

（二）　对现代性的再反思

文明的扩张总是不断地与经济、政治和意识形态等方面的扩张结合在

---

① 宋伟：《马克思资本现代性批判的理论意义及其当代阐释》，《社会科学辑刊》2013 年第 5 期。

一起，现代性的扩张是一种新型文明的成型，这种扩张酿成了普遍世界范围的制度以及象征体系的发展。现代性文明的扩张同样也破坏了它所融入的社会的象征前提和文明前提，展开了新的选择和可能性。① 在这种持续的反应和互动中，现代性、第一现代性、第二现代性、自反性现代化、现代社会、正在现代化的社会、后现代的社会，一系列的社会理论彰显着这些社会巨大的差异，现代性"仍然在黑箱之中藏而不露"②。

"任何想成为某种政治运动的意识形态或一个国家的官方信条的理论，都应当具有适合于思想单纯的人的简洁性和适合于喜欢探其细微末节的人的耐人寻味性。"③ 毫无疑问，马克思主义社会学思想高度体现了这种品质。在马克思看来，现代性的特征首先是商品化，资本主义社会把所有的社会关系化约为商品，而这种商品已不仅仅是客体对象，而是由主体性与客体对象之间种种被扭曲的关系。在今天这个现代性带来的越加全球商品符号化的"物"时代里，人们正在"逻辑性地从一个商品走向另一个商品"④，生活在疲劳、焦虑、离奇、混乱、层化、碎片化的消费社会中，缺乏本体性安全的个体生活完全被符码所操控。人类如何在新一轮的现代性征伐中拿起马克思主义批判的武器，找回自我并重构崭新的自我，这是马克思主义社会学出场的应然路径。

（三）与当今时代思潮的再对话

技术的成就将整个世界融入到一个"地球村"中，彻底打破传统时空架构对社会实践的束缚，现代性之全球化真正变成了现实。现代性进入全球化阶段，这是变革时代的伟大命题，命题的背后掩藏着汹涌澎湃的各种思潮，对话成为可能而且唯一的时代选择。尤其是在信息泛滥的网络时代，被湮没在信息海洋背后的各种时代思潮错综复杂、相互交织，新自由主义、道德相对主义、社会民主主义、文化保守主义、民族主义、普世价值论、创新马克思主义、新国家干预主义、民粹主义、公

---

① ［以］S. N. 艾森斯塔特：《反思现代性》，旷新年、王爱松译，生活·读书·新知三联书店 2006 年版，第 21 页。

② ［英］安东尼·吉登斯：《现代性的后果》，田禾译，译林出版社 2011 年版，第 1 页。

③ ［法］雷蒙·阿隆：《社会学主要思潮》，葛志强、胡秉诚、王沪宁译，华夏出版社 2000 年版，第 94 页。

④ ［法］让·鲍德里亚：《消费社会》，刘成富、全志钢译，南京大学出版社 2008 年版，第 3 页。

平正义论等间接催生了信息时代的"碎片化"思想，不同思潮间的相互摩擦和碰撞反作用于社会各种问题和矛盾。伴随着时代思潮顺势而来的是一系列意义深远的社会结构与社会关系变化，包括中国在内的世界各国现有的社会生产体系、社会结构和关系体系也随之发生调整，现代性之全球化正在重塑个体间、社会间、国家间、个体与社会间以及国家与社会间的相互关系。与此同时，除了马克思主义这一主流社会思潮外，在学术思想界的各种社会思潮风起云涌，借助不同的理论范式和学术框架为阐发各自不同的主张和见解开辟道路，愈益鲜明地呈现出多元、多样、多变的态势。

（四）　对重大社会实践问题的再评判

实践是马克思主义社会学的基础。"社会生活在本质上是实践的，凡是把理论引向神秘主义的神秘东西，都能在人的实践中以及对这个实践的理解中得到合理的解决。"[①] 人的本质是实践的，实践是主观和客观、内在性与外在性的统一，实践具备了人性和物性的双重品质。从实践出发，在实践基础上展开自己的理论视野，最终又回到实践之中使自己的理论概括变为现实，这是马克思主义社会学的本质特征。[②] 对重大社会实践问题及人类发展前景的建设性反思批判，是马克思主义社会学出场的基本路径。

当前世界范围的资本主义危机和困境是困扰包括西方社会在内的世界各国理论家和思想家的重大实践问题，而与此相对应，一枝独秀的"中国经验"、"中国模式"，也都成为马克思主义社会学理论必须面对和回答的重大社会实践。就像贝克所说，传统的西方社会学理论"无论是结构主义者、互动论者、系统论者或是批判学派，都不足以解释现在的世界局势"[③]。而马克思主义社会学独特的价值立场、理论构架、方法原则以及实践取向，恰恰成为"马克思为什么是对的"的最好注解，我们需要立足当今最为深刻的社会实践，深入挖掘马克思主义社会学的深层意蕴，纠正理论错解和偏见，批判反思时代重大社会实践问题，对马克思主义社会

---

① 《马克思恩格斯选集》第 1 卷，人民出版社 1995 年版，第 56 页。
② 郑杭生、刘少杰：《马克思主义社会学史》，高等教育出版社 2006 年版，第 19 页。
③ 张小溪：《社会学的"世界主义时刻"——访德国慕尼黑大学社会学家乌尔里希·贝克》，《中国社会科学报》2011 年 8 月 11 日。

学进行出场与在场的理解和解读，是当前理论社会学研究的重要任务之一。

三　马克思主义社会学的出场形态

马克思主义社会学的出场形态内在地包涵着"本土化"与"全球化"两个维度。从本土化的维度来看，世界各地各个民族国家有着各自不同的历史文化传统，其成长和发展表现出很大的差异性，对马克思主义社会学的理解必然要求立足于本土化语境进行再解读和再创造。从全球化的视角来看，资本全球化是马克思主义产生的时代语境，它在历史空间的延展中产生了国外的马克思主义或西方的马克思主义，以及中国化的马克思主义，而对现代性全球化的批判和反思是马克思主义社会学出场的双重语境。现代性之全球化本身内含的深刻辩证意义，使普遍主义与特殊主义、一体化与个性化、全球性与地方性、全球体系与民族社会交汇碰撞，构成了一个多种文明相互作用、各个民族参与共享的过程，这为马克思主义社会学的出场提供了新的视角、概念、想象以及新的研究框架和方法论。

（一）本土化的沉淀与对话

可以说从马克思、恩格斯开始的马克思主义社会学史的各个代表人物，都或多或少地以不同方式关注并处理着现代性全球化的长波进程和本土社会转型的两维关系，这为马克思主义社会学的不断出场和持续在场奠定了理论和方法的基础。以中国的马克思主义社会学为例，最早在 20 世纪二三十年代，李大钊、瞿秋白、李达等人就展开了对马克思主义社会学理论的研究，这在马克思主义传入中国之初居于中心地位，而且在中国革命的长期实践中，中国共产党人自觉地将马克思主义社会学的阶级分析和阶级斗争理论、社会结构矛盾运动理论、社会发展变迁理论同革命实践紧密结合在一起，所以，"马克思主义社会学在中国不仅仅是思想理论，更重要的在于其思想观点在 20 世纪前期就已经转化成中国社会现实的一个不可分割的部分"[1]。20 世纪 30 年代以后，由于受到苏联斯大林时期"左"倾政治以及教条主义的影响，马克思主义社会学被历史唯物主义所

---

[1]　刘少杰：《马克思主义社会学理论研究的历史与机遇》，《江海学刊》2008 年第 5 期。

取代。1949 年后的中国社会学遭遇了近乎毁灭性的打击，不光坚决排斥了西方社会学理论，而且也拒绝了马克思主义社会学理论。直至改革开放后，马克思主义社会学理论才在恢复重建中找到重生的土壤。可以这么说，中国社会学界对马克思主义社会学理论研究的基本内容主要沉淀在改革开放 30 年波澜壮阔的历史画卷中。在诸多研究中，郑杭生先生的观点仍可作为对马克思主义社会学进行理解和阐释的一系列起点，依然保持着某种开创意义，即马克思主义社会学呈现出革命批判性和维护建设性两种形态，"革命批判性形态只是它的一种过渡性的、预备性的形态，维护建设性的形态应该是马克思主义社会学的主要形态，甚至可以说是本来意义的马克思主义社会学"①。

（二）全球化的批判与反思

全球化概念的生成过程波澜不惊，从布迪厄作为军事领域的"全球"到麦克卢汉的"地球村"，到布热津斯基国际政治学上的"全球化社会"，再到德鲁克消费文化意义上的"全球购买中心"，全球化话语已经成为时代和历史恒久的话语，这种话语更为突出地表现为"商业表达的自由"，消费文化（包括对学术和思想的消费）成为当今时代和社会的主导文化宰割着本土的民族文化。当包括中国在内的世界各国继续遭遇全球化新时代时，风险社会与安全困扰、现代性意识与后现代思潮、绿色生态与政治文明、消费狂潮与知识资本、经济繁荣与道德贫困、恐怖主义与反恐怖战争、文明冲突与族际政治等，这一系列与人类社会发展并存共生的问题摆在面前时，这对于在资本工业化与资本全球化时代产生的马克思主义社会学来说无疑是一个挑战，当然也是一个机遇，只有坚持马克思主义社会学出场立场上的批判与反思，才能对新型全球化做出正当解释。

人类社会已迈过以工业资本为主导的旧式全球化，彻底拥抱以知识资本为主导的新型全球化，建基于以信息与通信技术、电子、空间技术等新科技为轴心的产业经济基础之上的"后工业文明"，主导了"一体化"和"多元化"的两极紧张，后现代的思维方式转向以多元文化为特质的新全球主义。面对全球社会的加速转型、社会实践形态的结构性剧变，当人类再次面对斑驳复杂的社会事实时，如果社会学再一味单纯地囿于价值中

---

① 　郑杭生：《论马克思主义社会学的两种形态》，《光明日报》1985 年 7 月 29 日。

立、价值无涉的价值怪圈，那将永远无法完成推进人类社会进步、促进社会和谐的历史使命，而这一神圣使命的完成必然要求马克思主义社会学的出场。

四　马克思主义社会学的在场自觉

在中国与西方、过去与现在的双重语境中，马克思主义社会学需要扎扎实实地背靠过去，认认真真地面对当下的发展问题域。马克思主义社会学的思想旨趣不是一种凝固不变的现成在场状态，更是一种不断在场的自觉状态，这种在场状态从立场自觉上升到理论自觉，从方法自觉转向范式自觉。

（一）　立场自觉到理论自觉的提升

出场学视野中的马克思主义社会学，从实践出发，在实践基础上展开自己的理论最终又回到实践之中，并使自己的理论体系变为现实，这是马克思主义社会学的根本性特征。坚持中国社会学的发展方向并不断提升社会学学术话语权，需要坚持克思主义社会学的立场并不断发展马克思主义社会学理论，包括社会科学研究在内的伟大社会实践活动的展开，坚持马克思主义的指导是历史做出的选择。历史是实践过程的持续，而实践过程则是历史的现实展开，无论是历史还是实践，都是人类的主体同客体相互作用的过程。马克思主义社会学的出场学视域对社会生活开展的总体性研究以及批判性与建设性的思考，分别从主客体的立场出发来判断和解释中国事实及中国经验，具有更加广阔的实践空间，并凸显出更为重要的指导意义。不管是认识和思考处于复杂变迁中的当代转型中国，还是当下资本主义金融危机向全球的蔓延，或者是人类面临的前所未有的全球困境，马克思主义社会学都将为我们探索危机的本质、内在逻辑以及问题的根源，提供最为现实而有力的革命批判立场。

郑杭生先生在谈到中国社会学的理论自觉时这样讲道："自觉到我们的目标是世界眼光中国气派兼具的中国社会学，而不是西方社会学某种理论的中国版，是中国社会学界对自己的理论的反思，也是对别人的理论的反思结果，是对自己所教学、所研究的社会学理论和社会理论的自知之明。这是'理论自觉'的主要内容，是'理论自觉'的首要自觉。"① 在这里笔者强调马克思主义社会学从立场自觉到理论自觉的提升是对社会学实践性认识的正确态度，同时也是社会学理论自我反思的理论品质，这种自觉内在地包括着理论学习、理论反思、理论选择以及不同层次的理论创新。马克思主义社会学立足人类社会存在和发展的基础——实践，将人类的彻底解放作为始终不渝的理论追求，生命不息，实践不止，人类社会存在的和发展更为广阔的社会实践始终催促着马克思主义社会学理论的建构、重构以及新构。

（二）方法自觉到范式自觉的转向

马克思主义社会学走出二元对立的窠臼，辩证地分析问题和解决问题，将社会生活的研究建基于实践的基础之上，强调主观与客观现实的具体的历史统一。在超越科学主义与人文主义两大社会学传统对立的同时，又尽可能充分地吸取了两大传统的合理之处。将科学主义精神和人文主义精神融合且贯通于认识、改造和变革社会的实践中，实现科学性与价值性的有机统一，做到方法上的自觉。思想的解放、理论的自觉就是要破除一系列僵化的教条结论和观点，"与时俱进"地转换研究方法、研究视域乃至研究范式。马克思主义社会学对中国经验的思考和研究，需要理论上的支撑和导引，自然需要面对一个理论选择和方法选择的问题，对立与统一、冲突与整合的辩证思想无疑是马克思主义社会学理论中最为精华的一部分，"从对立和冲突之中寻求协调和整合，在协调和整合之中洞察对立和冲突；研究对立和冲突是为了促进协调和整合，反过来，探讨协调和整合是为了解决对立和冲突"②。可以说，自觉地运用马克思主义社会学的基本方法论来把握时代的命题和解决社会的问题，这是最具有根本性意义的方法自觉。

范式是一种理论视野和方法规则，是一种观点见解和理论思考的根基与灵魂，范式的变革是更为深刻的革命性变革，范式的创新与转换必将带动整个社会学理论视域、理论形态的变革与创新。"出场学"是一种专门

①　郑杭生：《中国特色社会学理论的深化（上卷）："实践结构论"的提出与"理论自觉"的轨迹》，中国人民大学出版社 2010 年版，第 19 页。
②　郑杭生：《中国特色社会学理论的探索：社会运行论、社会转型论、学科本土论、社会互构论》，中国人民大学出版社 2005 年版，第 737 页。

化的研究范式，这种范式随着现代性全球化进程的新旧更迭，"当年马克思社会学思想"就自然而然地转换成了"当代马克思主义社会学"，实现了理论、方法、思想与时代的同步，真正达到范式自觉的境界。马克思主义社会学在科学主义社会学和人本主义社会学的两极对立中展开了自己的理论视野和学术胸怀，在对立统一的逻辑延展中实现了相互排斥到相互统一的交融转化。从实践出发，在社会生活的主观与客观、主体与客体、微观与宏观、普遍与特殊的双向运动中把握社会现象的发展变化和辩证统一，既研究社会生活的客观规定性，认识思考探索社会结构运动变化的客观规律，又研究社会生活的主观能动性，理解把握人们在社会生活中的理想价值和意义追求，既坚持发现和揭示社会历史运动变化规律所依靠的科学精神，又注重人文关怀和人文精神的价值取向。立足社会实践，从实践出发最终又复归到实践，正是在纵横捭阖、奔流不息的社会实践性巨变中，马克思主义社会学实现了方法自觉到范式自觉的转向。

在当代马克思主义社会学的范式中，马克思主义社会工程学是适应社会历史实践发展要求而产生的一种社会学新范式，是马克思主义社会学维护建设型形态的时代化呈现。① 当今中国改革实践的深入就是一项声势浩大、气势磅礴的社会工程，社会工程学面向伟大的社会生活实践，紧抓全面深化改革的时代机遇，承继马克思主义精髓，延续中国马克思主义社会学的优良传统，以实现社会最大程度的公平正义和每个人自由全面发展为目标，致力于社会规划设计和社会变革，是中国当代马克思主义社会学的新形态。

五　结语

马克思主义社会学经过一个多世纪的历史演化，始终以广阔开放的胸怀，立足对重大现实问题的实践反思，在"改变世界"的创新实践中不断出场。历史的洪流、时代的巨变、社会的沧桑变迁不断创生并丰富着马克思主义社会学的实践内容，马克思主义社会学也与时俱进、顺势而为，紧随社会历史和实践任务变化的时代步伐，调整变换学术视野和理论形

---

① 李永胜：《社会工程学是马克思主义社会学的重要范式》，《自然辩证法研究》2013 年第 1 期。

态，源源不断地激发活力、聚合动力、创新思想，并对时代和社会实践的巨变做出积极思考和应对，以崭新的姿态挺立当代学术思潮和社会发展潮头。

（原载《社会科学辑刊》2014 年第 2 期）

论文 3　出场与在场：马克思主义社会学视阈下的中国经验

一　不断丰富的"中国经验"

近些年，"中国模式"、"中国经验"① 被社会各界津津乐道，考察其源头则是美国《时代》周刊高级编辑乔舒亚·库珀·雷默于 2004 年 5 月提出的"北京共识"。雷默的《北京共识：提供新模式》一文认为，中国的发展模式即所谓"北京共识"具有艰苦努力、主动创新和大胆试验，坚决捍卫国家主权和利益以及循序渐进、积聚能量等特点。在雷默看来，中国的崛起已经通过引进发展和实力的新概念而改变国际秩序。但是，中国的学者对此却相对谨慎，如郑永年所讲，"北京共识"这个概念在西方学术界并没有产生任何影响，但被媒体炒得很火，现在还有人把它抬得很高，实际上这个概念对于学术界和政策圈意义不大。② 因此他们选择使用了"中国模式"、"中国经验"等来表述与雷默同样的发展内涵。

"中国模式"概念的提出，本意并不在于与"华盛顿共识"等西方社会的发展概念分庭抗礼，但在这一概念的具体使用过程中，还是引起了人们的疑虑甚至争议，也产生了"中国经验"等替代性概念。李克钦、史伟提出，中国的发展才刚刚起步，"中国模式"还远未定型，中国将来的发展在许多方面还存在隐性危机，因此，现在讲"中国模式"还为时过早。③ 周晓虹认为，可以将"中国经验"视为在全球化和社会转型的双重

---

① 关于"中国模式"、"中国经验"的称谓有很多争议，并不是一个单一的、边界清楚的概念，与这一概念具有相似内涵的术语还包括"中国道路"、"中国奇迹"、"中国案例"、"中华体系"等，本文中均指同一概念，不做详细区分，在社会学意义上采用"中国经验"。

② 郑永年：《中国模式研究应去政治化》，《人民论坛》2010 年第 8 期。

③ 李克钦、史伟：《"中国模式"还是"中国经验"？》，《中共南宁市委党校学报》2006 年第 2 期。

背景下，中国社会近十几年来在宏观的经济与社会结构方面的发展与教训。如果不刻意寻求这一概念在内涵和特征上的差异性，我们觉得可以在相近的意义上混用"中国经验"、"中国道路"、"中国模式"或"中国奇迹"等相似概念。① 郑杭生则指出，中国社会改革开放 30 年来的发展和转型，已经显示出自己鲜明的特色和特点，显示出在全球的独一无二性，用世界上任何现有的发展模式都难以完全解释得通，"中国经验"是指已经条理化和上升为理论的对中国现代化道路和方法或中国社会转型途径和方法的总结。研究"中国经验"本来就是中国社会学诞生以来的优良传统，不研究"中国经验"也就称不上是中国的社会学家。②

"中国经验"作为客观存在的"社会事实"，就是中国作为一个发展中国家在全球化背景下实现现代化的一种战略选择，它是中国在改革开放过程中逐渐发展起来的一整套应对全球化挑战的发展战略和治理模式。③简要地说，就是当代中国在社会经济发展方面比较突出的特点和过程所构成的特定类型。在郑杭生看来，"中国经验"可以从本质内容、实际轨迹、推进形式、实现途径、前景瞻望五个方面来加以考察分析。"中国经验"的实质内容：新型社会主义的不断成长壮大，"中国经验"的实际轨迹：从初级发展到科学发展的进程，"中国经验"的推进形式：自上而下和自下而上共同探索，"中国经验"的实现途径：体制转轨与结构转型齐头并进，"中国经验"的前景展望：人类困境与特殊挑战双重应对。④ 李培林从社会发展的角度概括中国经验的主要特征有：经济体制转轨与社会结构转型的同步进行，渐进式改革成为我国改革的普遍规则，社会稳定优先原则和积极的民主化探索，快速增长中的非平衡发展，注重发挥劳动力的比较优势，长期坚持低生育率政策，大规模减少贫困人口，注重教育等人力资本投入，坚持对外开放和超越意识形态的国际合作，努力克服环

①　周晓虹：《"中国经验"与"中国体验"》，《学习与探索》2012 年第 3 期。

②　郑杭生、杨敏：《社会实践结构性巨变对理论创新的积极作用——一种社会学分析的新视角》，《中国人民大学学报》2006 年第 6 期。

③　俞可平：《热话题与冷思考（三十四）——关于"北京共识"与中国发展模式的对话》，《当代世界与社会主义》2004 年第 5 期。

④　郑杭生：《社会学视野下的"中国经验"》，载《郑杭生社会学学术历程之四·中国特色社会学理论的深化（上下卷）："实践结构论"的提出与"理论自觉"的轨迹》，中国人民大学出版社 2010 年版，第 732 页。

境、资源与快速发展的矛盾。①

　　社会学视域中的"中国经验"有着自身的结构和层次，它并不是空洞的概括或词语，而是有着实实在在的内容。这里借鉴郑杭生先生的概括，"中国经验"是中国社会上下结合、共同探索、互动创新的结果，其中三个层次的相互推进十分明显：既有中央"自上而下"的推进，又有基层"自下而上"的推动，还有各个地方、各个部门连接上下的促进。这三个层次，通过理论创新、制度创新、价值重塑、共同创作、不断完善，融合成具有独特气派、独特风格、又有某种普遍意义的"中国模式"或"中国经验"。在三个层次中，中央经验是中国经验的核心、灵魂和指导。地方经验、基层经验的重要性则在于它们共同构成了"中国经验"、"中国模式"一个个亮点、一个个支点，共同标志着中国特色社会主义这种新型社会主义历程的一个个轨迹点、成长点。②

二　出场学与马克思主义社会学

　　马克思主义社会学形成于19世纪40年代，那是一个由工业革命或大机器工业生产推动的资本主义自由竞争的时代。面对当时的社会，马克思用辩证的批判方式对市民社会的观察、分析与理论概括，开启了马克思主义社会学的理论发端。马克思主义社会学以强烈的人文精神展开自己的理论视野，以辩证分析的批判原则对待不断发展变化的社会现象，把无产阶级作为自己的实践主体，将人类的解放作为自己的理论追求，主张不仅要批判旧世界，而且还要建设一个新世界。马克思主义发端之初就具有不同于实证社会学的理论起点和追求，并形成了自己的理论构架和传统，为后来的社会学研究留下了宝贵的思想遗产，并直接影响到社会学后来的发展历程。

　　"出场学"是阐释马克思主义与时俱进机制的哲学范式，"出场学"专指一种视域，即从出场问题角度研究马克思主义时代的和空间的在场可能性。出场是对现成在场状态的超越，出场永远是对出场路径、出场方式

---

①　李培林：《改革和发展的"中国经验"》，《甘肃社会科学》2010年第4期。
②　郑杭生：《中国模式或中国经验与当代中国社会学再研究》，《江苏社会科学》2010年第6期。

与出场形态的时代选择。出场学视域绝不是对现成在场状态的简单反映和概括，而是对其现实和未来在场可能性的谋划和探索。① 笔者在这里从出场学的视域来关照马克思主义社会学，是为了立足马克思主义社会学的历史境遇，将其置于全球化时代的新旧更迭进程中，实现从"当年马克思社会学思想"到"当代马克思主义社会学"与时俱进的发展。同时以马克思主义的根本观点为指导，自觉关注和理解旧式现代性向新型现代性迈进这一生动现实，把握社会转型加速期中国经验的新情况、新问题，与时俱进地不断丰富马克思主义社会学的根本观点，促进以马克思主义根本观点为指导的有中国特色社会学的发展。

"与时俱进"是马克思主义的理论品质，它内在地贯穿着一种出场学视域。它将人们对"原版"或者"当代"马克思主义的本真意义、思想形态的追问转换成一个"出场学问题"：任何马克思思想形态都不是现成在场、永恒不变的。它本质上是由一定时代语境造就对出场路径深度依赖的出场形态。② 作为一种问答逻辑，马克思主义社会学也随着历史语境的变化而变化。马克思主义社会学开始于对自由竞争时期资本主义社会的认识，其观点清楚明确，方法独特。马克思主义社会学坚持把人与自然、人与社会统一起来认识的实践观点，并且从实践出发对人类社会的本质和社会结构运动的变迁做出了理论概括，进而形成了包含生产方式矛盾运动、社会形态历史变迁以及阶级斗争和社会革命等多方面理论内容的理论构架。马克思主义社会学坚持辩证的、批判的方法原则，力图揭示社会生活虚幻假象，引导人类追求真实，实现人类彻底解放。马克思主义社会学理论具有强烈的建构性，它是在国际共产主义运动和社会主义革命与建设的长期实践中逐渐形成的，是通过马克思主义经典作家以及几代马克思主义继承人的艰苦思考凝结而成的，只有结合革命实践的历史过程，在马克思主义社会学的历史演化中，才能对它的本质特点做出深入而具体的理解。③

中国社会学对马克思主义社会学理论的研究，最早可追溯到 20 世纪二三十年代李大钊、瞿秋白、李达等人的研究，其在传入中国之初占有着

---

① 任平：《论马克思主义哲学研究的出场学视域》，《中国社会科学》2008 年第 4 期。
② 任平：《走向差异之途的马克思主义出场学视域》，《社会科学战线》2011 年第 5 期。
③ 郑杭生：《深入研究马克思主义社会学史》，《马克思主义与现实》2006 年第 3 期。

显著的中心地位，而且中国共产党在领导中国革命的过程中，已经把马克思主义社会学的阶级分析和阶级斗争理论、社会结构矛盾运动和社会发展变迁理论同实践斗争紧密结合在一起，所以，马克思主义社会学在中国不仅仅是思想理论，更重要的在于其思想观点在 20 世纪前期就已经转化成中国社会现实的一个不可分割的部分。① 20 世纪 30 年代以后，受到了斯大林时期苏联"左"倾政治和教条主义的影响，历史唯物主义取代了马克思主义社会学。1949 年新中国成立之后，中国社会学遭遇近 30 年的禁闭，不仅拒斥了西方社会学理论，而且马克思主义社会学理论也无人问津。直至改革开放后中国社会学的重建，马克思主义社会学理论才逐渐受到一些学者的关注。可以说，中国社会学界对马克思主义社会学理论的研究，其主要内容存在于改革开放以来 30 年的文献中。在诸多研究中，郑杭生先生的观点仍可作为对马克思主义社会学进行理解和阐释的一系列起点，依然保持着某种开创意义，即马克思主义社会学在其发展过程中采取了两种不同的但又统一的形态：革命批判性的形态和维护建设性的形态，革命批判性形态只是它的一种过渡性的、预备性的形态，维护建设性的形态应该是马克思主义社会学的主要形态，甚至可以说是本来意义的马克思主义社会学。② "出"是摆脱遮蔽状态而现身的行动，"场"是人类宏大历史舞台。让何种思想现身历史，成为在场的时代精神，这是出场学问题。历史才是真正的在场，思想绝不可能脱离历史语境、脱离时代实践而孤寂出场，更不可能一经出场就一劳永逸地永恒在场。思想、理论、认识对于实践、历史、现实有本然的依赖性。"场域"是思想背后的历史，是由实践造就的现实结构。它既是一种历史语境、历史路径的构境，更是出场主体对立场的选择。③ 出场学视野中的马克思主义社会学，从实践出发，在实践基础上展开自己的理论最终又回到实践之中，并使自己的理论体系变为现实，这是马克思主义社会学的本质特征。对马克思主义社会学立场和理论的坚持与发展，是中国社会学的根本方向，也是提升中国社会学在国际学术话语权的重要途径。④

---

① 刘少杰：《马克思主义社会学理论研究的历史与机遇》，《江海学刊》2008 年第 5 期。
② 郑杭生：《论马克思主义社会学的两种形态》，《光明日报》1985 年 7 月 29 日。
③ 任平：《走向差异之途的马克思主义出场学视域》，《社会科学战线》2011 年第 5 期。
④ 奂平清：《理论自觉与中国马克思主义社会学的发展——郑杭生的社会学理论立场与意义》，《甘肃社会科学》2012 年第 3 期。

三　马克思主义社会学对中国经验的出场解读

中国经验是建立在吸收世界先进发展经验基础上的一个整合，而这种整合是在改革开放后，与世界的对话中发展形成的，是在面对现代性全球范围的狂飙突进和中国社会本土转型的冲突对话中形成的，然而这场较量远没有结束，尚在进行中，所以，"中国经验"还在发展，并没有完全成型或正在成型中，是积累中的经验。当代社会实践结构的巨变更是呼唤马克思主义社会学的出场，不仅是对马克思主义社会学理论赋予当代意义，更是要运用马克思主义社会学理论对现实社会实践结构的变迁做出解释。

（一）马克思主义社会学出场语境下的中国经验

从历史语境出发，把马克思主义社会学始终看作是对当今时代社会发展与社会问题的解答，进而考察马克思主义社会学与时俱进的历史逻辑，这一思维方式，就是马克思主义社会的出场学视域。"在场"追求"同一"，而"出场"呈现"差异"。因为每一次出场，都是内在地遭遇时空变换，从而使出场语境、出场路径和出场形态都相应发生变化，产生差异。因而，"在场"与"出场"的循环，又转化为"同一"与"差异"的循环。① 不管人们对于"中国经验"或赞成、或反对、或兴奋、或焦虑，中国社会的加速转型和快速发展是历史的必然，"中国经验"的客观存在是我们今天无法选择的境地，而"我们总是处于这种处境中，我们总是发现自己已经处于某个处境里，因而要想阐明这种处境"②，尽管这一阐明我们尚不可能彻底完成。很显然，面对社会加速转型、社会实践结构急剧变迁的中国社会，单纯用排斥价值理想的客观性原则去描述社会现象，显然无法体现增促社会进步，减缩社会代价的社会学深层意蕴，也无法完成社会学应当承担的推进社会进步、促进社会和谐的历史使命，而这一神圣历史使命的完成，马克思主义社会学的出场势在必然。

中国社会问题和社会发展的复杂性，不仅需要注重描述经验事实的实证社会学，而且更需要对社会现象开展批判性研究的马克思主义社会学，

① 任平：《论马克思主义"出场学"的两个循环》，《学术月刊》2008 年第 9 期。
② 伽达默尔：《真理与方法》，洪汉鼎译，上海译文出版社 1999 年版，第 387 页。

并且正是由于马克思主义社会学坚持对社会不平等、不公正、消极落后等方面问题开展深入批判，才有力地推动了中国社会革命和社会进步。[①]当中国经验继续遭遇全球化新时代时，风险社会与安全困扰、知识经济与消费社会、生态文明与绿色政治、自反性现代性与后现代思潮的冲击、恐怖主义与反恐怖战争、文明冲突与族际政治等一系列与社会发展并存共生的问题摆在面前时，这对于在旧工业化与资本全球化时代产生的马克思主义社会学来说无疑是一个挑战，当然也是一个机遇，也只有坚持马克思主义社会学的出场立场，才能对中国经验做出正当解释。

（二）马克思主义社会学出场形态中的中国经验

中国社会 30 多年改革开放的发展，已经显示出了自己鲜明的特色和特点，显示出了在全球世界的独一无二性，今天世界上任何现有的发展经验都难以完全解释得了中国这一生动且复杂的现实，这是活生生的事实。这种经验区别于众多的资本主义发展经验，也区别于过去那些失败的社会主义模式，它是中国特色社会主义的发展模式和经验，是一种新型的社会主义发展模式和经验。正是基于对这一判断的坚定认同，从根本上决定了马克思主义社会学的文本思想形态是历史的出场形态。

马克思主义社会学的出场形态内在包涵着"本土化"与"全球化"两个维度。就本土化而言，由于世界各地民族国家和历史文化条件的不同，马克思主义社会学的生长和发展就呈现出或多或少的差异性，立足于本土化语境对马克思主义社会学的理解具有再解读和再创造的功能。就全球化而言，马克思主义产生的主要语境是资本全球化，它历史地在空间延展中产生了"中国化马克思主义"和"国外马克思主义或西方马克思主义"，而马克思主义社会学的出场语境就是对现代性全球化的批判和反思。中国经验是借鉴世界经验和中国本身经验的累积，是一种不断发展和积累中的经验，而且是在现代性全球化进程中的中国经验，中国经验必然要从本国和国际以往的经验中学到足够的教训，这才能有利于这个经验的发展。

"出场"不等于"在场"。"出场"是朝向在场开放与转变的过程，而不是一种既成的在场状态。作为过程，出场行动不是一种原有在场状态

[①]　刘少杰：《马克思主义社会学理论研究的历史与机遇》，《江海学刊》2008 年第 5 期。

的重复和复制，而是一种重新现身。① 改革开放 30 多年，中国在短时间里，解决了数以亿计的人民脱贫问题，大规模提高了社会群体的生活水平，创造了世界经济史的奇迹。但在经济繁荣的背后也是一系列不容忽视的问题，处处盛行的 GDP 主义，环境的急剧恶化，资源的大量浪费，贫富差距的加速扩大，社会的严重分化，腐败的变速升级，群体性事件的层出不穷，甚至各级政府和社会的对立，等等。反思和解决经济改革所带来的负面结果已成为今天中国社会发展所必须选择的课题，社会改革必然成为主体改革，中国经验的继续前行关键在于通过社会改革而确立社会制度，"科学发展观"和"和谐社会"可以说是中国经验最为有力的回应与反思。

（三）马克思主义社会学出场路径上的中国经验

对于社会发展前景及重大社会实践问题的批判反思，是马克思主义社会学出场的基本路径，对马克思主义社会学经典文本的重新解读以及与当今时代思潮的对话，成为马克思主义社会学对中国经验进行出场解读的有效路径，对于时代尺度的理解和把握成为马克思主义社会学的内在要求。从马克思主义社会学经典文本来看，一方面，马克思以宏大的历史视野，剖析了市场竞争、资本积累中的经济必然性，强调社会经济形态的发展是一种自然历史过程，强调经济领域对其他社会领域的绝对支配，阐述了现代社会进步的动力渊源。另一方面，马克思也对资本主义及其市场经济给予了深刻批判，揭示了资本主义社会的异化劳动本质，指出人的异化既是社会异化的结果，也是使社会异化再生产的基础。马克思既看到了现代性过程中市场经济及其竞争发展的必然趋势，也看到了这一过程造成的财富积累和贫困积累以及两大工业阶级的分化对立，从而阐发了人类解放的目标。可以说，马克思主义社会学经典文本本身为我们把握中国经验提供了如何避免理论和方法的一维性、单向性的研究典范。

应该说，从马克思、恩格斯开始的马克思主义社会学史的各个代表人物，都在以不同方式，这样或那样地处理着现代性全球化的长波进程和本

---

① 任平：《论马克思主义"出场学"的两个循环》，《学术月刊》2008 年第 9 期。

土社会转型的特殊脉动这二维的关系，从而给我们以理论和方法的启示。[1] 现代性进入全球化阶段，技术的成就将整个世界融入了一个"地球村"中，彻底打破了传统时空架构对社会实践的束缚，现代性之全球化真正变成了现实。随之而来的是一系列意义深远的社会结构与社会关系变化，包括中国在内的世界各国现有的社会生产体系、社会结构和关系体系也随之发生调整，现代性之全球化正在重塑个体间、社会间、国家间、个体与社会间以及国家与社会间的相互关系。同时，现代性之全球化本身内含的深刻辩证意义，使普遍主义与特殊主义、一体化与个性化、全球性与地方性、全球体系与民族社会交汇碰撞，构成了一个多种文明相互作用、各个民族参与共享的过程，这为马克思主义社会学的出场提供了新的视角、概念、想象以及新的研究框架和方法论。

四　马克思主义社会学对中国经验的在场解释

对于中国经验的理解和把握，必须坚持马克思主义社会学的"在场"立场，从宏观和微观的层面、主体与客体的立场、理论与方法的选择等方面展开。

（一）在宏观与微观层面上的在场理解和把握

坚持马克思主义社会学的"在场"立场，既要从宏观层面看到中国社会发展的实践和远景，运用比较的眼光，在全球化的进程中将中国经验和外国经验相比较，看清中国经验的实践价值和意义特质。也要从微观层面看到具体社会发展中的问题之所在，既要从社会的角度切入去看中国经验的架构，也要从政治、文化角度切入，把握中国社会问题的症结之所在。可以说，中国经验的未来前途，在很大程度上将取决于我们如何成功解决在公平正义、民主法治、科学发展、社会和谐、生态文明等方面所面临的严重问题。[2]

中国经验既可以理解为是近年来中国政府在总结以往发展经验与教训

---

① 郑杭生、杨敏：《社会实践结构性巨变对理论创新的积极作用———一种社会学分析的新视角》，《中国人民大学学报》2006 年第 6 期。

② 俞可平：《中国模式的要素与期待》，《决策与信息》2010 年第 2 期。

的基础上为中国未来的发展道路所确立的一种新战略模式①，也可以理解为是对改革开放以来中国发展经验的历史总结。中国社会正处于加速转型、快速发展、深刻变迁的历史时期，毋庸置疑，取得了经济增长、文化繁荣和社会进步等方面显著的成就，这是需要我们必须正视的。但是，社会各个领域存在的矛盾以及社会问题也以十分复杂的形式表现出来，特别是发展失衡、贫富分化、利益格局调整以及制度失灵、分配不公、贪污腐化等方面的社会问题，需要我们将其置于社会实践结构性巨变的时代背景下，坚持马克思主义社会学的实践原则，运用辩证分析的方法以及建设性反思批判精神，做出准确的回答并解决快速发展中不断涌现的社会问题。唯有如此，才能丰富并发展中国经验。

（二）在主体与客体立场上的在场判断和解释

历史是实践过程的持续，而实践过程则是历史的现实展开，无论是历史还是实践，都是人类的主体同客体相互作用的过程。马克思主义社会学的出场学视域对社会生活开展的总体性研究以及批判性与建设性的思考，分别从主客体的立场出发来判断和解释中国经验，对于认识和思考处于复杂变迁、深刻转型以及大力推进社会建设的当代中国，具有更加重要的指导意义和更加广阔的实践空间。我们不仅要关注中国经验，更要关注中国体验，中国经验关涉的领域是宏观的经济与社会结构变迁，而中国体验考量的领域则是微观的精神或社会心态嬗变。② 从社会成员的"无感增长"到"有感发展"是中国社会转型面临的一个新命题③，也是当前发展所遭遇的迫切而又艰巨的历史性难题，更是中国经验发展取向的深刻意蕴。中国社会改革开放以来发生的那些结构性或制度性的宏观变迁即所谓"中国经验"只是这种变迁的一个侧面，而变迁的另一个侧面则是中国人民在此背景下发生的价值观和社会心态方面的微观变化，即"中国体验"。作为急速社会变迁的一种精神感悟，中国体验具有鲜明的边际性或两极化

---

① 谢立中：《北京共识：中国经验的历史总结，还是中国发展的未来战略》，《江海学刊》2010 年第 1 期。

② 周晓虹：《"中国体验"研究——在社会变迁中走进现实》，《探索与争鸣》2012 年第 2 期。

③ 郑杭生、黄家亮：《从社会成员"无感增长"转向"有感发展"——中国社会转型新命题及其破解》，《社会科学家》2012 年第 1 期。

特征，具体表现为传统与现代的颉颃、理想与现实的落差、城市与乡村的对峙、东方与西方的冲突，以及积极与消极的共存。作为对一种独一无二的历史进程的精神感受，中国体验具有相当程度的普世价值：它既能为发展中国家和人民未来的精神嬗变提供借鉴与参照，也能够通过在此基础上形成的理论图式，形成某些有关人类社会行为的一般律则。①

（三）　在理论与方法选择上的在场批判与反思

理论的自觉、思想的解放不仅包括对一系列僵化教条结论和观点的破除，而且包括研究方法、研究范式、研究视域的转换。"与时俱进"不仅是马克思主义的理论品质，也是马克思主义社会学研究的基本范式。对中国经验的思考和研究，需要理论上的支撑和导引，这里自然需要我们面对一个理论选择和方法选择的问题。马克思主义关于对立与统一、冲突与整合的辩证思想，至今仍然是社会学理论中最为精华的一部分。对于社会学来说，对立与协调、冲突与整合的研究是一个经久不衰的主题：从对立和冲突之中寻求协调和整合，在协调和整合之中洞察对立和冲突；研究对立和冲突是为了促进协调和整合，反过来，探讨协调和整合是为了解决对立和冲突。② 可以说，马克思主义社会学的基本方法论对于把握中国经验有着根本性意义。

马克思主义社会学的思想旨趣是不断在场的，永远不是一种凝固不变的现成在场状态。马克思主义社会学把科学主义社会学和人本主义社会学在两极对立中展开的两个方面都纳入了自己的理论视野和学术胸怀，严格相互排斥的两极对立由此被熔化在相互转化的交融关系之中。在马克思主义社会学的当代形式中，目标的坚定性与手段的可选择性既是内在的逻辑，也是一种启示：不懂得学习和利用是缺乏基本的智慧，而只见手段忘记目标则是完全失去了头脑。③ 在几个世纪风云激荡的历史进程中，社会主义和资本主义的关系经历了从"传统"走向"现代"的过程，目前已

---

①　周晓虹：《中国经验与中国体验：理解社会变迁的双重视角》，《天津社会科学》2011 年第 6 期。

②　郑杭生、杨敏：《社会学方法与社会学元理论——个人与社会关系问题的方法论意义》，《河北学刊》2003 年第 6 期。

③　杨敏、郑杭生：《社会实践结构性巨变时代的马克思主义社会学》，《社会科学研究》2007 年第 2 期。

经超越了由最初的简单对抗和冲突，在恪守各自的基本原则和底线的基础上，正在迈向彼此借鉴、吸取、融通的互构时代。正是在这一情势下，马克思主义社会学强调既定目标是不变的，推进手段是可以选择的，这就为中国经验的最新实践提供了理论和方法论的前提。

五　结语

新时期中国的综合国力稳步增强，使中国在国际社会中的影响力也大大增强，全球政治进程中的"中国因素"也变得日益重要，中国事实上已经开始作为国际政治、经济、社会文化生活中的一支独立力量而发生作用，对外开放、国际合作、和平发展这些都是"中国经验"的重要内容。马克思主义社会学经过一个多世纪的历史演化，始终以广阔开放的胸怀，立足对重大现实问题的实践反思，在"改变世界"的创新实践中不断出场。中国建设、改革和发展的实践不断创造出"中国经验"，不断丰富着马克思主义社会学的实践内容，马克思主义社会学也与时俱进地顺应历史条件和实践任务的变化而转变自己的理论形态，源源不断地获得发展创新的社会动力与思想源泉，并对时代的巨变做出积极应对和思考，在不断展现新场景的当代学术思潮和社会发展潮头永葆活力和崭新姿态。

（原载《青海社会科学》2013 年第 6 期）

论文 4　风险与安全：个体化社会的社会学想象

当现代性在全球范围狂飙突进时，人类不停地与个体化社会不期而遇，文化的民主化和个体自由越发彰显了个体化的生命价值。当社会的风险不断集结并凸显风险社会的全质全貌时，社会安全和个体安全同时成为侵扰个体生命最为深刻的纠结。当人们直面扑面而来的风险和安全拷问时，身处个体化社会的个体又该展开怎样的社会学想象呢？

一　个体化社会的到来

不管是德国的贝克、埃里亚斯，还是英国的鲍曼，不管是《个体化》、《个体的社会》，还是《个体化社会》，个体与社会这对范畴从一开始就萦绕在社会学家的脑际，牵引着社会学家的思考。把社会成员铸造成个体，这是现代社会的特征。社会形塑了其成员的个体性，个体则在他们通过交往编织成的相互依存之网中，采取合理、可行的策略，用他们的生活行动造就了社会[①]。鲍曼称这种社会结构形态为"个体化社会"，并指出个体化"所承载的是个体的解放，即从归属于自己、通过遗传获得、与生俱来的社会属性等的确定性中解放出来。这种变化被正确地看作现代的境况中最明显和最有潜势的特征"[②]。

所谓个体化（individualization），就是原先作为个体的行动框架及制约条件的社会结构，逐步变动、松动乃至失效，个体从诸如阶级、阶层、性别角色之类的结构性束缚力量中相对解放出来，甚至当代许多社会制度

---

① 鲍曼：《个体地结合起来》，载［德］乌尔里希·贝克、伊丽莎白·贝克—格恩斯海姆：《个体化》，李荣山、范譞、张惠强译，北京大学出版社 2011 年版，第 22 页。

② ［英］齐格蒙特·鲍曼：《个体化社会》，范祥涛译，上海三联书店 2002 年版，第 181 页。

的设计，就迫使人类的存在采取个体化的生活形式①。贝克认为个体化并不像许多人所设想的那样，意味着个人获得越来越多的选择自由，并借此使个人更具有个性和独特性，个体化的实质是制度性动力推动的结果②。个体化社会是一个"轻巧"且"液化"的社会③。

"个体化社会"的来临使得个体开始严重分化，并越来越成为社会问题分析的根源。在个体化社会中，许多社会问题直接体现为个体问题，致使人们不再到社会领域中去寻找它们的根源，而是直接回到"个体"之中去寻求解答。与此同时，对于个人成就和能力的强调也使得各种社会不平等更为正当化和合法化④。日趋分化了的个体在力争给自己的生活赋予意义和目的的时候，他们所处的人类状况却日新月异，发生着天翻地覆的变化。当人们找不到可靠的安全保障和长久的精神支持，个体在面对社会时，感到孤独无助，遭受各种风险袭击的可能性不断加码，风险危机和不安全感时时相伴并困扰着生活中的每个个体。

在全球性的、利己主义的风险时代中，个人实现自我和成就的伦理是现代社会最强劲的潮流。选择、决定、成为个人所渴望成为的自己生活的主宰和自己"身份"的创造者的个体，是我们这个时代的核心特征⑤。现代性扎根后，上帝、自然和社会系统正在以或急或缓的步伐被困惑、彷徨、无助、茫然的个体逐步取代⑥。在全球风险社会中，抽离的个体和全球问题之间有一个制度化的失衡。西方的个体化社会要求我们在个体生命中去解决系统矛盾⑦。风险社会与个体化社会的双重叠加将安全这一个体最为基本和实际的诉求再次凸显出来，安全研究也更为切实地逼近大众生活的一线。作为这一动态的一种反映，安全领域中社会学研究取向的重要影响正在日益显现。从学术传统上说，个人与社会的安全问题是社会学研究的当然题域，从学科生长的意义上说，社会学

---

① Ulrich Beck. *Risk Society*：*Towards a New Modernity*. London：Sage Pubulications，1992.

② ［德］乌尔里希·贝克：《风险社会》，何博闻译，译林出版社 2004 年版，第 159 页。

③ ［英］齐格蒙特·鲍曼：《个体化社会》，范祥涛译，上海三联书店 2002 年版，第 18 页。

④ 文军：《个体化社会的来临与包容性社会政策的建构》，《社会科学》2012 年第 1 期。

⑤ ［德］乌尔里希·贝克：《世界风险社会》，吴英姿、孙淑敏译，南京大学出版社 2004 年版，第 11 页。

⑥ ［德］乌尔里希·贝克、伊丽莎白·贝克—格恩斯海姆：《个体化》，李荣山、范譞、张惠强译，北京大学出版社 2011 年版，第 9 页。

⑦ 同上书，第 31 页。

研究取向在安全领域的发展动向，体现着社会学理论的自我更新和重建意识及其积极尝试①。

二　风险社会：社会安全的表述

表述是一种不管我们愿意与否都必须持续介入其中的活动；没有表述，任何体验都不会写入故事之中。但是，在任何时候，表述所具有的重要意义都不如讲述"全部生活"的故事的意义那么巨大②。自贝克喊出我们"生活在文明的火山上"之后，人类并未搬离火山，而是在火山旁自愿不自愿地目睹着火山不间断的喷发，火山的不停息直接威胁着社会的安全，人类始终未能摆脱风险的困扰，刚从"我饿"的状态脱出，又跳进了"我怕"的深渊。

风险已经改变了现代人类社会运行的基本逻辑和结构，成为现代社会的中心问题，我们已经进入了一个风险社会的新时代。苏联切尔诺贝利核电站爆炸事件，酿成世纪性的大灾难。随后英国的疯牛病、美国的"9·11"、中国的 SARS、印度洋海啸、美国次贷危机、甲型 H1N1 流感、日本大地震、极寒天气等，正是这些接连不断的灾难直接威胁着人类的生存和社会的发展，社会安全问题日益突出，"风险社会"的新时代悄然而至。在全球化的威胁下，风险对社会安全的损害程度已失去了时空限制，持久而深刻。如果说早期的风险尚带有勇敢和冒险的意味，而现在，风险则是指可能毁灭地球上所有生命的威胁③。究竟该如何来把握安全这一现实又棘手的概念呢？它又确指什么呢？

从社会学视角来说，安全是特定的社会行为主体在实际生存和发展过程中所拥有的一种有保证或有保障状态。这种"有保证或有保障状态"可以从两个维度体现出来：一个是社会结构和制度的维度；另一个是主体的认知和感受的维度④。社会安全是个体获得安全保障的

---

① 杨敏：《"个体安全"研究：回顾与展望——现代性的迷局与社会学理论的更新》，《创新》2009 年第 11 期。

② ［英］齐格蒙特·鲍曼：《个体化社会》，范祥涛译，上海三联书店 2002 年版，第 12 页。

③ 成伯清：《走出现代性——当代西方社会学理论的重新定向》，社会科学文献出版社 2006 年版，第 205 页。

④ 杨敏：《"个体安全"研究：回顾与展望——现代性的迷局与社会学理论的更新》，《创新》2009 年第 11 期。

首要前提，不管从哪个维度来解读安全，安全是有层次性的，基本的安全涉及生存和生命，是一种底线性安全；更高的安全影响到发展的安全，也是品质性安全。底线安全是一种消极意义上的安全，品质安全则强调更为积极的意义。事实上，风险社会的残酷现实直接威胁并拷问人类生存的底线安全。经济的高速发展、社会的加速进步与环境保护的长期失调，使得我们这个社会潜伏着太多的不安全因素。自然灾害、贫富分化、刑事犯罪、失业、生产事故、传染病、心理疾病、劳资冲突、族群冲突、道德失范、邪教、恐怖主义、人口结构变化、个体化趋势、信任危机、高新技术、生态危机、全球化等都成为影响社会安全的具体因素。这些风险不仅威胁着个体的生命健康，同时也对社会的良性运行构成了严重威胁。以 2010 年的中国为例，2010 年农作物受灾面积 3742.59 万公顷，旱灾受灾面积 1325.86 万公顷，洪涝、山体滑坡和泥石流受灾 1752.46 万千公顷，风雹灾害受灾 218.01 万公顷，台风灾害受灾 34.19 万公顷，低温冷冻和雪灾受灾 412.07 万公顷，受灾人口 42610.2 万人次，死亡人口 6541 人，直接经济损失 5339.9 亿元。2010 年地质灾害发生 30670 起，直接经济损失 638509 万元。突发环境事件 420 次，地震灾害 12 次，直接经济损失 2361077 万元①。

　　贝克曾这样表述："当代中国社会因巨大的社会变迁正步入风险社会，甚至将可能进入高风险社会。从西方社会发展的趋势来看，目前中国可能正处于泛城市化发展阶段，表现在城市容纳问题、不均衡发展和社会阶层分裂，以及城乡对比度的持续增高，所有这些都集中表现在安全风险问题上。"② 这些风险恰恰直接威胁到的正是影响发展的品质性安全。2010 年公安机关受理治安案件 12757660 起，查处治安案件 12122138 起，每万人口受理案件数 94.8 起③。2010 年以来，11—49 人的一般性集体争议有 4000 多起，涉及 11.8 万人；50 人以上的重大集体争议有 216 起，涉

---

①　中华人民共和国国家统计局：《中国统计年鉴 2011》，中国统计出版社 2011 年版，第 434—443 页。

②　薛晓源、刘国良：《全球风险世界：现在与未来——德国著名社会学家、风险社会理论创始人乌尔里希·贝克教授访谈录》，《马克思主义与现实》2005 年第 1 期。

③　中华人民共和国国家统计局：《中国统计年鉴 2011》，中国统计出版社 2011 年版，第 932 页。

及劳动者 2.9 万人，平均每案人数为 137 人①。

社会财富分配与风险分配的不对称或不成比例，不仅威胁着社会的安全，也直接指向现行的制度安排。占有财富越多的人，不仅有更强的能力规避风险，而且可以借助风险攫取更多的财富；而占有财富越少的人不仅难以规避风险，而且还将继续减少占有财富的份额，从而遭受双重的残酷打击，这正是在风险时代人们面对的社会安全困扰。目前，中国大大超过 0.4 的警戒线，已达 0.48 的基尼系数，扩大到 3.3∶1 的城乡居民收入差距，收入差距在 10 倍以上的不同行业差别，每年维持在 4.1% 左右的失业率，这些社会财富分配的结果恰恰与风险分配的逻辑相反，社会上存在的仇官仇富等现象正成为风险社会的海底暗礁。

风险已成为现代社会和现代性的一个基本特征，现代风险是现代化和科技进步所导致的反身性后果，表现出不可感知性、整体性、平等性、全球性、建构性等与传统风险不同的特点。它已从根本上改变了工业社会运行的逻辑，使社会的中心问题从财富分配的不平等转为风险分配的不平等，并进而导致现代社会结构和政治体制的一系列变化。对于风险社会从社会安全的视角考察，把分析的视野从单纯的物质性后果扩展到更为广泛的社会后果之上，将进一步深化人们对风险后果的理解和认知，为风险政策的制定提供有益的参考。

三　社会风险：个体安全的自觉

随着人们对风险研究的不断深入，对"风险"概念的理解也日趋复杂、丰富，对社会风险的研究也日益出现了跨学科、多视角、综合性的研究趋势。"风险"概念与"不确定性"、"不安全"、"危险"等概念有着紧密的联系，意指"遇到破坏或损失的机会或危险"②。现在来看，对风险的定义大致分为两类，一类定义把风险看作一种客观的物理特性，认为风险可以通过科学加以解释、预测和控制；而另一类定义则更倾向于把风险视为一种社会建构，认为风险既有物理属性，也有社会属性，不是一种

---

① 乔健：《2010 年中国职工状况——呼唤共享经济发展成果和集体劳权》，载汝信、陆学艺、李培林：《社会蓝皮书：2011 年中国社会形势分析与预测》，社会科学文献出版社 2011 年版，第 253—254 页。

② 杨雪冬等：《风险社会与秩序重建》，社会科学文献出版社 2006 年版，第 12 页。

独立于人类主观价值的客观存在①。不管是风险的哪一类定义，社会风险对个体安全的威胁是一个需要面对的不争事实，"不安全"是社会个体在物质和精神层面最基本的感受，对于安全的追求是这样一个全球风险时代的基本价值取向，关注和研究个体安全更是对于现代性迷思和个体化困局的社会学自觉。

　　简单地说，个体安全可以理解为作为安全主体的个人与其外界环境及社会之间的和谐共存关系，是个人在客观上没有面临威胁、在主观上没有恐惧感受的一种状态。一般而言，个人的不安全状态根源于外界和社会存在的危险和风险②。个体安全既包括实在意义上的社会空间的稳定性，也包括社会价值观念的恒常性，或者说既包括客观维度的安全条件，也包括主观维度的安全认知。因此，社会变迁中集体规范的缺乏势必在价值观和心理层面影响到个体安全③。

　　个体化已经来临并将持续下去，无论是谁，如果要通过自己的思考找出一些方法来应对个体化给我们的生活方式所带来的影响，就必须首先承认这个事实。个体化给越来越多的男女带来了前所未有的尝试自由，但是它也给男女安排了应对个体化后果这个前所未有的任务。同样以中国社会为例来看，房地产业商品化、教育改革产业化、医疗体制商业化这"新三座大山"正成为困扰中低收入社会群体的最大难题。随着生活节奏的变速加快和社会压力的加速增大，养孩子、养房子、养老子还是养自己？已经成为现代城市人心中的最大困惑。从近三十年的情况看，离婚人数逐年上升，离婚总数从 1981 年的 38.9 万对增长至 2010 的 267.8 万对，三十年间增长了 5.88 倍；粗离婚率从 1981 年的 0.39‰ 增长至 2010 年的 2.0‰，其中民政部门登记离婚从 18.7 万对增长至 201.0 万对，增长了近10 倍；法院办理离婚从 20.2 万对增长至 66.8 万对，增长了 2 倍多④。尽管离婚是通过正常法律途径解决婚姻家庭矛盾的一种方式，但其结果毕竟

---

①　Bradbury, J., *The policy implication of differing concepts of risk*. Science, Technology and Human Values, 1989 (14): 380 – 399.

②　杨敏、郑杭生：《个体安全：关于风险社会的一种反思及研究对策》，《思想战线》2007 年第 4 期。

③　王建民：《"去集体化"与"弱组织化"过程中个体安全的寻求》，《思想战线》2009 年第 6 期。

④　国家统计局社会科技和文化产业统计司：《中国社会统计年鉴 2011》，中国统计出版社 2011 年版，第 243 页。

导致了个体婚姻家庭的解体,而且一般都导致未成年子女心理伤害等不良社会后果,因而,离婚率上升绝不是一种社会进步的标志,更不是追求幸福的象征,而是社会面对矛盾和尴尬而做出的不得已选择。正如贝克所说,"个体化是婚姻的底本"①。事实上,与离婚率节节攀升一样极具讽刺意味的是 2011 年"新婚姻法"的出台,不管是纠结中的丈母娘还是卷入其中的善男信女,当房子介入爱情和婚姻的时候,我们生存的集体焦虑就昭然若揭。全球化范围市场经济的急剧解构,婚姻也步入市场经济的理性算计中,"计算的婚姻"越来越多,财产成为最不稳定的婚姻链接,现实与功利也骤然成了婚姻的主题,这不能不说是一种社会的悲凉,在这个险象环生的时代,身处婚姻与家庭纠结中的个体情何以堪?

进入个体安全视域的不只是婚姻,食品安全也风险聚集,让人寝食难安。受生态环境水平、产业发展水平、企业管理水平等深层次因素制约,当前我国食品安全基础薄弱的状况尚未根本转变,食品安全风险类型多、隐藏深、分布广、危害大。卫生部数据显示,1985 年我国食物中毒死亡人数高达 620 人,2002 年降至 68 人,近年又出现反弹趋势,死亡人数呈"W 型"波动。同时,食品领域违法犯罪高发,成为导致食品安全问题的主要原因,2010 年全国共查处食品违法违规行为 13 万起,形势严峻。《小康》杂志于 2011 年公布的年度消费者食品安全信心报告显示:近七成公众对食品没有安全感②。毒豇豆、假香米、毒龙虾、问题奶粉、地沟油、致癌油、染色馒头、饮料汞中毒等,一幕幕让人触目惊心的大戏你方唱罢我登场。1978—2008 年,全国法院一审刑事案件数从 14.7 万件增加到 76.8 万件,年均增长 8.59%,每万人口的一审案数从 1.53 件上升到 5.78 件。而且 1997 年以来,此类案件连续 11 年维持着增长趋势③。2010 年,全国发生道路交通事故 219521 起,造成 65225 人死亡、254075 人受伤,直接财产损失 92633.5 万元④。触目惊心的数据背后是一个个鲜活的生命,而这些数据直接拷问着个体的生命安全。

---

① [德]乌尔里希·贝克、伊丽莎白·贝克—格恩斯海姆:《个体化》,李荣山、范譞、张惠强译,北京大学出版社 2011 年版,第 9 页。

② 胡颖廉、李宇:《社会监管理论视野下的我国食品安全》,《新视野》2012 年第 1 期。

③ 李培林、陈光金:《中国当前社会建设的框架设计》,载汝信、陆学艺、李培林《社会蓝皮书:2011 年中国社会形势分析与预测》,社会科学文献出版社 2011 年版,第 168 页。

④ 中华人民共和国国家统计局:《中国统计年鉴 2011》,中国统计出版社 2011 年版,第 932 页。

　　在个体化社会中，社会对于个体来说已经是分崩离析、支离破碎、不易辨识、难以捉摸的①。社会风险的加剧，新的危险正在解除关于安全计算的常规支柱，损害失却时空限制而成为全球的和持续性的②。当人类迈步向前时，我们是否真的需要"现代性的彻底化"？因为我们已经深陷此境，不管我们喜欢与否，我们必须要承担我们行动或不作为乃至胡乱作为的种种后果。

四　风险与个体化的共生互构

　　社会学诞生于现代性在全球范围狂飙突进般的社会变迁。社会秩序、规范、制度和生活系统的急速转型，引发的社会失序、失范和制度紊乱以及生活失调，一直牵引着社会学研究的神经，全球风险已经成为公共领域和个人领域的一个核心的组织性范畴。在最宽泛的意义上，个人与社会一直在风险中前行，也一直面对着安全困境的拷问。因此，安全是人类生存的一个前提性保证，在这个意义上，安全本身也就是生存，生存安全是整个生活实践的一个核心内容③。越来越个体化的社会致使人们行为选择的不确定性极大化。在迅速个体化和全球化的世界中，个体建构的不确定性又促使个体不得不去寻求安全和保障的避难所，至少在他者的陪伴下突破社会安全障碍可以使个人暂时摆脱孤独和恐惧之感。

　　风险社会的不确定性与个体化崛起的不断互构，不断生产并再生产社会不安全，个体的不安全感不断衍生。现代风险具有很强的"建构性"特征，人们的主观感知和认知构成了现代风险不可或缺的一个组成部分。中国风险社会是以现代工业社会的风险为中轴的，每一种风险都可能与其他领域中的一种或多种风险发生关联，从而产生向其他种类的风险转化和发展的可能性。这意味着各种不确定性因素交互作用影响的增加，次生、衍生风险的增多④。在中国社会转型过程中，不仅存在着由单位制解体带

---

　　①　［英］齐格蒙特·鲍曼：《个体化社会》，范祥涛译，上海三联书店2002年版，第40页。

　　②　［德］乌尔里希·贝克：《世界风险社会》，吴英姿、孙淑敏译，南京大学出版社2004年版，第46页。

　　③　郑杭生、杨敏：《个体安全：一个社会学范畴的提出与阐说——社会学研究取向与安全知识体系的扩展》，《思想战线》2009年第6期。

　　④　刘岩、赵延东：《转型社会下的多重复合性风险——三城市公众风险感知状况的调查分析》，《社会》2011年第4期。

来的社会原子化或碎片化现象，同时也存在着个体的碎片化现象，即个体由传统社会中未分化的整体碎片化为零散体。个体碎片化的第一个表现是个体的社会疏离。个体碎片化的第二个表现是个体的自我疏离，主要包括两个方面的内容：一是个体自我认同破碎；二是个体自我协调机制的破碎。个体碎片化的第三个表现是个体趋向片面化。个体的社会疏离和自我疏离必然导致个体的片面化[①]。正是中国社会的这一特殊脉动，现代风险与个体化趋势的不断共生互构，社会和个体备受双重挤压，同时造就了"个体易受伤害性"和"社会易受伤害性"（social vulnerability）[②]。个体风险认知和决定能力的弱化，必然带来社会风险认知和决定能力的弱化。社会是个体作为主体构成的关系体系，当社会主体碎片化时，社会凝聚度不够，个体社会联结的路径较少，社会共同意见难以形成。这一方面会导致社会的风险认知能力弱化；另一方面也会使社会做出决定的能力弱化。因此，在我国社会转型过程中，社会风险在根本上是一种个体的风险[③]。在最近几年中，社会易受伤害性已经成为人们对世界风险社会进行社会不平等分析的一个关键面向：各种社会过程和条件使得人们以一种不平等的方式去面对各种很难定义的风险，而由此产生的各种不平等必须在很大程度上被视为国家和全球语境中权力关系的表达和产品[④]。社会风险加重了穷人与富人、中心与边缘之间所存在的不平等现象，但同时也消解了它们。社会风险对地球威胁越大，最富裕者和最强大者规避威胁的可能性就越小。风险既是等级的，又是民主的，世界民众已经意识到了类似于社会不平等的现象开始以断裂的方式进行变化。

在这个"社会互构"（Social Mutual‑construction）[⑤] 的时代，风险与个体化的互构着力于阐释和理解多元行动主体间的相互形塑、同构共生关系。社会的个体化并不等同于社会的私人化。因为，是由无数的个人构成了整个社会，个体化的过程能化解一定的社会风险。换言之，在风险社会

---

① 张昱、孙志丽：《个体风险的社会管理》，《江海学刊》2011 年第 3 期。

② 贝克、邓正来、沈国麟：《风险社会与中国——与德国社会学家乌尔里希·贝克的对话》，《社会学研究》2010 年第 5 期。

③ 张昱、孙志丽：《个体风险的社会管理》，《江海学刊》2011 年第 3 期。

④ 贝克、邓正来、沈国麟：《风险社会与中国——与德国社会学家乌尔里希·贝克的对话》，《社会学研究》2010 年第 5 期。

⑤ 郑杭生：《郑杭生社会学学术历程之一·中国特色社会学理论的探索》，中国人民大学出版社 2005 年版，第 592 页。

演进过程中，风险社会中的个体化趋势是具有双面性的，它不仅带来了社会风险，也在化解风险。风险社会的每一个公民都是风险的制造者，同时也在为化解风险贡献自己的一分力量①。"不安全的自由"这一表达，表现了个体自我实现的文化脚本与不确定的有风险的新政治经济之间的矛盾。一切都太迅速，"可选择的"、"反思的"或"自己动手"式的生活经历可能变成崩溃的经历②。

在全球危险的"副作用"阴影下，社会因而向（亚）政治敞开大门。在各个层面——经济和科学，私人生活和家庭以及政治——行动的基础达到一个决定性的转折点：他们不得不重新调整、重新磋商、重新平衡③。在一个家庭和性别角色急剧变化的社会世界中，特别是在维持作为个体的自主感和与他人形成密切关系的需要之间的张力，导致了诸多的问题。个体化时代的个体需要通过现场的决策来建构起自己的生活，因为决策被视为随机应变的选择，决策建构的风险，即以特定方式联系被建构的过去和被建构的未来的风险，必须归因于决策④。职业生涯、个人健康、家庭生活中的不确定性因素在增加，任何决策和选择都意味着对未来风险的规避和应对，任何意外事件很容易对个人生活造成沉重的打击，并让个体背负不能承受之轻。

现代性全球推进的过程既是社会一体化的过程，也是社会个体化的过程。安全在不停地向上聚集，而风险在不断地向下聚集，社会地位较低者面临着安全感沦丧的危机，安全的个体化也如同人们的社会地位一样呈现不平等的趋势。因此，面对市场的力量，无论对何种体制下的个人来说，"能力"成为一个重要指标，是否获得安全，不再由国家、制度、体制等宏观结构来决定，而是个人社会化的再生产的结果，因为，安全被"个体化"了⑤。所以，在某种意义上，加强社会管理也就是防范现代社会个

---

①　郭强：《试论风险社会的应对机制——风险的知识社会学考察》，《西南大学学报》2007年第2期。

②　[德] 乌尔里希·贝克：《世界风险社会》，吴英姿、孙淑敏译，南京大学出版社2004年版，第15页。

③　同上书，第49页。

④　Niklas Luhmann, *Modern Society Shocked by Its Risks*, published by the Social Sciences Research Center, The University of Hong Kong, 1996, p.16.

⑤　阮明阳：《市场转型中的城市居民"个体化风险与安全"研究》，《兰州学刊》2010年第5期。

体化风险，为广大社会成员提供必要支持的一种手段。作为管理者的顶层设计应尽可能以个体为导向调整社会政策的框架定位，不断增强个体间的包容性，进而出台有利于优化个体整合的包容性社会政策①，重塑社会容纳力②。保证不管个体的环境条件如何，都有机会能够参与且享受到社会发展所带来的福祉。

　　风险本身就是一个超前性、非事实性概念。现实化了的风险已经不是风险，而是灾难。风险是个体行动的混合，它结合了政治、伦理、演绎、媒体、科技、文化以及人们的特别感知，因此，风险是依据人们特定的社会文化感知和定义来建构的。因此，可以说科技时代所引发的任何危机，都可以把责任归结给个人、团体、政府及其他的相关组织。每一个个体、团体、政府、组织都应该为它们的所作所为承担相应的后果，应该在"自己的自我规范和社会责任中重新建立平衡"③，而不是个人只强调权利，而无视对他人和公众的义务与责任，变成"无公德的个人"④，只有这样，才能建构起"本体性安全"，即大多数人对其自我认同之连续性以及对他们行动的社会与物质环境之恒常性所具有的信心，这是一种对人与物的可靠性感受⑤。在风险与个体化共生的时代，这种本体性安全就显得尤为重要，这是社会秩序得以维持的微观基础。也正如贝克所言，责任就更需要成为普遍性的伦理原则。因为，它已是人类这一生物种类得以生存繁衍的仅存"可能性条件"之一。在"责任原则"之下，没有人能够逃避彼此休戚与共的责任要求⑥。

（原载《新疆社会科学》2013 年第 2 期）

---

　　①　文军：《个体化社会的来临与包容性社会政策的建构》，《社会科学》2012 年第 1 期。

　　②　王建民：《个体化社会中"社会容纳力"的缺失与重塑——理论阐释与案例分析》，《学习与实践》2010 年第 2 期。

　　③　[德] 诺贝特·埃利亚斯：《个体的社会》，翟三江、陆兴华译，译林出版社 2003 年版，第 144 页。

　　④　阎云翔：《私人生活的变革：一个中国村庄里的爱情、家庭与亲密关系（1949—1999）》，龚小夏译，上海书店出版社 2006 年版，第 260 页。

　　⑤　[英] 安东尼·吉登斯：《现代性的后果》，田禾译，译林出版社 2000 年版，第 80 页。

　　⑥　薛晓源、刘国良：《全球风险世界：现在与未来——德国著名社会学家、风险社会理论创始人乌尔里希·贝克教授访谈录》，《马克思主义与现实》2005 年第 1 期。

附录二

感恩生活与悟道学术
——获批郑杭生基金会学子项目感想

　　2012年2月29日，我有幸亲历"郑杭生教授从教50周年学术研讨会暨北京郑杭生社会发展基金会成立大会"这一盛会，社会学界群贤毕至，那一幕至今依然记忆犹新。作为郑杭生先生的学生能参加此次盛会，倍感骄傲也无上光荣，当然那一刻也清醒地意识到跟名师求学的压力和考验。当2012年5月，北京郑杭生社会发展基金会"学子项目"的博士生项目启动开始申报时，我曾纠结于自己作为先生的弟子是否应该回避申报，可后来想想还是应该积极争取这样一个学术训练的机会，于是，幸运女神光顾了我这个有准备的学生。2012年6月，得悉《自觉与批判：中国特色社会学理论的建构》（项目批号：12ZHFD12）获批首届北京郑杭生社会发展基金会学子项目（博士）支持，欣喜和激动涌现心头。在接下来近两年的文献梳理、思路更新、文字打磨、论文发表之后，此刻已到项目结项时。回顾两年来所经历的点点滴滴，万千感慨萦绕心头，只能在此略表对恩师郑杭生先生和基金会的感谢及感恩之情。

　　拿项目不易，出成果更难，且行且努力。项目从选题到立项直到结项，我一再痛苦地面对自己的知识局限，经过近两年文献的查找、阅读、梳理、消化，近一年思路的更新、文字的打磨、论文的撰写以及等待发表的煎熬，终于，在CSSCI发表的3篇论文和按期答辩的博士学位论文将为该项目画上圆满的句号，也将为我的博士生涯做出一个还过得去的交代。当自己的脚步从边疆包头挪移到华中武汉，又从楚天江城辗转草原钢城，还记得当甲午马年的钟声即将敲响时，我依然伏案奋笔疾书，那时浮现的只有一个念想"马上毕业"，能否毕业只有笔下的文字才能做出最为有力的回答。至此，我深知从事理论研究是如此皓首穷经的劳心工作，是先生的宽容和鼓励给了我从事此项研究的决心和勇气。

项目的完成意味着我这一求学过程的终结，更意味着学术之路重新出发。黄鹤楼旁长江水依然滚滚东去，桂子山如醉的花香悠悠远荡，远去的还有图书馆的墨墨书香、键盘的叮叮声响以及自己不舍的青春，回顾来时路，万千感谢需要回味述说。在此诚挚感谢北京郑杭生社会发展基金会的资助，基金会从"关爱社会，致知践行"到"促进学术，推陈出新"，从"学子项目"到"青年学者论坛"，基金会始终坚持"促社会学进步，推动社会发展"的主旨，在社会学事业的发展中积极关注年轻学子和青年学者的成长，不断铺路搭桥，提携后学，其善举义行万世可表。感谢基金会学术委员会专家和工作人员付出的辛苦工作和给予我的帮助，感谢社会学视野网及时更新的学术前沿资讯为本项目的保驾护航。最需要感谢的是我的恩师基金会会长郑杭生先生。三年前，承蒙先生厚爱，不嫌我才疏学浅，纳我为郑门弟子，我也成为"西北军"的一分子，倍感欣慰也倍加勤勉。先生德高望重、智慧渊博、和蔼可亲，在百忙之中抽空给我们把酒论道传经授宝；先生旺盛的精力和勤勉的工作，令我等后辈常常汗颜不敢有半点懈怠；先生以"不白之冤"和"远看五十多，近看六十多，仔细一看七十多"最好地诠释了"身体健康"的真意；先生和师母宫延华女士半个世纪恩爱相伴，完美地诠释了爱情、婚姻、家庭与事业的真谛，成为我们这些年轻人执着追求幸福的楷模；先生始终以一颗向善之心，从善如流，善举不断，迈向至善之境，在生活和学术各方面引领我们这些社会学后生晚辈的航程。

韦伯说："学术生涯是一场鲁莽的赌博"，这场赌博，赢者不多。既然选择或者卷入，必然需要面对和担当。学术或生活作为主体的一种自然选择，应该有怎样的担当？当现代性的铁骑踏遍尘世生活的每片土地，并在角落深处狰狞的时候，个体的内心开始彷徨、徘徊。为学术而生活，还是为生活而学术，这必须要做出一个选择。每次聆听先生的真知灼见都深受触动和启发，每回和先生促膝交谈都让我豁然开朗，每每咀嚼玩味先生题写的各类"四字真言"总能悟得真经，"方向正确，人品高尚，学问扎实，身体健康"的学者素质要求，时刻都在敦促我在学术这条路上固守良知，继续跋涉。

感谢在学子项目立项时，向德平教授、夏玉珍教授、杨生勇教授、李雪萍教授提出的中肯意见，感谢博士论文开题时杨敏教授、江立华教授、陆汉文教授的点拨指正，感谢华中师范大学社会学院全体教师提供的宽严相济的学术环境和氛围。

再次真挚地感谢北京郑杭生社会发展基金会的资助！感谢基金会项目联络人的辛勤工作！衷心祝愿恩师和师母身体康健！衷心祝愿北京郑杭生社会发展基金会的事业蒸蒸日上！

2014 年 4 月 30 日鹿城　松石名第

（原载 2014 年 9 月 21 日北京郑杭生社会发展基金会网站，http：//www. zhssf. org/a/xiangmuzhanshi/2014/0921/960. html）

附录三

记忆中的"第一次"和"最后一次"
——深切缅怀恩师郑杭生先生

2014 年 11 月 15 日上午，在北京八宝山革命公墓东礼堂，千余人一道送走了敬爱的郑老师，百余人在中国人民大学逸夫会议中心举行了追思会，参加完所有的仪式活动，我带着不舍踏上西行的火车返回了鹿城，一路的思绪翻腾，一路的黯然惆怅，总觉得恩师并未走远。

此时坐在电脑前，翻看自入门以来给郑老师发出的十六封邮件，走过的点点滴滴依然清晰。四年来和先生在一起的画面依次闪过，泪水一次次在眼眶打转。曾经或深或浅的记忆一遍遍滤过，至深至切的"第一次"和"最后一次"定格在脑海中无法割舍。

"第一次"

在读本科时因为学习社会学概论的课程，通过《社会学概论新修（修订本）》（1998）知道了先生的尊姓大名。在读社会学硕士时，通过《社会学概论新修（第三版）》（2003）进一步了解了先生的社会学思想。真正与先生的第一次交流是通过电子邮件实现的，2011 年我准备报考华中师范大学先生社会学理论方向的博士，给先生斗胆发了一份长信，我的邮箱里今天依然保留着 2011 年 3 月 7 日 16：08（星期一）先生回复的邮件"力平考生，你好！欢迎报考，预祝你成功！郑杭生"。多么可亲可敬的老师啊！做您的学生是学生今生最大的福分和财富。而和先生第一次单独面对面在一起是在 2011 年 12 月 3 日，那时我拜师门下刚三个月。我受学院委派到中国青年政治学院参加华北地区社会工作专业（自）评估暨教学改革研讨会，因在武汉与郑老师在一起的机会有限，便借会议之机来拜访先生。我和先生约好那天下午 5 点在中国人民大学他的办公室会面。我提前 5 分钟到了科研楼，在电梯口正好碰上刚刚从广州结束调研飞回来的先生，我们一起上了四楼到了科研楼 A 座 411 室，这是我自入门以来第一次到先生北京的办公室，说实话内心非常紧张，百般忐忑。一阵简单的问候之后，先生沏好茶，拿起桌面上留着的几张便条匆忙处理完几件事，便坐下来和我聊天，慢慢的我才放松下来。后来，先生从书柜里翻找，找到四本最新著作（《中国社会思想史新编》，中国人民大学出版社 2010 年版；《"大民政"的理论和实践与"中国经验"的成长：夯实中国特色城市基础的"北京经验"》，中国社会出版社 2011 年版；《中国特色和谐社区建设"上城模式"实地调查研究：杭州"上城经验"的一种社会学分析》，世界图书出版公司 2010 年版；《中国人民大学中国社会发展研究报告 2011：走向民生为重的社会：现阶段社会建设面临的挑战及其应对》，中国人民大学出版社 2011 年版），然后伏案签名送我，我倍感荣幸和激动，第一次亲手从先生手中接过大作，着实兴奋，答应先生回去好好拜读。到了六点，先生说"你来了，咱们一起吃个饭吧"，实际上我一直想请先生吃饭可一直不敢开口，因为我知道他特别忙。真的是喜出望外！他说"你能喝点酒吗？"我说可以喝一点，他便拿出了一瓶酒让我带上，我的心里真是万千滋味。

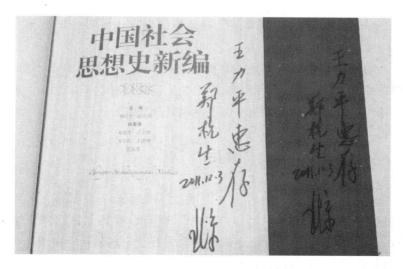

2011 年 12 月 3 日，郑杭生先生签名赠书

　　下午 6 点过一点，我们一起来到了人大中区食堂三楼汇贤食府，第一次单独与先生一起进餐，紧张、兴奋、担心……真的是局促无措。先生一边问我喜欢吃什么，一边非常仔细地看着菜单，"我们点几个下酒的菜"、"先来这几个，不够再点"，对弟子完全是慈父般的呵护。我打开酒给先生斟上，先生开始一点点地慢慢品，我倒是紧张得不知该喝还是不喝、该多喝还是少喝，还好我还能喝一点，气氛越来越轻松。后来借着酒劲，我问先生我博士期间的研究方向究竟应该怎么来确定，先生问我有什么研究特长和偏好，我只记得说以前对哲学比较感兴趣，硕士论文做的也是理论方面的。先生谈到了很多关于自己提出的社会学理论（当时非常惭愧，我都还没认真阅读，当时暗下决心回来一定认真学习），希望我能认真阅读他的理论，包括学界对他的理论的误读（明确提到一人）、争鸣，能够对这些不同的理论提出见解并持续研究，当时我表态一定认真思考，实际上当时心里一点没底。就这样，第一次和郑老师之间的谈话交流从家庭琐事到工作现状、从论文选题到考虑未来，这一幕彻底定格，定格在我博士生涯的起点处，定格在我生命的前半程。中间先生又加了菜品，最后我俩也未能将其吃完，将酒喝完，先生说他打包带走菜，我带走酒。我要结账，先生不让，他付了现金。回到科研楼，先生拿了几件东西下楼回家。楼下是他的电动车，我说你喝酒了骑慢点，先生说没事。三个小时的交流尽管短暂，可是我好像等了三十年。三个小时交流的内容有限，可是他教会我什么叫"求学与为人并重"。

　　先生在我心目中一直都是德高望重、高山仰止，加上自己不善言辞，所以第一次自己感觉特别紧张，实际上先生儒雅质朴、平易近人、和蔼可亲。后来和先生的交流越来越多，也就越来越随便。

"最后一次"

　　后来的后来，就是"最后一次"。到北京的机会不是很多，只要到了我总会联系先生过去看看，2014 年 10 月 30 日，我到北京西郊宾馆参加中国社会工作教育协会成立二十周年庆典暨社会治理创新与中国社会工作发展研讨会，联系先生过去看看，先生让我下午四点到办公室。刚进办公室，看到先生依然精神矍铄，还在电脑前工作，只是听到先生说了句，

"我现在不喝酒了",我倒没太注意到先生有什么变化,因为 8 月份在兰州和先生一起喝了不少酒。和以往一样,先生要亲自沏茶,他问我铁观音怎么样,我说好。待坐下来,和先生聊了近一个小时。我先向先生汇报了我在单位的升职,先生听后非常高兴还表示祝贺。先生欣然推荐台湾花木兰出版社出版事宜并答应给我的博士论文出版时作序。我们一起欣赏先生的书法,其中一幅是在西北农林科技大学开会期间,先生登华山之后写的《览西岳华山》:"登阶三百余,险路五六里。八十上华山,壮志亦可赞。"还有他手机中保存的在杨凌、临安等地题写的墨宝照片,还答应下次给我题字。先生为我亲笔签名赠送了《多元利益诉求时代的包容共享与社会公正——

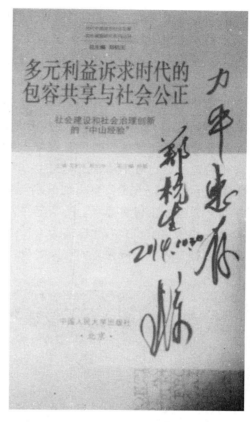

2014 年 10 月 30 日,郑杭生先生签名赠书

社会建设和社会治理创新的"中山经验"》一书。接近五点,我说郑老师晚上一起吃饭吧,他说:"本来应该留你吃饭的,最近胃口不好就不留了,你快回去吃吧。"他送我到办公室门口,挥手再见。现在回想,我真是愚笨,竟然一点也没有看出先生的不适,我觉得偶尔胃口不好也是人之常情,可能是我已经习惯了先生硬朗康健不知疲倦的身体,不成想他就在我对面正独自一人对抗病魔承受病痛。10 月 30 日竟成了最后定格的一幕。我答应先生明年 3 月份书稿定稿,还有几篇论文写好让他先把关,可是,这一切都成了永远。恩师经常讲应该好好阐发社会运行学派的思想,这却成了先生最后的重托。

　　十天后,噩耗突来,晴天霹雳,直到现在,依然恍惚。在这里我也不知自己要说些什么,可能留下这点文字,只为自己心中永远的惦念。

　　我是华中师范大学先生 2011 级的博士，2014 年 5 月 25 日通过的答辩，是先生生前最后一批毕业的博士之一。求学郑门三年多来，自己还算努力，谨从先生教诲志于学习郑氏理论，博士论文《自觉与批判：中国特色社会学理论的建构》荣幸获得 2012 年度北京郑杭生社会发展基金会学子项目支持，啃完《历程》四卷五本最后完成并答辩通过的博士论文《自觉与批判：中国气派社会学理论的建构——社会运行学派"五论"研究》（先生修改定稿的题目）获华中师范大学 2013—2014 学年度优秀博士学位论文，也算是给自己和先生一个过得去的交代，先生在多个场合提及并表示肯定，给了我莫大的鼓励与鞭策，从此真正成为"西北军"的一员。看着先生留在扉页上的亲笔签名，睹书思人，想想先生一生的奔波辛劳，作为弟子，只有化悲痛为力量，在先生业已开创的道路上更加勤勉跋涉前行，方可告慰先生的在天之灵。

2014 年 8 月 23 日，与郑杭生先生一起在甘肃省榆中县青城镇调研（高氏祠堂），
感谢李锁成老师抓拍的这一刻

　　我还在不停地回忆在青城古镇的脚步、在鑫农湖畔的荷事、在嘉紫山庄的笑语、在桂子山的相聚……先生一直很忙，我们的相见与相聚总是匆

匆，可最后的离别竟是如此突然，让人难以接受。饮水思源！师恩难忘！斯人已逝，精神长存！先生之风，山高水长！

2014 年 11 月 17 日于内蒙古包头

（原载 2014 年 11 月 20 日社会学视野网，http：//www. sociologyol. org/yanji-ubankuai/tuijianyuedu/tuijianyueduliebiao/2014 – 11 – 20/19366. html）

参考文献

一　中文著作

曹锦清：《黄河边的中国——一个学者对乡村社会的观察与思考（增补本）》，上海文艺出版社 2013 年版。

邓正来：《国家与社会：中国市民社会研究》，北京大学出版社 2008 年版。

丁元竹：《费孝通社会思想与认识方法研究》，中国社会出版社 2007 年版。

范会芳：《舒茨现象学社会学理论建构的逻辑》，郑州大学出版社 2009 年版。

费孝通：《乡土中国 生育制度》，北京大学出版社 1998 年版。

费宗惠、张荣华：《费孝通论文化自觉》，内蒙古人民出版社 2009 年版。

黄平：《当代西方社会学·人类学新词典》，吉林人民出版社 2003 年版。

黄瑞祺：《社会理论与社会世界》，北京大学出版社 2005 年版。

贾春增：《外国社会学史》（第三版），中国人民大学出版社 2008 年版。

金小红：《吉登斯结构化理论的逻辑》，华中师范大学出版社 2008 年版。

金耀基：《从传统到现代》，法律出版社 2010 年版。

李培林、汪小熙：《费孝通与中国社会学》，社会科学文献出版社 2011 年版。

李友梅：《费孝通与 20 世纪中国社会变迁》，上海大学出版社 2005 年版。

李培林：《生活和文本中的社会学》，生活·读书·新知三联书店 2013

年版。

李强：《中国高校哲学社会科学发展报告（1978—2008）：社会学》，广西
　师范大学出版社 2008 年版。

刘少杰：《中国社会学的发端与扩展》，中国人民大学出版社 2007 年版。

刘少杰、胡晓红：《当代国外社会学理论》，中国人民大学出版社 2009
　年版。

刘小枫：《现代性社会理论绪论：现代性与现代中国》，上海三联书店
　1998 年版。

刘拥华：《布迪厄的终生问题》，上海三联书店 2009 年版。

卢汉龙、彭希哲：《二十世纪中国社会科学·社会学卷》，上海人民出版
　社 2005 年版。

罗荣渠：《现代化新论——世界与中国的现代化进程》（增订本），商务印
　书馆 2009 年版。

桑兵、关晓红：《先因后创与不破不立：近代中国学术流派研究》，生
　活·读书·新知三联书店 2007 年版。

宋国恺：《中国变革：社会学在近代中国兴起的视角》，中国社会科学出
　版社 2011 年版。

苏国勋：《社会理论与当代现实》，北京大学出版社 2005 年版。

苏国勋、刘小枫：《社会理论的开端和终结》，上海三联书店 2005 年版。

苏国勋、刘小枫：《社会理论的诸理论》，上海三联书店 2005 年版。

孙本文：《社会学 ABC》，世界书局 1929 年版。

孙立平：《现代化与社会转型》，北京大学出版社 2005 年版。

王处辉：《中国社会思想史》（第二版），中国人民大学出版社 2009 年版。

汪晖：《现代中国思想的兴起》，生活·读书·新知三联书店 2008 年版。

王康：《社会学史》，人民出版社 1992 年版。

王养冲：《西方近代社会学思想的演进》，华东师范大学出版社 1996
　年版。

文军：《西方社会学理论：经典传统与当代转向》，上海人民出版社 2006
　年版。

吴怀连：《中国农村社会学的理论与实践》，武汉大学出版社 1998 年版。

吴文藻：《论社会学中国化》，商务印书馆 2010 年版。

谢立中：《社会理论：反思与重构》，北京大学出版社 2006 年版。

严复：《群学肄言》，商务印书馆 1981 年版。

阎明：《一门学科与一个时代：社会学在中国》，清华大学出版社 2004
　　年版。

杨雅彬：《近代中国社会学》（增订本），中国社会科学出版社 2001 年版。

杨敏：《社会行动的意义效应：社会转型加速期现代性特征研究》，中国
　　人民大学出版社 2005 年版。

姚纯安：《社会学在近代中国的进程（1895—1919）》，生活·读书·新知
　　三联书店 2006 年版。

叶启政：《社会理论的本土化建构》，北京大学出版社 2006 年版。

应星：《大河移民上访的故事》，生活·读书·新知三联书店 2001 年版。

于海：《西方社会思想史》（第三版），复旦大学出版社 2011 年版。

袁方：《社会研究方法教程》，北京大学出版社 1997 年版。

翟学伟：《中国人行动的逻辑》，社会科学文献出版社 2001 年版。

郑杭生：《本土特质与世界眼光》，北京大学出版社 2006 年版。

郑杭生：《当代中国农村社会转型的实证研究》，中国人民大学出版社
　　1996 年版。

郑杭生：《多元利益诉求统筹兼顾与社会管理创新——来自南海的"中国
　　经验"》，华中科技大学出版社 2012 年版。

郑杭生：《社会学概论新修》（第四版），中国人民大学出版社 2013 年版。

郑杭生：《社会学对象问题新探》，中国人民大学出版社 1987 年版。

郑杭生：《社会运行学派成长历程：郑杭生社会学思想述评文选》，中国
　　人民大学出版社 2013 年版。

郑杭生：《新世纪中国社会学（2006—2010）——"十一五"回顾与"十
　　二五"瞻望》，中国人民大学出版社 2011 年版。

郑杭生：《郑杭生社会学学术历程之一·中国特色社会学理论的探索：社
　　会运行论 社会转型论 学科本土论 社会互构论》，中国人民大学出版社
　　2005 年版。

郑杭生：《郑杭生社会学学术历程之二·中国特色社会学理论的应用：当
　　代中国社会的热点问题》，中国人民大学出版社 2005 年版。

郑杭生：《郑杭生社会学学术历程之三·中国特色社会学理论的拓展：当
　　代中国社会学的前沿问题》，中国人民大学出版社 2005 年版。

郑杭生：《郑杭生社会学学术历程之四·中国特色社会学理论的深化（上

下卷）："实践结构论"的提出与"理论自觉"的轨迹》，中国人民大学出版社 2010 年版。

郑杭生：《郑杭生自选集》，学习出版社 2013 年版。

郑杭生：《中国社会学 30 年（1978—2008）》，中国社会科学出版社 2008 年版。

郑杭生：《中国特色和谐社区建设"上城模式"实地调查研究：杭州"上城经验"的一种社会学分析》，世界图书出版公司 2010 年版。

郑杭生：《中国社会学年鉴 1979—1989》，中国大百科全书出版社 1989 年版。

郑杭生等：《社会转型与中国社会学的理论自觉》，中国人民大学出版社 2011 年版。

郑杭生、江立华：《中国社会思想史新编》，中国人民大学出版社 2010 年版。

郑杭生、李迎生：《中国社会学史新编》，高等教育出版社 2000 年版。

郑杭生、王万俊：《二十世纪中国的社会学本土化》，党建读物出版社 2000 年版。

郑杭生、杨敏等：《"大民政"的理论和实践与"中国经验"的成长：夯实中国特色世界城市基础的"北京经验"》，中国社会出版社 2011 年版。

郑杭生、杨敏：《社会互构论：世界眼光下的中国特色社会学理论的新探索——当代中国"个人与社会关系研究"》，中国人民大学出版社 2010 年版。

郑杭生、杨敏：《中国社会转型与社区制度创新——实践结构论及其应用》，北京师范大学出版社 2008 年版。

郑杭生、杨敏、奂平清等：《"中国经验"的亮丽篇章——社会学视野下"杭州经验"的理论与实践》，中国人民大学出版社 2010 年版。

周宪：《文化现代性精粹读本》，中国人民大学出版社 2006 年版。

庄孔绍等：《时空穿行：中国乡村人类学世纪回访》，中国人民大学出版社 2004 年版。

二　中文译著

［英］安东尼·吉登斯：《民族—国家与暴力》，胡宗泽等译，生活·读书·新知三联书店 2000 年版。

［英］安东尼·吉登斯：《批判的社会学导论》，郭忠华译，上海译文出版社 2007 年版。

［英］安东尼·吉登斯：《社会理论与现代社会学》，文军、赵勇译，社会科学文献出版社 2003 年版。

［英］安东尼·吉登斯：《失控的世界——全球化如何重塑我们的生活》，周红云译，江西人民出版社 2001 年版。

［英］安东尼·吉登斯：《为社会学辩护》，周红云等译，社会科学文献出版社 2003 年版。

［英］安东尼·吉登斯：《现代性的后果》，田禾译，译林出版社 2000 年版。

［英］安东尼·吉登斯：《资本主义与现代社会理论——对马克思、涂尔干和韦伯著作的分析》，郭忠华、潘华凌译，上海译文出版社 2007 年版。

［波］彼得·什托姆普卡：《社会变迁的社会学》，林聚任等译，北京大学出版社 2011 年版。

［英］布莱恩·特纳：《社会理论指南》第二版，李康译，上海人民出版社 2003 年版。

［美］C.赖特·米尔斯：《社会学的想象力》，陈强、张永强译，生活·读书·新知三联书店 2005 年版。

［美］戴维·波普诺：《社会学》第十一版，李强译，中国人民大学出版社 1999 年版。

［美］D.P.约翰逊：《社会学理论》，南开大学社会学系译，国际文化出版公司 1988 年版。

［日］沟口雄三：《中国的冲击》，王瑞根译，生活·读书·新知三联书店 2011 年版。

［德］黑格尔：《哲学史讲演录》第 1 卷，商务印书馆 1981 年版。

［美］黄宗智：《经验与理论：中国社会、经济与法律的实践历史研究》，

中国人民大学出版社 2007 年版。

［英］霍布斯鲍姆、兰格：《传统的发明》，顾杭、庞冠群译，译林出版社 2004 年版。

［美］杰弗里·C. 亚历山大：《社会学的理论逻辑（第 1 卷）：实证主义、预设与当前的争论》，于晓、唐少杰、蒋和明译，商务印书馆 2008 年版。

［美］杰弗里·C. 亚历山大：《社会学的理论逻辑（第 2 卷）：古典思想中的矛盾：马克思和涂尔干》，夏光、戴盛中译，商务印书馆 2008 年版。

［美］杰弗里·C. 亚历山大：《社会学的理论逻辑（第 3 卷）：理论综合的古典尝试：马克斯·韦伯》，何蓉译，商务印书馆 2012 年版。

［美］杰弗里·C. 亚历山大：《社会学二十讲：二战以来的理论发展》，贾春增、董天民等译，华夏出版社 2000 年版。

［英］克里斯·希林、菲利普·梅勒：《社会学何为？》，李康译，北京大学出版社 2009 年版。

［美］T. S. 库恩：《科学革命的结构》，李宝恒、纪树立译，上海科学技术出版社 1980 年版。

［美］劳伦斯·纽曼：《社会研究方法——定性和定量的取向》（第五版），郝大海译，中国人民大学出版社 2007 年版。

［法］雷蒙·阿隆：《社会学主要思潮》，葛志强、胡秉诚、王沪宁译，华夏出版社 2000 年版。

［美］刘易斯·A. 科塞：《社会思想名家》，石人译，上海人民出版社 2007 年版。

［美］鲁尔·华莱士、［英］艾莉森·沃尔夫：《当代社会学理论——对古典理论的扩展》（第六版），刘少杰等译，中国人民大学出版社 2008 年版。

［美］罗兰·罗伯森：《全球化：社会理论和全球文化》，梁光严译，上海人民出版社 2000 年版。

［英］M. 哈拉兰博斯：《社会学基础》，孟还、卢汉龙、费涓洪译，上海社会科学院出版社 1986 年版。

［英］马丁·阿尔布劳：《全球时代：超越现代性之外的国家和社会》，高湘泽、冯玲译，商务印书馆 2001 年版。

［澳］马尔科姆·沃特斯：《现代社会学理论》，杨善华译，华夏出版社
　　2000 年版。

［法］马克·布洛赫：《历史学家的技艺》，张和声、程郁译，上海社会科
　　学院出版社 1992 年版。

［德］马克斯·韦伯：《经济与社会》，林荣远译，商务印书馆 1998 年版。

［德］马克斯·韦伯：《社会科学方法论》，李秋零、田薇译，中国人民大
　　学出版社 1999 年版。

［德］马克斯·韦伯：《新教伦理与资本主义精神》，斯蒂芬·卡尔伯格、
　　苏国勋、覃方明等译，社会科学文献出版社 2010 年版。

［美］麦克·布洛维：《公共社会学》，沈原等译，社会科学文献出版社
　　2007 年版。

［英］尼格尔·多德：《社会理论与现代性》，陶传进译，社会科学文献出
　　版社 2002 年版。

［德］诺贝特·埃利亚斯：《个体的社会》，翟三江、陆兴华译，译林出版
　　社 2003 年版。

［德］诺贝特·埃利亚斯：《文明的进程：文明的社会起源和心理起源的
　　研究》，王佩莉、袁志英译，生活·读书·新知三联书店 1998 年版。

［法］皮埃尔·布迪厄：《实践感》，蒋梓骅译，译林出版社 2009 年版。

［英］齐格蒙特·鲍曼：《个体化社会》，范祥涛译，上海三联书店 2002
　　年版。

［英］齐格蒙特·鲍曼：《流动的现代性》，欧阳景根译，上海三联书店
　　2002 年版。

［法］让·卡泽纳弗：《社会学十大概念》，杨捷译，上海人民出版社
　　2003 年版。

［法］让·鲍德里亚：《消费社会》，刘成富、全志钢译，南京大学出版社
　　2008 年版。

［以］S. N. 艾森斯塔特：《反思现代性》，旷新年、王爱松译，生活·读
　　书·新知三联书店 2006 年版。

［美］史蒂文·塞德曼：《有争议的知识——后现代时代的社会理论》，刘
　　北成等译，中国人民大学出版社 2002 年版。

［德］沃尔夫冈·韦尔施：《我们的后现代的现代》，洪天富译，商务印书
　　馆 2004 年版。

［德］乌尔里希·贝克、伊丽莎白·贝克—格恩斯海姆：《个体化》，李荣山、范譞、张惠强译，北京大学出版社 2011 年版。

［德］乌尔里希·贝克：《风险社会》，何博闻译，译林出版社 2004 年版。

［德］乌塔·格哈特：《帕森斯学术思想评传》，李康译，北京大学出版社 2009 年版。

［美］伊曼努尔·沃勒斯坦：《所知世界的终结——二十一世纪的社会科学》，冯炳昆译，社会科学文献出版社 2002 年版。

［美］伊曼努尔·沃勒斯坦：《自由主义的终结》，郝名玮、张凡译，社会科学文献出版社 2002 年版。

［美］约翰·巴克勒、贝内特·希尔、约翰·麦凯：《西方社会史》，霍文利等译，广西师范大学出版社 2005 年版。

三　中文论文

陈新华、陈圣婴：《近代留美生与燕京大学社会学系》，《特区实践与理论》2010 年第 3 期。

崔同：《"美人如玉剑如虹"——郑杭生及其社会学思想》，《河南日报》2000 年 6 月 14 日。

董驹翔：《社会运行与社会学——评论郑杭生教授的理论》，《齐齐哈尔师范学院学报》1989 年第 6 期。

董驹翔、董翔薇：《论郑杭生教授创立的社会运行学派》，《哈尔滨工业大学学报》（社会科学版）2012 年第 4 期。

董翔薇、董驹翔：《理论自觉与中国社会学学派的成长——郑杭生的社会运行学派及其贡献》，《甘肃社会科学》2012 年第 3 期。

董才生、邬全俊：《论当代西方社会学理论研究的特色》，《社会科学战线》2012 年第 5 期。

费孝通：《孔林片思》，《读书》1992 年第 9 期。

费孝通：《试谈扩展社会学的传统界限》，《北京大学学报》（哲学社会科学版）2003 年第 3 期。

费孝通：《为社会学再说几句话》，《社会科学战线》1980 年第 1 期。

郭星华：《耕耘结硕果 桃李舞东风——试论郑杭生教授对中国社会学发展的三个贡献》，《甘肃社会科学》2006 年第 3 期。

郭星华、周延东：《从理论探索到学派创建——郑杭生教授从教 50 周年学术研讨会侧记》，《广西民族大学学报》（哲学社会科学版）2012 年第 3 期。

龚长宇：《社会学中国化进程中的里程碑式人物》，《湖南师范大学社会科学学报》2001 年第 2 期。

韩相震、郑杭生、黄平、苏国勋：《关于"第三条道路"》，《社会学研究》2004 年第 3 期。

胡鞍钢：《中国独特的五年计划转型》，《开放时代》2013 年第 6 期。

胡荣：《本土化、体系化和基础化：郑杭生社会学研究的理论品格》，《中共福建省委党校学报》2006 年第 4 期。

奂平清：《"理论自觉"与中国社会学的发展——以郑杭生及其社会运行学派为例》，《西北师大学报》（社会科学版）2012 年第 3 期。

奂平清：《"理论自觉"与中国马克思主义社会学的发展——郑杭生的社会学理论立场及意义》，《甘肃社会科学》2012 年第 3 期。

奂平清：《社会学的理论自觉与学术话语权——2010 年中国社会学主要观点》，《人民论坛》2010 年第 36 期。

奂平清、任建英：《中国社会学的本土化和中国特色社会学的建构——"中国特色社会学——历史·现状·未来"学术研讨会综述》，《探索与争鸣》2005 年第 10 期。

黄家亮：《中国现代性的探寻与中国社会学的理论建构——以郑杭生社会学学术历程为例》，《西北师大学报》（社会科学版）2012 年第 3 期。

黄平：《"中国道路"的学术意义》，《中国社会科学报》2009 年 8 月 21 日。

姜利标：《社会学发展历程中的呐喊》，《华中科技大学学报》（社会科学版）2011 年第 5 期。

姜利标：《统合性、实践性的社会学理论群知识：对郑杭生社会学理论的诠释》，《学习与实践》2012 年第 10 期。

姜利标：《刍议当代中国社会学本土化研究》，《学习与实践》2009 年第 10 期。

李培林：《20 世纪上半叶社会学的"中国学派"》，《社会科学战线》2008 年第 12 期。

李娜、胡翼鹏：《论郑杭生关于社会学研究的理论自觉与文化禀赋》，《学术论坛》2013 年第 8 期。

李强：《谈谈社会学的"中国化"》，《光明日报》2000 年 7 月 25 日。

李强、郑路：《中国社会学 20 年：回顾与前瞻》，《中国人民大学学报》
　　2000 年第 1 期。

李迎生：《当代中国特色社会学理论的开拓者——郑杭生社会学探索历
　　程》，《社会科学战线》2007 年第 1 期。

李宗克：《社会学本土化的理论反思》，《探索与争鸣》2011 年第 10 期。

林南：《社会学中国化的下一步》，《社会学研究》1986 年第 1 期。

刘少杰：《建构中国社会学理论的新形态》，《甘肃社会科学》2006 年第
　　3 期。

刘少杰：《马克思主义社会学理论研究的历史与机遇》，《江海学刊》2008
　　年第 5 期。

刘少杰：《拓展中国社会学新境界》，《社会》2006 年第 2 期。

刘少杰：《中国社会学的价值追求与理论视野》，《吉林大学学报》（哲学
　　社会科学版）2006 年第 6 期。

路英浩：《在回顾和反思中把握"社会学中国化"》，《社会》2006 年第
　　6 期。

陆益龙：《从文化自觉迈向理论自觉——郑杭生对中国社会学及理论的贡
　　献》，《甘肃社会科学》2012 年第 3 期。

迈克尔·哈特、秦兰珺：《概念的革命与革命的概念》，《马克思主义与现
　　实》2012 年第 1 期。

庞立生：《现代性的变革与中国特色社会学理论形态的建构》，《东北师大
　　学报》（哲学社会科学版）2008 年第 5 期。

邱泽奇：《中国学术传统与实践的社会学：方法论的讨论》，《天津社会科
　　学》2005 年第 2 期。

苏国勋：《社会学与文化自觉——学习费孝通"文化自觉"概念的一些体
　　会》，《社会学研究》2006 年第 2 期。

孙本文：《社会学的观点》，《社会建设》1945 年第 3 期。

孙立平：《社会转型：发展社会学的新议题》，《开放时代》2008 年第
　　2 期。

孙庆忠：《社会学与中国社会研究——杨庆堃先生的学术人生》，《学术
　　界》2012 第 12 期。

童潇：《郑杭生社会学思想理路探微》，《学习与实践》2008 年第 11 期。

王道勇：《现代性延展与社会转型——从概念体系角度考察社会转型论与社会互构论的统合性》，《学习与实践》2007 年第 2 期。

王宁：《社会学的本土化：问题与出路》，《社会》2006 年第 6 期。

王岳川：《西方的"三争文明"与中国的"三和文明"》，《中国青年报》2013 年 7 月 4 日。

汪效驷：《立足本土放眼世界——郑杭生教授的学术追求》，《高校理论战线》2012 年第 7 期。

文军：《论西方社会学的元研究及其元理论化趋势》，《国外社会科学》2003 年第 2 期。

文样：《中国特色社会学的开创性研究——郑杭生先生的社会学理论简析》，《阴山学刊》1998 年第 4 期。

夏玉珍、姜利标：《社会学理论本土化的反思》，《河南社会科学》2010 年第 1 期。

夏玉珍、刘小峰：《论"差序格局"对中国社会学理论的贡献》，《思想战线》2011 年第 6 期。

谢立中：《当前中国社会学理论建构的努力与不足》，《河北学刊》2006 年第 5 期。

谢立中：《"社会运行学派"：理解与评论》，载《"中国特色社会学——历史·现状·未来"研讨会论文集》，2005 年 9 月。

谢立中：《"现代性"及其相关概念词义辨析》，《北京大学学报》（哲学社会科学版）2001 年第 5 期。

许仕廉：《中国社会学运动的目标经过和范围》，《社会学刊》1931 年第 2 期。

徐晓军：《社会互构论：超越经典二元对立社会学方法论的新探索》，《西北师大学报》（社会科学版）2012 年第 3 期。

阎书钦：《移植与融会：民国时期社会学理论体系构建的美国学术渊源》，《清华大学学报》（哲学社会科学版）2013 年第 2 期。

杨发祥：《承前启后的重要理论成果——〈郑杭生社会学学术历程〉评介》，《社会》2005 年第 5 期。

杨发祥：《中国特色社会学理论的建构历程及其内在关联》，《河北学刊》2006 年第 3 期。

杨建华：《与现代化互动：20 世纪中国社会学的发展主潮》，《东南学术》
2002 年第 2 期。

杨敏：《改革开放以来中国社会学理论的重建与发展》，《思想战线》2009
年第 1 期。

杨敏：《社会互构论：从差异走向认同的追求》，《江苏社会科学》2006
年第 1 期。

杨敏：《社会学的时代感、实践感与全球视野——郑杭生与"中国特色社
会学理论"的兴起》，《甘肃社会科学》2006 年第 3 期。

杨敏：《中国社会学的理论自觉与社会学的本土化和中国化：访中国人民
大学一级教授郑杭生》，《马克思主义研究》2014 年第 12 期。

杨敏、王娟娟：《社会学理论视野中的中国城乡社会变迁——关于〈三元
化利益格局下"身份—权利—待遇"体系的重建〉一文的访谈和思
考》，《学习与实践》2013 第 4 期。

杨敏、郑杭生：《社会互构论：全貌概要和精义探微》，《社会科学研究》
2010 年第 4 期。

杨敏、郑杭生：《社会实践结构性巨变的若干新趋势——一种社会学分析
的新视角》，《社会科学》2006 年第 10 期。

杨敏、郑杭生：《社会实践结构性巨变时代的马克思主义社会学》，《社会
科学研究》2007 年第 2 期。

杨善华、李猛：《中国大陆社会学重建以来国外社会学理论研究述评》，
《社会学研究》1994 年第 6 期。

杨心恒：《社会学中国化之我见——纪念社会学重建十周年》，《天津社会
科学》1989 年第 3 期。

杨雅彬：《四十年代中国社会学的建设》，《社会学研究》1988 年第 1 期。

张永华：《"新型现代性"社会学理论实践理路——对郑杭生"社会互构
论"的初步阐释》，《甘肃社会科学》2006 年第 3 期。

张涿：《社会学之国学寻踪》，《社会学研究》1995 年第 4 期。

郑杭生：《把"理论自觉"全面落实到社会学各个领域——在中国社会学
会 2012 年银川学术年会上的致辞》，《宁夏党校学报》2012 年第 5 期。

郑杭生：《把握学术话语权是学术话语体系建设的关键》，《中国社会科学
报》2014 年 1 月 17 日。

郑杭生：《促进中国社会学的"理论自觉"——我们需要什么样的中国社

会学?》，《江苏社会科学》2009 年第 5 期。

郑杭生：《对中国社会学的巨大贡献——纪念费孝通先生从事学术研究 70 周年》，《江苏社会科学》2006 年第 1 期。

郑杭生：《费孝通先生对当代中国社会学所做贡献的再认识》，《西北民族研究》2010 年第 2 期。

郑杭生：《关于加强社会学理论研究的几点思考》，《河北学刊》2006 年第 5 期。

郑杭生：《理论自觉与中国风格社会科学——以中国社会学为例》，《江苏社会科学》2012 年第 6 期。

郑杭生：《论建设性反思批判精神》，《华中师范大学学报（人文社会科学版）》2008 年第 1 期。

郑杭生：《论马克思主义社会学的两种形态》，《光明日报》1985 年 7 月 29 日。

郑杭生：《论社会建设与"软实力"的培育——一种"大传统"和"小传统"的社会学视野》，《社会科学战线》2008 年第 10 期。

郑杭生：《论现代的成长和传统的被发明》，《天津社会科学》2008 年第 3 期。

郑杭生：《马克思主义与社会学》，《理论学刊》2003 年第 6 期。

郑杭生：《破除"边陲思维"》，《北京日报》2013 年 9 月 2 日。

郑杭生：《社会学本土化及其在中国的表现》，《广西民族学院学报》2004 年第 1 期。

郑杭生：《社会学对象问题新探》，《社会学研究》1986 年第 1 期。

郑杭生：《社会学中国化的几个问题》，《学海》2000 年第 6 期。

郑杭生：《孙本文先生对早期中国社会学贡献的再认识》，《华中师范大学学报》（人文社会科学版）2013 年第 1 期。

郑杭生：《学术话语权与中国社会学发展》，《中国社会科学》2011 年第 2 期。

郑杭生：《现代性过程中的传统和现代》，《学术研究》2007 年第 11 期。

郑杭生：《也谈社会学基本问题——兼答对我的社会学观点的某些批评》，《社会学研究》2001 年第 3 期。

郑杭生：《中国社会学百年轨迹》，《东南学术》1999 年第 5 期。

郑杭生：《中国社会学百年轨迹的启示》，《中国特色社会主义研究》2000

年第 2 期。

郑杭生：《中国社会学的"理论自觉"》，《光明日报》2009 年 10 月
　　20 日。

郑杭生、费菲：《传统、理性及意识形态的多重变奏——传统观问题再
　　探》，《河北学刊》2009 年第 6 期。

郑杭生、胡翼鹏：《社会运行、社会秩序与王朝的治乱盛衰——中国社会
　　思想史研究的新视野》，《学海》2009 年第 4 期。

郑杭生、黄家亮：《从社会成员"无感增长"转向"有感发展"——中国
　　社会转型新命题及其破解》，《社会科学家》2012 年第 1 期。

郑杭生、黄家亮：《"中国故事"期待学术话语支撑——以中国社会学为
　　例》，《人民论坛政论双周刊》2012 年 4 月 23 日。

郑杭生、陆益龙：《增强理论自觉 促进学科发展——谈中国社会学与人类
　　学、民俗学的关系》，《中国社会科学报》2010 年 7 月 20 日。

郑杭生、童潇：《中国特色社会学理论的探索之路——在建国六十周年之
　　际访著名社会学家、中国人民大学郑杭生教授》，《甘肃社会科学》
　　2009 年第 5 期。

郑杭生、王万俊：《论社会学本土化的内涵及其目的》，《吉林大学社会科
　　学学报》2000 年第 1 期。

郑杭生、徐晓军、彭扬帆：《社会建设与社会管理中的理论深化与实践创
　　新——访中国人民大学郑杭生教授》，《社会主义研究》2013 年第 3 期。

郑杭生、杨敏：《当代中国社会转型的实质：新型社会主义的成长——对
　　新布达佩斯学派中国版的学术剖析》，《中国社会科学内刊》2007 年第
　　2 期。

郑杭生、杨敏：《现代性过程与社会学理论的个性——社会互构导论：中
　　国特色社会学理论的新探索之一》，《广西民族学院学报》（哲学社会科
　　学版）2003 年第 4 期。

郑杭生、杨敏：《论社会学理论逻辑和研究指向——社会互构导论：中国
　　特色社会学理论的新探索之二》，《广西民族学院学报（哲学社会科学
　　版）》2003 年第 5 期。

郑杭生、杨敏：《社会实践结构性巨变对理论创新的积极作用——一种社
　　会学分析的新视角》，《中国人民大学学报》2006 年第 6 期。

郑杭生、杨敏：《新布达佩斯学派狭义转型论的重大理论缺陷》，《红旗文

稿》2008 年第 3 期。

周晓虹：《孙本文与 20 世纪上半叶的中国社会学》，《社会学研究》2012
　年第 3 期。

周晓虹：《中国研究的可能立场与范式重构》，《社会学研究》2010 年第
　2 期。

邹农俭：《中国社会学的当代使命》，《南京师大学报》（社会科学版）
　2013 年第 3 期。

四　外文文献

Anthony Giddens, *Classical social theory and modern sociology*. American journal of sociology, 1976 (81).

Bingham Dai, *Personality Problems in Chinese Culture*. American Sociological Review, 1941 (5).

Brent Simpson and Henry A. Walker, *Status Characteristics and Performance Expectations: A Reformulation*. Sociological Theory, 2002 (1).

Edward Shills, "Tradition", Chicago: University of Chicago press, 1981.

Eve L. Howard, *Classic Readings in Sociology* (*FOURTH EDITION*). Beijing: Peking University Press, 2004.

J. Baird Callicott, *Many Indigenous Worlds or the Indigenous World? A Reply to My "Indigenous" Critics*. Environmental Ethics, 2000 (3).

Jonathan H. Turner, *Handbook of Sociological Theory* (*Book*). American Journal of Sociology, 2002 (1).

Jonathan H. Turner, *Handbook of Sociological Theory* (*Book*). American Journal of Sociology, 2002 (7).

Jurgen Habermas, *Knowledge and Human Interest*. Boston: Beacon, 1971.

Li Hanlin, Fang Ming, Wang Ying, Sun Bingyao and Qi Wang, *Chinese Sociology*. 1898 – 1986, Social Forces, 1987 (3).

Neil J. Smelser, *Processes of socialchange*. in: N. j. Smelser (ed.), Sociology: An Introduction, pp. 709 – 762, NewYork: Wiley, 1973.

Seidman S., *The end of sociological theory*. in Seidman S. (edt.), The Postmodern Turn: New Perspectives on Social Theory, Cambridge University

Press, 1994, 121.

Song Xinning, *Building International Relations Theory with Chinese Characteristics*. Journal of Contemporary China, 2001 (26).

Thomas Kurtz, *Sociological Theory and Sociological Practice*. Acta Sociologica, 2007 (3).

Thomas Kuhn, *The Structure of Scientific Revolution*. Chicago: University Of Chicago Press, 1970, p. 152.

Xueguang Zhou and Xiaomei Pei, *Chinese Sociology in a Transitional Society*. Contemporary Sociology, 1997 (5).

Yu Hai, *Western Social Theory: Classic and Contemporary Readings*. Shanghai: Fudan University Press, 2002.

Zheng Hangsheng, *Academic Discourse Right/Power and the Development of Chinese Sociology*. Social Sciences in China, 2008 (4).

Zheng Hangsheng & Li Yingsheng Translated by Zhangchun, *A History of Chinese Sociology (Newly - compiled)*. Beijing: China Renming University Press, 2003.

Zheng Hangsheng & Wang Wanjun Translated by Lu Yilong, *Indigenization Of Chinese Sociology In The 20th Century*. Beijing: China Renmin University Press, 2009.

五　其他

甘阳：《启蒙与迷信》（http：//www. sociology2010. cass. cn/news/490231. htm），2012 - 5 - 23。

李捷：《构建中国哲学社会科学话语体系的几点思考》（http：//www. cssn. cn/zx/201401/t20140117_ 945950. shtml），2014 - 1 - 17。

李猛：《社会的"缺席"或者社会学的"危机"》（http：//www. sociology 2010. cass. cn/news/422397. htm），2011 - 10 - 27。

苏国勋：《当代社会理论的发展趋势》（http：//www. sociology 2010. cass. cn/news/130322. htm），2010 - 8 - 4。

《习近平出席全国宣传思想工作会议并发表重要讲话》（http：//www. china. com. cn/news/politics/2013 - 08/20/content _ 29776139 _ 2. htm），

2013 - 8 - 20。

张志扬：《检讨三代学人学术积累传承的前提》（http：//www. sociology
    2010. cass. cn/news/489124. htm），2012 - 5 - 21。

朱学勤：《改革开放三十年的经验总结》（http：//epaper. oeeee. com/C/
    html/2007 - 12/18/content_ 340045. htm），2007 - 12 - 25。

后　记

　　自己的脚步从边疆包头挪移到华中武汉，又从楚天江城辗转草原钢城，还记得当甲午马年的钟声即将敲响时，我依然伏案奋笔疾书，那时浮现的只有一个念想"马上毕业"，能否毕业只有笔下的文字才能做出最为有力的回答。至此，我深知从事理论研究是如此皓首穷经的劳心工作，是先生的宽容和鼓励给了我从事此项研究的决心和勇气。论文从选题到定稿，我一再痛苦地面对自己的知识局限，经过近两年文献的查找、阅读、梳理、消化，近一年思路的更新、文字的打磨，现在我不得不在没有结束的地方结束本论文——与其把该论文视为一个过程的终结，毋宁当作是重新出发的起点。

　　岁月刻薄，刀刀见痕。三年的博士生涯即将结束，桂子山如醉的花香悠悠远荡，黄鹤楼旁的长江水依然滚滚东去，远去的还有图书馆的墨墨书香、键盘的叮叮声响以及自己不舍的青春，回顾来时路，万千感谢需要回味述说。最需要感谢的当然是我的恩师郑杭生先生。承蒙先生厚爱，不嫌我才疏学浅，三年前纳我为郑门弟子，成为"西北军"的一分子，我倍感欣慰也倍加勤勉。先生德高望重、智慧渊博、和蔼可亲，在百忙之中抽空给我们把酒论道传经授宝；先生视野宏阔、工作勤勉、精力旺盛，令我们这些后生晚辈常常汗颜不敢有半点懈怠；先生和师母官延华女士半个世纪恩爱相伴，完美地诠释了爱情、婚姻、家庭与事业的真谛，成为我们这些年轻人执着追求幸福的楷模。每次聆听先生的真知灼见都深受触动和启发，每回和先生促膝交谈都让我豁然开朗，每每咀嚼玩味先生题写的各类"四字真言"总能悟得真经，"方向正确，人品高尚，学问扎实，身体健康"的学者素质要求，时刻敦促我在思考这条路上一路跋涉。考博不易，学问更难，且行且努力。正是先生的循循善诱、谆谆教诲和悉心鼓励，才保证了我论文的正常进程。

本论文有幸得到 2012 年度北京郑杭生社会发展基金会学子项目（博士）"自觉与批判：中国特色社会学理论的建构"（项目批号：12ZHFD12）支持，在此诚挚感谢北京郑杭生社会发展基金会的资助，感谢基金会工作人员付出的辛苦工作。感谢在学子项目立项时，夏玉珍教授、向德平教授、杨生勇教授、李雪萍教授提出的中肯意见，感谢论文开题时杨敏教授、江立华教授、陆汉文教授的点拨指正，感谢三位匿名评审专家提出的良多建议。在论文答辩时，答辩委员会主席钟涨宝教授、委员夏玉珍教授、江立华教授、李亚雄教授、陆汉文教授，对论文进行了入木三分、鞭辟入里的批评指正，提出了有的放矢、切中肯綮的修改建议，对我本人也提出了语重心长的劝勉和鼓励，在此特别致谢。感谢华中师范大学社会学院全体教师提供的宽严相济的学术环境和氛围。

在求学和论文撰写过程中，得到甘肃省社会科学院刘敏研究员、西北师范大学贾应生教授、李怀教授、岳天明教授、中央财经大学杨敏教授等老师的关心、帮助和鼓励，在此深表谢意。得到中国人民大学奂平清博士、北京工业大学宋国恺博士、西北师范大学康廷虎博士、兰州大学焦若水博士、戴巍博士、广西大学缑文学博士、兰州理工大学饶旭鹏博士等好友的关心和督促，与他们从不同学科视角、不同学术立场进行了多层次广泛的交流，他们鲜活前沿的思想给予我灵感火花，他们执着科研的精神勉励我奋发前行。

感谢内蒙古科技大学文法学院给予像我这样求知学子的大力支持，特别是朱海坤教授、韩弘力教授、包海青教授、张晓丽教授、刘建华教授、李永林教授等领导对我的信任与帮助，还有社会学系兄弟姐妹的相互帮衬、相扶成长。感谢曾经政法时代的领导王立东教授、张光存研究员一直以来的关心支持。感谢三年来在桂子山相伴而行的同学刘荣、黄诚、邹鹰、王卫城、郭云超、覃志敏、向家宇、陈宇、秦恒、祝晓亮，感谢我们一路走过的欢声笑语。

从西北金城转战草原钢城已坚守整整七年，七年的风雨磨砺着我坚实的脚步和温暖的心灵，三年的博士生涯锻造出我更为坚毅的性格秉性。一路前行，温暖相伴。感谢爱人许晓芸十年来的相伴同行、相濡以沫，她牺牲自己的事业成全了我们这个家的梦想。感谢即将五岁的双胞胎儿子毓麒、毓麟带给我的一切欢笑和快乐，儿子的健康成长支撑起我全部的精神大厦。感谢已近花甲父母的辛勤操劳和心血付出，三十多年的养育之恩难以为报。感谢亲朋好友的宽容理解与鼎力支持，是他们无言的爱激励着我一路前行。

论文写作过程中参阅了学界同人的大量研究成果，给我提供了莫大的帮助，引用之处均已注明，若有疏忽遗漏，望海涵，在此一并致谢。

最后，谨向所有关心、帮助和支持我的师友再次表示衷心的感谢！

> 2014 年 4 月 28 日初稿 于鹿城 松石名第沁园
> 2014 年 5 月 28 日定稿 于江城 桂子山

以上是我在博士论文最后致谢中的文字，原封不动地转载于此是为了不能忘却的纪念，为了 2014 至今难以释怀的点点滴滴，为了给这本书画上一个略带遗憾却也完整的句号。致谢里最后的落款时间是 2014 年 5 月 28 日，在接下来一年多的时间里，自己一直在思考并琢磨着怎样将论文进一步修改完善成为一本像样的著作，不料这种努力同样艰辛，正是不忘初心才坚持了这么久。只可惜今天的这些努力再也不能向恩师当面汇报，这本书里浸透着恩师的社会学思想，凝结着对恩师的万千思念，希望弟子的这般努力能够告慰恩师的在天之灵。

本书也是 2012 年度北京郑杭生社会发展基金会学子项目（博士）"自觉与批判：中国特色社会学理论的建构"的研究成果，出版时附录了围绕本课题发表的相关论文，这些论文记录着思考的逻辑和艰辛，感谢论文发表的期刊提供的支持和帮助。本书的出版意味着该项目的研究也将告一段落了，但是当代中国理论社会学的研究对于我才是一个真正的开始。

本书是在我博士论文的基础上修改完成的，我尽可能地消化吸收了论文全过程中各位专家教授的意见建议，对此表示诚挚的谢意。特别感谢中央财经大学杨敏教授的深情厚谊，在最为恍惚不定的时候，第一届理论社会学及其应用研究工作坊以及社会运行论视野下的社会学中层理论研究，让我找到理论研究的信心和方向，在恩师离开我们的这一年里，勉励同门相扶前行。尤其是在联系出版的过程中，杨老师在百忙中毫无推辞地为本书撰写序言，让我深受感动和鼓舞，在此特向杨老师诚致谢意！

在本书即将付梓之际，感谢中国社会科学出版社田文老师对本书出版给予的支持和付出的辛勤劳动。

再一次感谢一路同行温暖相伴的亲人和朋友！

王力平

2015 年 9 月 8 日于鹿城 松石名第沁园